Helga und Hubert Teml

Komm mit zum Regenbogen

Phantasiereisen für Kinder und Jugendliche

○ Entspannung
○ Lernförderung
○ Persönlichkeitsentwicklung

VER○TAS

Die Deutsche Bibliothek – CIP-Einheitsaufnahme

Teml, Helga:
Komm mit zum Regenbogen: Phantasiereisen für Kinder und
Jugendliche; Entspannung, Lernförderung,
Persönlichkeitsentwicklung / Helga und Hubert Teml. – Linz:
Veritas, 1991
ISBN 3-85329-886-9
NE: Teml, Hubert:

© VERITAS-VERLAG Linz; alle Rechte vorbehalten
Gedruckt in Österreich; 1. Auflage 1991
Gesamtherstellung: LANDESVERLAG Druckservice Ges.m.b.H. Linz
Fotos: Hubert Teml, Werner Schneeberger und Peter Neudorfer
Karikaturen: Alois Jesner (aus Teml: „Zielbewußt üben – erfolgreich",
Linz 1989)
Quellenverzeichnis: „Mittelalterliche Stadt" aus Riccabona, u.a.:
Geschichte, Sozialkunde, Politische Bildung 5. Schulstufe.
Linz: Veritas-Verlag
Zeichnungen entstanden aus der Arbeit in oberösterreichischen Schulen

ISBN 3-85329-8876-9
VVA 446 00886 9

Inhaltsverzeichnis

„Komm mit zum Regenbogen ...“
Einstieg und Überblick 5

1. *„Stell dir vor ...“*
Phantasiereisen in der Erziehung 11

1.1 Was sind Phantasiereisen? 11
1.2 Wozu dienen Phantasiereisen? 16
1.3 Wie begegnen wir einander bei
Phantasiereisen? 23
1.4 Wo kann man Phantasiereisen einsetzen? 27

2. *„Was kannst du sehen, hören und spüren ...“*
Phantasiereisen begleiten 33

2.1 Phantasiereisen vorbereiten 33
2.2 Phantasiereisen anleiten 38
2.3 Phantasiereisen auswerten 43
2.4 Phantasiereisen aufarbeiten 44

3. *„Du schwebst wie eine Wolke ...“*
Phantasiereisen zur Entspannung 49

Du schwebst wie eine Wolke 57
Mein Ruheplatz 57
Zauberwort 57
Rastplatz 57
Am Strand 58
Im Boot 58
Ein stiller Teich 59
Ein schöner Tag 59
Ein Regentag 60
Hängematte 60

Licht 60
Im Wasser 61
Weltraumfahrt 61
Schneeflocken 62
Ballonfahrt 62
Elfentanz 63
„Pusteblume“ 63
Blumenduft 64
Mit dem ganzen Körper atmen 64
Ein kleines Kätzchen 65
Schneemann 65
Phantasieländer 66

4. *„Du schaffst es spielend ...“*
Phantasiereisen zur Lernförderung 67

Du schaffst es spielend 82
Lernfreude 82
Zauberpunkt 83
Positive Lernhaltung 83
Ort der Kraft 83
Idealer Lernort 84
Traumschule 85
Gedächtnisspeicher 85
Gehirntraining 86
Mehrspuriges Denken 87
Fertigkeiten verbessern 87
Lernbilder 88
Identifizieren 89
Phantasiegeschichten 89
In einem anderen Land 90
In der Pyramide 90
Hinter dem Tor 91
Fehler auslöschen 91
Beobachtungslernen 91
Positive Prüfung 93

5. *„Du verwandelst dich ..."*
    Phantasiereisen zur Persönlichkeits-
    entwicklung 95

⊡ *Du verwandelst dich ...* 108
    Ein sicherer Platz 108
    Reise durch den Körper 108
    Heilender Atem 108
    Zentrieren 110
    Positive Gefühle 110
    Etwas finden 111
⊡ *Komm mit zum Regenbogen* 111
    Ein Verbündeter 111
    Ein Krafttier 112
    Wörter der Kraft 113
    Idealbild 114
    Teile verabschieden 114
    Mein Ziel 115
    Am Weg bleiben 116
    Probleme meistern 116
    Am Berggipfel 117
    Neues erforschen 117
    Angst verkleinern 118
    Probleme wegschicken 119
    Ausstrahlen 120
    Versöhnen 120
    Miteinander sein 120
    Liebe senden 121

Anmerkungen 122
Literaturverzeichnis 214

⊡ Tonkassette zum Buch:

Die Tonkassette zum Buch enthält sechs Phantasie-
reisen mit Musikuntermalung.
Bestellungen für die Tonkassette im Buchhandel
oder direkt bei
VERITAS
Hafenstraße 1-3
A-4020 LINZ

Seite A:
Nr. 1: Du schwebst wie eine Wolke
Nr. 2: Du schaffst es spielend
Nr. 3: Du verwandelst dich
Seite B:
Nr. 1: Mein Ruheplatz
Nr. 2: Zauberpunkt
Nr. 3: Komm mit zum Regenbogen

⊡   Weitere Tonkassetten mit Phantasiereisen und
     Entspannungsübungen von Hubert Teml

Entspannt lernen
Streßabbau – Lernförderung und ganzheitliche
Erziehung

Zielbewußt üben – erfolgreich lernen
Lerntechniken und Entspannungsübungen für
Schüler

„Komm mit zum Regenbogen ...“
Einstieg und Überblick

Wenn Sie Lust haben, können Sie uns auf der Reise zum Regenbogen begleiten. Sie bekommen dabei gleich einen ersten Einblick in die Welt der Vorstellungs- und Phantasiebilder. Steigen Sie ein ...,

... es geht mit dem Zug in das Land der Phantasien ... Nehmen Sie Platz ..., machen Sie es sich bequem ... Und während Sie dies hier lesen, fährt der Zug mit einem sanften Ruck ab ... Draußen zieht die Landschaft vorbei ... Es beginnt leicht zu regnen ..., hier drinnen im Abteil ist es gemütlich ... Monoton rattern die Räder ... Sie lesen in diesem Buch und gleichzeitig genießen Sie die Reise in der Eisenbahn ... Sie lehnen sich entspannt zurück ..., holen etwas tiefer Atem ... und machen es sich noch etwas bequemer ...
Während Sie so gelöst dasitzen ..., blicken Sie aus dem Fenster ... und bemerken einen wunderschönen Regenbogen über der Landschaft ... Weit spannt er sich über Wiesen, Hügel und Wälder ..., sanft schimmernd, in all seinen Farben ... Sie nehmen diese eigenartige Stimmung wahr ... Und während Sie über den Regenbogen staunen, erinnern Sie sich an Ihre Kindheit ..., an die Gefühle beim Anblick eines Regenbogens ... an das Licht ..., die Luft nach dem Regen ..., an Farben, Gerüche, Geräusche ... und an all die vielen Geschichten, die mit dem Regenbogen verbunden sind ...
Und Sie lehnen sich bequem auf Ihrem Sitz zurück ..., ganz entspannt ... Vielleicht lassen Sie das Buch sinken ..., schließen Ihre Augen ... und hängen diesen Bildern, Gedanken und Gefühlen der Kindheit nach ...

Konnten Sie diese kleine *Phantasiereise* innerlich mitmachen? Vielleicht haben Sie den schimmernden Regenbogen vor Ihren Augen *gesehen*, das Rattern der Eisenbahn *gehört* oder die Frische der Luft

und die Stimmung nach dem Regen *gespürt*. Vielleicht haben Sie sich dabei auch ein wenig entspannt oder sind mit einer angenehmen Erinnerung aus der Kindheit in Berührung gekommen ...

Reise nach innen

Phantasiereisen führen in unsere *innere Welt*, bringen uns in Kontakt mit unseren Vorstellungen und Phantasien. Die auftauchenden Bilder, Töne oder Empfindungen eröffnen uns neue Sichtweisen und geben Perspektiven für das Handeln in der *Außenwelt*. Solche Phantasiereisen unternehmen Kinder oder Erwachsene auch spontan und unbewußt in ihren „Tagträumen“. Hier steht aber die *bewußte Aktivierung der Innenwelt* im Vordergrund. Ziel ist es, die *körperliche, geistige und seelische Entwicklung* zu fördern.
Wenn Sie Lust haben, können Sie dies gleich wieder versuchen. Denken Sie an den Regenbogen ...
...und stellen Sie sich vor, sein sanftes Licht strahlt auf Sie herab, schenkt Ihnen Ruhe und

*Zufriedenheit ... Sie denken das Wort „zufrieden",
lehnen sich entspannt und zufrieden zurück ...
Sie lächeln nach innen ..., innerlich zufrieden ...,
und Sie spüren, wie sich dieses Wort in Ihnen ausbreitet ..., wie das Licht des Regenbogens ..., entspannt und zufrieden ...*

Ganzheitliche Erziehung

Haben Sie die positive Wirkung dieser kurzen
Phantasiereise spüren können? Teilnehmer an
unseren Kursen berichten uns dazu häufig, daß sie
diese Vorstellungsübung als körperlich entspannend, geistig beruhigend und seelisch stärkend
erleben. Ähnliche Erfahrungen können wir als
Erwachsene auch Kindern und Jugendlichen durch
einfache Phantasiereisen vermitteln. Sie treten
dabei mit ihrer *Innenwelt* in Verbindung und werden in ihrer kognitiven, affektiven und psychomotorischen Entwicklung gefördert.
Die bewußte *Pflege der inneren Bilder* soll die
natürliche Fähigkeit der Kinder zu bildlichem Denken bewahren und weiterentwickeln. Gleichzeitig
geht es darum, der Überflutung durch äußere Bilder entgegenzuwirken. Anstelle des Konsums von
„Fertigprodukten" der Medien sollen die eigenen
schöpferischen Kräfte aktiviert werden. Als Ausgleich zu einer einseitig intellektuellen Erziehung -
besonders im traditionellen Schulbetrieb - wird die
Förderung der emotionalen Entwicklung und die
Entfaltung von *Phantasie, Kreativität und Intuition*
durch die Arbeit mit Vorstellungsbildern betont.
Phantasiereisen verstehen sich somit als ein Beitrag
zu einer *ganzheitlichen Erziehung*, die „Kopf, Herz
und Hand" gleichermaßen berücksichtigen will.
Angesichts der drohenden seelische Verarmung
unserer Zeit erscheint die *Beachtung der Innenwelt*
in vielen Fällen auch dringend „not-wendig". Es
geht uns bei aller Außenweltorientierung um die
Pflege einer *meditativen Grundhaltung*. Zur „Aktion" soll auch „Kontemplation" treten. Erst wenn
wir beide Seinsweisen beachten, tragen wir zu
einer ganzheitlichen Entwicklung von Kindern und
Jugendlichen bei.

Phantasiereisen für Kinder und Jugendliche

Adressaten dieses Buches sind *Eltern* und *Lehrer*
sowie *Erzieher* und *Gruppenleiter* in den verschiedensten Bereichen der Jugendarbeit. Eltern lesen
etwa Phantasiereisen als *Einschlafgeschichten* vor.
Lehrer verwenden sie unter anderem zur *Beruhigung* und *Entspannung* vor einer Unterrichtseinheit. Erzieher und Gruppenleiter bieten Phantasiereisen oft als *Vertiefung eines Themas* an und
besprechen die Erfahrungen dann näher.
Wenn Sie als Leserin oder Leser in erster Linie Interesse an „fertigen" Phantasiereisen haben, so finden
Sie dazu in den Kapiteln 3 bis 5 zahlreiche *Anleitungstexte*. Sie entstammen unserer eigenen Erfahrung oder sind Abwandlungen aus der einschlägigen Literatur. Wir haben vor allem *positive
Vorstellungsbilder* gewählt, die entspannend, anregend und bestärkend wirken. Im Literaturverzeichnis sind praxisnahe Bücher mit weiteren Phantasiereisen für Kinder und Jugendliche durch einen
Stern * gekennzeichnet.

Wenn Sie mehr über den *Einsatz und die Durchführung* von Phantasiereisen erfahren wollen, können Sie in den Kapiteln 1 und 2 *grundlegende Informationen* nachlesen. Dort versuchen wir auch, den Lesern *praktische Erfahrungen* mit Phantasiereisen durch eine Vielzahl von Beispielen und Übungsanleitungen zu ermöglichen.

Für wen sind diese Phantasiereisen gedacht? Wir haben die Anleitungstexte für *Kinder und Jugendliche* von 6 bis 16 Jahren ausgewählt. Eine bestimmte *Altersgrenze* für den Einsatz von Phantasiereisen gibt es aber nicht. Sie können - wie Märchen - von ganz kleinen Kindern wie auch von Erwachsenen gleichermaßen sinnvoll genützt werden. Nicht alle Texte sind aber für jede Altersstufe und für jedes Kind geeignet! Die *richtige Auswahl* müssen Sie als anleitende Person jeweils selbst treffen.

Entspannung, Lernförderung und Persönlichkeitsentwicklung

Die Phantasiereisen dieses Buches dienen - wie im Untertitel angeführt - vor allem *drei Zielbereichen*: „Entspannung", „Lernförderung" und „Persönlichkeitsentwicklung". Diese drei Zielbereiche sind jeweils bestimmte Blickrichtungen, unter denen eine Phantasiereise eingesetzt werden kann.

Phantasiereisen zur Entspannung regen in erster Linie angenehme Vorstellungsbilder an, um innere Ruhe, Ausgeglichenheit und Konzentration zu fördern. Die Kinder und Jugendlichen sitzen oder liegen entspannt, schließen ihre Augen und treten eine Reise nach innen an:

Stell dir vor, du sitzt ganz ruhig und entspannt vor einer Almhütte ... Vor dir die saftig grünen Wiesen ..., weite Wälder, Hügel und Berge ... und ein Regenbogen ..., der sich über den Himmel spannt ... mit seinen sanften Farben ..., beruhigend ..., so still ..., so schön ...

Du betrachtest die Farben des Regenbogens ... und wie von Zauberhand strahlt alles in hellem Rot ..., es strahlt rot am Himmel und rot über die Berge ... Du läßt das Rot auf dich wirken ... und bemerkst,

wie sich nun alles in die Farbe Orange verwandelt ..., die ganze Landschaft ist in Orange getaucht ..., wunderbar anzuschauen ... Nun wird alles gelb ..., Bäume und Wiesen leuchten gelb ..., und dann tritt das Grün hervor ..., strahlt grün auf die Wolken ... Der Regenbogen verfärbt alles blau ... und dieses wunderschöne Blau verändert sich dann zu violett ... Alles um dich ist in wunderschönes Violett getaucht ... Wälder und Berge ... alles violett ... Du spürst dieses Violett in dir ... beruhigend ..., entspannend .... Du genießt dieses Gefühl von Beruhigung ...

Nun löst du dich von den Farben des Regenbogens ..., kommst langsam wieder hierher zurück ..., dehnst und räkelst dich ..., fühlst dich erfrischt und ausgeruht, als wärest du gerade aufgewacht.

Phantasiereisen zur Lernförderung enthalten Texte, in denen positive Lernhaltungen unterstützt oder kognitive Lerninhalte mit emotional ansprechenden Phantasiebildern verknüpft werden. Auch das läßt sich am Beispiel „Regenbogen" zeigen. In einer Physikstunde könnte die folgende „meditative" Anleitung als entspannende und anregende Stoffwiederholung angeboten werden:

Stell dir vor, du sitzt an einem Sommertag auf deinem Lieblingsplatz in der freien Natur ..., machst es dir dort bequem ..., entspannst dich ... und während du so schaust, bemerkst du einen Regenbogen ..., weit über den Himmel gespannt ... Du freust dich über seine Farben ..., und erinnerst dich, daß man sie Spektralfarben nennt ... Du siehst die Farben genau an ... achtest auf ihre Reihenfolge ... Außen siehst Du ein sanftes Rot ..., dann folgt Orange ... und Gelb. Es wandelt sich zum Grün ..., geht über in ein Blau und wird innen violett ...

Du läßt diese Farben des Spektrums auf dich wirken ... und bist nun neugierig ..., wieso der Regenbogen gerade hier steht ... Du hältst Ausschau, woher die Sonne kommt ... Tatsächlich, sie ist hinter dir, wärmt sanft deinen Rücken ..., und vor dir ist diese Wolkenwand mit dem Regenbogen ... Und du erinnerst dich, daß das weiße Sonnenlicht

durch die kleinen Regentropfen gebrochen wird ...,
zerlegt in diese wunderbaren Spektralfarben ...,
genau so wie beim Versuch mit dem Prisma ...,
damals im Unterricht ..., dieselben Farben ..., rot,
orange, gelb, grün, blau, violett ..., wunderschön
anzuschauen ...

Phantasiereisen zur Persönlichkeitsentwicklung
zielen vor allem darauf ab, Kinder und Jugendliche
in ihrer seelischen Entwicklung anzuregen. Vorstellungsbilder können sie etwa in ihrem Selbstwertgefühl stärken oder sie anregen, sich mit ihren Wünschen und Problemen auseinanderzusetzen. Daß
dies auch für Erwachsene hilfreich sein kann, ver-
deutlicht vielleicht das nächste „Regenbogen-
Beispiel":
      „Stell dir vor, du gehst auf einer wunderschönen
Wiese spazieren ... Vögel zwitschern ..., weit weg

*einige Hügel und Wälder ... Während du so dahin-
wanderst, taucht vor dir ein Regenbogen auf ...,
überstrahlt mit sanftem Licht die Landschaft ...,
wunderbare Farben ..., eine seltsame Stimmung ...
Du erinnerst dich an die alte Geschichte, daß am
Ende des Regenbogens ein Schatz zu finden ist ...,
und du machst dich auf den Weg ..., gehst dem
Regenbogen nach ... Du siehst bereits ..., dort hinter dem Hügel geht der Regenbogen nieder ..., Wie
du näherkommst, kannst du tatsächlich etwas
sehen ... Das Ende des Regenbogens zeigt auf ein
Gefäß, das im hohen Gras steht ... Du gehst näher
hin ... und bemerkst, daß dein Name auf dem
Gefäß steht ...*
*Du siehst hinein ... und findest einen Ring ... Es ist
ein Zauberring, er ist imstande, dir das zu geben,
was du gerade jetzt für dein Leben brauchst ..., was
dir hilft, deine Ziele zu erreichen ..., was dich
sicher macht ..., oder dir Kraft gibt ...*
*Du steckst den Ring an ..., drehst ihn einmal um ...
und du merkst, wie sogleich dein Wunsch in Erfüllung geht ..., und all das in deiner Phantasie
geschieht, was für dich gut ist ...*

Wie diese Beispiele zeigen, sind die drei Zielbereiche „Entspannung", „Lernförderung" und „Persönlichkeitsentwicklung" nur bestimmte Aspekte eines
Vorganges. Phantasiereisen und Vorstellungsübungen sind immer *ganzheitlich* zu sehen. Sie wirken
entspannend und machen uns dadurch auch offener für fachliches wie persönlich bedeutsames
Lernen.

Eigenerfahrungen

Voraussetzung für einen sinn- und verantwortungs-
vollen Einsatz von Phantasiereisen ist eine entsprechende *Eigenerfahrung*. Es geht zunächst darum,
die Welt der eigenen inneren Bilder besser kennenzulernen, um ein vertieftes *Verständnis für die
Innenwelt anderer* zu entwickeln. Die zahlreichen
Beispiele in diesem Buch sollen diese Eigenerfahrung anregen. Günstiger sind allerdings entsprechende *Kurse*, in denen Phantasiereisen einen

Bestandteil bilden (z. B. in Kursen zum „Autogenen Training" oder zum „Ganzheitlichen Lernen"). Hier kann man auch üben, *respektvoll und einfühlsam* mit der Bilderwelt anderer umzugehen. Dies ist eine der wichtigsten Fähigkeiten bei der Verwendung von Phantasiereisen.

Als *Mindestforderung* für die Anleitung einer Phantasiereise gilt, den Text vorher in Ruhe auf sich wirken zu lassen. Erst dann wird man abschätzen können, ob der Inhalt für die jeweiligen Kinder oder Jugendlichen tatsächlich günstig ist. Wenn Sie an der Brauchbarkeit einer Phantasiereise zweifeln, sollte Sie lieber auf den Einsatz verzichten!

Ein positives Klima

Generell erfordern Phantasiereisen ein *positives Erziehungsklima*, das von zwischenmenschlicher *Wärme*, einfühlendem *Verstehen* und *Offenheit* getragen wird. Die Kinder und Jugendlichen müssen sich angenommen, geborgen und sicher fühlen. Eine positive Atmosphäre ist die Basis dafür, daß sie sich entspannen, sich auf neue Lernerfahrungen einlassen und den nächsten Schritt in ihrer Entwicklung machen können. Wenn Sie als anleitende Person darauf achten, daß die *Beziehung* stimmt, wird auch der Einsatz von Phantasiereisen „stimmig" sein. Nur dann wird sich auch die positive Wirkung von Phantasiereisen entfalten.

Kinder und Jugendliche müssen sicher sein, daß ihre Innenwelt respektiert und *nicht interpretiert* wird. Sie brauchen jemanden, auf den sie sich verlassen können und der *einfühlsam* auf sie eingeht.

Diese Atmosphäre schafft erst die für Phantasiereisen erforderliche *Bereitschaft und Offenheit* auf Seiten der Kinder und Jugendlichen.

Freiwilligkeit der Teilnahme an Phantasiereisen ist eine unabdingbare Voraussetzung! Wer nicht mitmachen kann oder will, darf *keinesfalls dazu gezwungen* werden. Klare *Vereinbarungen*, daß jeder in seiner Entspannung geschützt und mit seinen Bildern angenommen wird, sind in Gruppen von Kindern und Jugendlichen notwendig.

Grundlegende Erziehungseinstellungen

Phantasiereisen sind nicht als neues Erziehungsmittel zu verstehen, mit dem Eltern oder Lehrer nun auf „sanfte" Weise ihre Zielvorstellungen durchsetzen können. Wer dies versucht, hat die Grundintention von Phantasiereisen mißverstanden: Es geht nicht darum, Kinder und Jugendliche in eine bestimmte Richtung zu drängen (etwa sie in der Schule bloß äußerlich zu beruhigen oder leistungsfähiger zu machen). Phantasiereisen dienen in erster Linie dazu, persönliches Wachstum zu unterstützen.

Wir vertreten hier den *personzentrierten Ansatz* in der Erziehung, bei dem es um die Förderung der *eigenständigen Entwicklung* von Kindern und Jugendlichen geht. Vorraussetzung dafür ist, daß Erzieher den Kindern und Jugendlichen mit der grundlegenden Haltung des Vertrauens in ihr Wachstumspotential begegnen. Aus dieser Erziehungseinstellung werden Sie ihnen deren persönliche Entwicklung nicht vorschreiben, sondern vielfältig anregen und fördern. Phantasiereisen und Vorstellungsübungen sind nach unserer Auffassung ein wertvoller Beitrag zu dieser Art von Erziehungsarbeit.

Phantasiereisen auf Kassetten

Aus unserer Erfahrung wissen wir, daß viele Erzieher *Phantasiereisen auf Kassetten* bevorzugen, ehe sie zu eigenen Anleitungen übergehen. Zu sechs Texten dieses Buches bieten wir daher auch gesprochene Phantasiereisen mit Musikuntermalung. Dieses Zeichen ⏯ im Text verweist auf eine Phantasiereise auf Kassette. Die Kassette kann im Buchhandel oder im Verlag gesondert bestellt werden.:

Veritas Verlag
Hafenstraße 1–3
A- 4020 LINZ

1. „Stell dir vor ...“

Phantasiereisen in der Erziehung

In der Einleitung haben wir Sie bereits gebeten, in das Land „der inneren Bilder“ mitzureisen, um den Schatz am Ende des Regenbogens zu suchen. Hier können Sie sich nun etwas differenzierter über das Thema „Phantasiereisen“ informieren. Wir werden uns vor allem damit beschäftigen, *was* mit dem Begriff „Phantasiereise“ in diesem Buch gemeint ist und *wozu* Phantasiereisen dienen können. Anschließend wollen wir zeigen, *wie* wir Kindern bei ihren Reisen in die Phantasie begegnen und *wo* man Phantasiereisen sinnvoll einsetzen kann.

1.1 Was sind Phantasiereisen?

Jeder von uns ist schon einmal „auf den Flügeln der Phantasie“ gereist, sei es in Tagträumen oder beim Lesen eines spannenden Buches. Der Begriff „Phantasiereise“ wird aber in der Alltagssprache kaum gebraucht und ist auch im Bereich der Erziehung noch wenig geläufig. Vielleicht sind Ihnen Phantasiereisen aus Veranstaltungen zur *Persönlichkeitsentwicklung* bekannt, etwa aus Entspannungs-, Meditations- oder Selbsterfahrungskursen. Hier wurden in den letzten Jahren zahlreiche Phantasiereisen entwickelt, besonders im Umfeld der *humanistischen Psychologie*, die eine optimistische Sichtweise des Menschen in Richtung auf *Selbstentfaltung* und *Selbstverwirklichung* betont.

Vorstellungsbilder

Phantasie wird auch als *Vorstellungskraft* bezeichnet, im besonderen als Fähigkeit, neue Vorstellungsbilder zu erschaffen. Eine *„Phantasiereise“* wäre demnach eine *Reise in die Welt unserer Vorstellungen* - im Gegensatz zu den Wahrnehmungen der Außenwelt. Sehr häufig wird in diesem Zusammenhang auch der Begriff *Imagination* verwendet (imago: Bildnis, Abbild, Vorstellung). Imagination bedeutet „Einbildungskraft“, die Fähigkeit, sich abwesende Gegenstände, Personen oder Situationen u.a. in Form von Vorstellungen zu vergegenwärtigen.[1]

Bei kleinen Kindern gehen konkrete Wahrnehmungen und Vorstellungsbilder noch ineinander über. Sie trennen in ihrem Spiel nicht streng zwischen Wirklichkeit und Phantasiewelt.[2] Manchmal sehnen wir uns Erwachsene nach dieser entschwundenen Welt der Phantasie, andererseits sind wir auch geneigt, Phantasien als „Träumerei“ oder gar „Wahngebilde“ abzuwerten. „Du phantasierst ja!“ kann ein Kind zu hören bekommen, wenn es in der Schule etwas Falsches sagt. „Er ist ein Träumer!“ klagt etwa eine Mutter über ihr verspieltes Kind.

Reise nach innen - und zurück

Die Beschäftigung mit der Phantasie muß aber nicht das regressive Verharren in einer irrealen Phantasiewelt zum Ziel haben. Sie ist auch nicht ausschließlich ein Abwehrmechanismus gegenüber den Anforderungen der Realität. Aus unserer heutigen Sicht kann die *Auseinandersetzung mit unserer Vorstellungswelt* dazu dienen, unser Leben im Alltag positiv zu gestalten.[3] *Realität und Imagination* sollen harmonisch miteinander verbunden werden. *Richard de Mille* meint dazu: „Der Unterschied zwischen Realität und Imagination ist notwendig, und es ist wichtig, daß das gelernt wird. Aber es ist genauso wichtig, diese Unterschiede in einer Weise zu vermitteln, daß die Imagination dabei nicht ausgelöscht wird.“[4] *Michael Ende* läßt dies Herrn Koreander in seiner „Unendlichen

Geschichte" zu Bastian folgendermaßen aus-drücken:

„Es gibt Menschen, die können nie nach Phantasien kommen ..., und es gibt Menschen, die können es, aber sie bleiben für immer dort. Und dann gibt es noch einige, die gehen nach Phantásien und kehren wieder zurück - So wie du, Bastian. Und die machen beide Welten gesund.“ [5]

Im Verlauf dieses Jahrhunderts wurden Vorstellungsbilder in den verschiedensten psychologischen Richtungen zunehmend mehr beachtet. Bereits *C.G. Jung* versuchte durch seine *aktive Imagination* von Träumen die Vorstellungskräfte für die Persönlichkeitsentwicklung zu nützen. In den 50er Jahren entdeckten auch die *Verhaltenstherapeuten* die Wirkung von positiven Vorstellungsbildern, und in den 60er Jahren wurden Phantasiereisen durch die *humanistische Psychologie* bekannt, im besonderen durch die *Gestalttherapie*. In der Psychotherapie wird heute die Arbeit mit Vorstellungsbildern in den unterschiedlichsten Richtungen angewendet, etwa im „Katathymen Bilderleben“[6].
Über den Bereich von Therapie und Selbsterfahrung hinaus wurden Vorstellungsübungen erfolgreich auch im *Sport* erprobt, ebenso in der *Wirtschaft*, der *Berufsausbildung* und in der *Medizin*.

Man spricht hier meist von *mentalem Training*, bei dem man sich einen erwünschten idealen Zustand in der Phantasie vorstellt. So visualisieren etwa Sportler einen optimalen Bewegungsablauf ihrer Disziplin, was nachweislich einen positiven Effekt auf die Leistung in der Realität hat.[7] Auch Piloten trainieren bestimmte Bewegungsabläufe (z. B. bei Landemanövern) in der Vorstellung, ehe sie weitere praktische Erfahrungen machen.[8] In der Medizin sind heute auch „Heilmeditationen“, wie sie etwa Krebskranke zur Stärkung ihrer Abwehrkräfte üben, anerkannte Anwendungsmöglichkeiten positiver Vorstellungsbilder.[9]

Stellen Sie sich vor, wie gerade jetzt Ihr Körper arbeitet ..., spüren Sie, wie alles wunderbar ineinandergreift ... Ihr Herzschlag ..., Ihr Atem ..., jede Zelle eine Welt für sich ...
Lassen Sie ein Bild dazu auftauchen, wie Ihr Körper sich selbst zu vollster Gesundheit entfaltet ..., ganz aus sich heraus ..., vollkommen gesund ..., harmonisch ... Spüren Sie sich selbst in diesem Zustand der vollsten Harmonie und Gesundheit Ihres Körpers ...

In den 70er Jahren kamen Phantasiereisen im *Bereich der Erziehung* zum Tragen, besonders im Zusammenhang mit der *Gestaltpädagogik* und dem

Superlearning.[10] In den 80er Jahren wurden unter dem Begriff „*Ganzheitliches Lernen*" verschiedenste Methoden verbreitet, unter denen Phantasiereisen eine wichtige Stellung einnehmen. Eine Weiterentwicklung dürfte die *Transpersonale Psychologie* mit sich bringen, die besonders die Pflege und Entfaltung der spirituellen Kräfte in der Erziehung beachtet.[11]

Vorstellungskraft

Jeder Mensch entwickelt laufend *innere Bilder*. Vielfach bleiben diese Vorstellungsbilder unbewußt, obwohl sie auch im Alltag unser Denken und Handeln leiten.

Wissen Sie, wieviele Fenster Ihre Wohnung hat? Wenn Sie diese Frage beantworten, werden Sie vermutlich eine Erinnerungsvorstellung abrufen - in der Regel ist das ein Bild - um ganz konkret die Fenster in der Vorstellung zu zählen.

Der Begriff „*Vorstellungskraft*" bezieht sich nun tatsächlich auf eine psychische Kraft, die ganz konkrete physiologische Auswirkungen hat. So hat etwa *Edmund Jacobson* Ende der 20er Jahre gezeigt, daß der intensive Gedanke an eine bestimmte Körperbewegung die dazugehörigen Nervenzellen aktiviert. Entspannende Bilder bewirken etwa eine Entspannung der Muskeln. Die Vorstellung, ein Gewicht zu heben, bewirkt hingegen eine Muskelanspannung.[12]

Für die psychische Entwicklung ist es daher nicht gleichgültig, welche inneren Bilder wir erzeugen. Wenn wir *negative Vorstellungsbilder* vor Augen haben, werden wir merken, wie sie uns niederdrücken und uns in unserer Handlungsfähigkeit einschränken. *Positive Vorstellungen* bauen uns hingegen auf und erweitern unsere Möglichkeiten.

Sie können dies etwa selbst erproben, wenn Sie intensiv an eine negative Situation denken, etwa an ein unangenehmes Ereignis, einen Streit, einen Unfall, ein persönliches Versagen ... Spüren Sie in sich hinein, beobachten Sie Ihre Körperhaltung ..., Ihre Atmung, ... Ihre Gefühle ...

Lassen Sie diese Bilder nun ganz bewußt in den Hintergrund treten. Denken Sie jetzt an eine erfreuliche Situation, vielleicht an einen schönen Urlaubstag, an einen persönlichen Erfolg, an eine positive Begegnung mit einem Menschen ... Beobachten Sie sich nun wieder genau ..., Ihre Körperhaltung.., Ihre Atmung ..., Ihre Gefühle ...

Vorstellungsübungen

In der Folge bezeichnen wir *Vorstellungsübungen* als bewußte, konstruktive Arbeit mit Vorstellungsbildern. Häufig werden dafür auch die Begriffe *Visualisierungsübungen* oder *Imaginationsübungen* verwendet. Imagination wird dabei eher als spontane, meist unbewußte Hervorbringung von Bildern verstanden. Visualisierung bezieht sich hingegen auf die aktive Nutzung von positiven Bildern. Nach *Noelle Philippe* bedeutet „Visualisieren", „sich im Geiste ein künftiges Ereignis, einen positiven Zustand vorzustellen, der eine Entwicklung, das Gefühl von Entfaltung und Wachstum auslöst."[13] Auch die Begriffe *gelenkte Tagträume* und *gelenkte Phantasien* werden in diesem Zusammenhang immer wieder gebraucht.[14] Eine scharfe Abgrenzung geschieht dabei nicht und wird auch von uns nicht angestrebt.

Hier gleich ein Beispiel eines positiven Vorstellungsbildes:

Denken Sie an die positive Bedeutung des Wortes „Ausstrahlung". Lassen Sie ein Bild entstehen, in dem Sie „strahlen" und ihre ganze Persönlichkeit „ausstrahlen". Nehmen Sie bewußt wahr, welche Körperhaltung Sie bei diesen Gedanken und Bildern einnehmen ..., wie Sie atmen ... und sich fühlen ..., wenn Sie sich Ihre positive Ausstrahlung vorstellen ...

Vorstellungsübungen beziehen sich auf die verschiedensten Möglichkeiten, sich der eigenen Innenwelt zuzuwenden und deren Kräfte konstruktiv zu nützen. Dabei geht es nicht nur um *visuelle Vorstellungsbilder*, sondern um Vorstellungen aus *allen Sinnesbereichen*, vor allem um *auditive Vor-*

stellungen von Klangerlebnissen, um *kinästhetische Vorstellungen* von Körperempfindungen und Gefühlen, aber auch auch um *Geschmacks- und Geruchsvorstellungen*. Die folgende Übung soll dies etwas verdeutlichen.

Stellen Sie sich ganz bewußt eine aufgeschnittene Zitrone vor.., ihre Farbe, ihre Form ... Nehmen Sie die Zitrone in die Hand ..., spüren Sie die Beschaffenheit der Oberfläche ... Stellen Sie sich vor, daß Sie an der Zitrone riechen ... und nun etwas drücken ..., den Saft der Zitrone kosten ...
Beobachten Sie dabei, was diese Vorstellung in Ihrem Körper real auslöst ...

In den Anleitungen werden diese verschiedenen *Repräsentationssysteme* gezielt angesprochen, um die Vorstellungen zu intensivieren. Tatsächlich ausgeführte *körperliche Aktivitäten* können dabei die Vorstellungen noch mehr aktivieren.

Stellen Sie sich etwa vor, wie Sie an einer duftenden Rose riechen ... Lassen Sie das Bild einer Rose auftauchen ..., und dazu den Geruch ...
Und nun versuchen Sie, die Rose in der Phantasie auch in die Hand zu nehmen ... und dann zu Ihrer Nase zu führen ...
Wie verändert sich die Vorstellung, wenn Sie die Bewegung konkret ausführen?

Im Zusammenhang mit Vorstellungsübungen werden häufig auch *Affirmationen* verwendet. Darunter versteht man bejahende und *bekräftigende Aussagen*, die positive Gedanken und Vorstellungsbilder verstärken sollen. Hier einige Beispiele, die Sie beim Lesen vielleicht auch bezüglich der körperlichen Wirkung erproben können:
Ich werde harmonisch und ganz.
Ich verspüre große Freude am Leben.
Ich werde das Leben mehr und mehr genießen.
Ich bin frei und gesund.
Ich bin voll Energie, lebendig und gesund ...

Wir möchten hier auch noch *Metaphern* im Zusammenhang mit Vorstellungsübungen erwähnen. Methaphern sind *bildhafte Vergleiche*, die uns einen Sachverhalt auf neue Weise „ein-sichtig" machen wollen. Metaphern können vor allem dazu dienen, eine Botschaft indirekt über Bilder und damit oft effektiver zu vermitteln.

Als Metapher für Erziehung wird häufig das Bild vom „Gärtner" gebraucht. Wie würden Sie die Erziehertätigkeit bildhaft beschreiben?
Ist es jemand, der am „jungen Gemüse" zieht und zupft, um es zum Wachsen zu bringen?
Oder haben Sie ein anderes Bild vor Ihren Augen?

Metaphern führen uns schließlich in den Bereich der *Märchen*, die unsere Vorstellungswe lt auf eine sehr tiefe Weise anregen. Märchen sprechen in ihrer *Symbolik* viele menschliche Grundfragen an und fördern auf diese Weise die seelische Entwicklung. Wir bleiben hier allerdings bei einfacheren Phantasiereisen und werden nicht auf tiefenpsychologische Symbolarbeit eingehen.[15]

„Phantasie-Reisen"

Der Begriff *Phantasiereisen* wird in der Folge pragmatisch für *verschiedene Formen von Vorstellungsübungen* verwendet. In einem engeren Sinn verstehen wir unter Phantasiereisen aber die *Anregung von Vorstellungen im entspannten Zustand*.
Der Aspekt der „Phantasie" verweist dabei auf die Vorstellungswelt, der Aspekt „Reise" auf den Weg dorthin, auf den Aufenthalt in der Innenwelt und auf den Weg zurück in die Alltagswelt. Phantasiereisen sollen nach unserem Verständnis durch verbale Anleitungen zu vertieften Vorstellungen führen, um - je nach Intention - Entspannung, Lernen oder Persönlichkeitsentwicklung zu fördern. Phantasiereisen regen vor allem die bildhaften, mustererkennenden Gehirnpartien an und bringen uns in Kontakt mit unserer Intuition und Kreativität sowie mit der „inneren Weisheit" unseres Organismus.
In der Regel enthalten Phantasiereisen folgende drei Elemente: – *Entspannungsanleitung*
– *Vorstellungsbilder*
– *Rückführung:*

Entspannungsanleitung:
Hier wird durch *körperliche und geistige Entspannung* der Weg in die Innenwelt und in einen tranceartigen Zustand angeregt. Entspannung ist dabei einerseits eine Hilfe, um in tiefere Bewußtseinsebenen zu „reisen". Gleichzeitig können aber beruhigende Vorstellungsbilder auch die Entspannung vertiefen.

Setze oder lege dich bequem hin ..., entspanne dich ..., mache es dir noch ein wenig bequemer ... Dein Atem kommt und geht ..., ganz von selbst ..., du wirst innerlich ruhiger... vielleicht so wie vor dem Einschlafen ...
Stell dir nun vor ..., du sitzt an einer kleinen Quelle ..., ganz entspannt ..., hörst dem Plätschern des Wassers zu ..., wirst dabei ruhig ..., gelöst ..., gelassen ...

Anregung von Vorstellungsbildern:
Nach der Entspannungsanleitung wird eine Szene vorgegeben, die Vorstellungen in den verschieden-

sten Sinnesbereichen anregt. Der *Inhalt* dieser Bilder richtet sich nach den *Zielen* der Phantasiereise. Phantasiereisen zur *Entspannung* regen vor allem entspannende, beruhigende Vorstellungsbilder an. Phantasiereisen zur *Lernförderung* stellen einen affektiven Bezug zu Lerninhalten und Lernsituationen her. Phantasiereisen zur *Persönlichkeitsentwicklung* beinhalten meist positive und aufbauende Bilder für das persönliche Wachsen.
Grundsätzlich sprechen wir hier von *gelenkten Phantasiereisen*, da sie von einer anderen Person angeleitet werden. Die Anleitung kann dabei mehr „offen" oder mehr „geschlossen" sein. *Offene Phantasiereisen* geben viel Spielraum, die eigenen Bilder zu entwickeln. Hier zunächst ein Beispiel einer eher „offenen" Anleitung zum Thema „Ein Platz zum Ausruhen":

„Suche dir einen angenehmen Ort, an dem Du dich wohlfühlst ... Mache es dir dort ganz bequem ..., achte darauf, was du alles wahrnehmen kannst ...

Geschlossen sind Phantasiereisen, wenn sie einzelne Aspekte des Inhalts relativ genau vorgeben. Hier ein Beispiel:

„Stelle dir vor, du bist an einem wunderschönen Meeresstrand ..., ruhst dich im warmen Sand aus ..., entspannst dich ... der Wind rauscht in den Palmen ..., du siehst den Möwen am Himmel zu ...

Ob Phantasiereisen eher offen oder geschlossen sind, hängt von den Zielstellungen ab. Wichtig erscheint uns bereits hier der Hinweis, daß besonders bei Phantasiereisen zur Persönlichkeitsentwicklung viel Spielraum gegeben werden muß, *persönliche Bilder* zu entwickeln. Manipulierende Szenen, in denen Erzieher ihre eigenen Ziele suggerieren, lehnen wir ab (karikiert etwa in der Art: „Stell dir vor, du lernst brav und fleißig, erfüllst alle Anweisungen der Erwachsenen und spürst, wie gut dir das tut ..."). Wir vertreten hier ein personzentriertes Konzept der Erziehung, in der die *Fähigkeit des Individuums zu wachsen und sich selbst zu bestimmen* die zentrale Annahme darstellt.

Rückführung:

Hier geht es darum, aus dem leicht veränderten Bewußtseinszustand in der Phantasiereise wieder langsam in das *Alltagsbewußtsein* zurückzuführen. Die Entspannung soll aufgehoben und der *Kreislauf* wieder angeregt werden. Hier ein Beispiel einer Rückführung:

Die Bilder ziehen sich allmählich zurück … Du spürst, wie du hier im Raum sitzt oder liegst … du atmest etwas tiefer ein und aus …, dehnst und räkelst dich …, bist wieder ganz im Hier und Jetzt …

Der Aspekt der „Reise" in die Welt der Vorstellungsbilder und aus ihr wieder zurück ist das Kennzeichen „echter" Phantasiereisen. Wir werden allerdings - wie weiter oben gesagt - den Begriff „Phantasiereisen" nicht streng von anderen Vorstellungsübungen ohne ausführliche Entspannungsanleitung trennen. Es ist etwa auch möglich, Phantasie- und Vorstellungsbilder mit offenen Augen zu erzeugen und sie mit konkreten *Handlungen* und *körperlichen Aktivitäten* zu verbinden:

Stellen Sie sich zum Beispiel vor, Sie hätten eine Schatzkiste gefunden …, darin liegt ein unsichtbarer Zaubermantel, der jedem Träger Schutz gibt …, Sicherheit und Gelassenheit vermittelt …
Ziehen Sie Ihren unsichtbaren Zaubermantel nun tatsächlich an …, und während Sie die Bewegung real ausführen …, stellen Sie sich vor, wie der Mantel sie umhüllt und schützt …, Ihre Sicherheit und Gelassenheit verstärkt … Gehen Sie einige Schritte mit diesem deutlichen Bewußtsein von Sicherheit und Gelassenheit auf und ab …, beobachten Sie, wie Sie diese Phantasievorstellung beeinflußt …

Mit dem globalen Titel „Phantasiereisen" bezeichnen wir in diesem Buch verschiedenste Formen der Arbeit mit Vorstellungsbildern. Wir hoffen, daß Sie in dieser Bilderwelt ein wenig heimisch geworden sind und daß Sie ermutigt wurden, mit uns ein Stück weiterzureisen. Wir werden uns in der nächsten Station anschauen, wozu wir Phantasiereisen und Vorstellungsübungen in der Erziehung verwenden können.

1.2 Wozu dienen Phantasiereisen?

Mit dieser Frage gehen wir zunächst auf die *drei Zielbereiche* dieses Buches ein. Phantasiereisen können danach schwerpunktmäßig zur „Entspannung", „Lernförderung" und „Persönlichkeitsentwicklung" verwendet werden. Wir unterstützen als Erzieher dadurch auch *grundlegende Erziehungsziele*, indem wir durch Phantasiereisen zur „Pflege der Vorstellungskraft", „Förderung ganzheitlicher Erziehung" sowie „Bewußtseinsentwicklung" beitragen. Schließlich können Phantasiereisen auch zur „Aufarbeitung von Problemen" dienen, mit denen Kinder und Jugendliche zu kämpfen haben.

Phantasiereisen zur Entspannung

Phantasiereisen haben in zweifacher Weise mit Entspannung zu tun. Zum einen enthalten Sie in der Regel eine Anleitung zur vertieften *körperlichen Entspannung*, um damit den Geist zu beruhigen und die „Produktion" von inneren Bildern zu begünstigen. Dabei wird besonders das Augenmerk auf das Loslassen von Spannungen und auf das nichtwertende Beobachten des Atems gerichtet. Sie können das im folgenden Beispiel wiederum selbst erproben und sich entspannen:

Setzen oder legen Sie sich hin …, lassen Sie alle Spannungen los …, machen Sie es sich noch ein wenig bequemer … Beobachten Sie Ihren Atem, wie er von selbst kommt … und geht …, ein … und aus …, ein … und aus …

Zum anderen können Phantasiebilder auch dazu verwendet werden, die Entspannung zu vertiefen. *Ruhebilder* haben eine wohltuende Wirkung auf den gesamten Organismus. Streß und Hektik fallen ab, Verspannungen lösen sich, die Energien können wieder frei fließen.

Stell dir vor, du liegst in einer Badewanne …, wohlig räkelst du dich im warmen Wasser … Du entspannst dich ganz …, läßt alles los …, atmest ruhig und frei …

Ruhebilder machen uns deutlich bewußt, wie sehr Vorstellungen auch reale *körperliche Auswirkungen* haben. So wie bereits negative Gedanken Streß erzeugen können - etwa wenn Schüler mit Sorge an eine Prüfung denken - , so können positive Bilder auch eine *positive, entspannte Haltung* fördern. Gerade in unserer Zeit, in der bereits Grundschulkinder über Streß klagen, bieten hier Phantasiereisen einen wirksame Abhilfe. Sie können Unruhe oder Hyperaktivität verringern und zu *innerer Ausgeglichenheit* führen.

Ziel von Phantasiereisen zur Entspannung ist eine *harmonische Spannung*, in der der Körper weder verspannt noch aufgelöst ist. Damit wird auch eine Basis für die folgenden Zielbereiche „Lernförderung" und „Persönlichkeitsentwicklung" gelegt. Überdies unterstützt ein Angebot an Entspannungsübungen meist auch ein *entspanntes Erziehungsklima*, das ebenfalls für die geistige wie emotionale Entwicklung förderlich ist.

Phantasiereisen zur Lernförderung

Im Bereich der Lernförderung dienen Phantasiereisen zunächst einmal dem Ziel, die *Konzentrationsfähigkeit* zu erhöhen. Durch ihre beruhigende Wirkung können sie besonders in der Schule vor Leistungssituationen (Tests, Schularbeiten) eingesetzt werden.

Stell dir vor, du sitzt ganz ruhig und gelassen vor einem kleinen Teich …, blickst in das Wasser …, alles ist ruhig und still … Deine Gedanken werden ruhig wie das Wasser … Dein Kopf ist klar und frei …, du bist entspannt und konzentriert …, so kannst du die kommende Arbeit erfolgreich schaffen …

Auch die *Merkfähigkeit* kann durch bildhafte Vorstellungen gefördert werden. Was wir vor unseren „inneren Augen" haben, bleibt in der Erinnerung besser gespeichert.

Stell dir vor, du wanderst durch London … In deiner Phantasie tauchen bekannte Bauwerke auf … Vor dir siehst du schon die mächtigen Mauern des Londoner Tower …, du gehst hinein und besuchst die Schatzkammmer …, eine großartige Pracht …

Bildliches Denken fördert auch *höhere kognitive Lernziele*, vor allem *kreatives, schöpferisches Denken und Gestalten*, was etwa bei Aufsätzen, Gedichten oder Zeichnungen genützt wird. Hier ein Beispiel einer Anleitung für einen Phantasieaufsatz:

Stell dir vor, du sitzt in einem Phantasiefahrzeug …, es kann fahren.., fliegen und tauchen … Du startest los … und schon nach kurzer Zeit kommst du in einer ganz fremden Gegend an … Du steigst aus …, erforschst diese Gegend …

Neben kognitiven Zielen sprechen Phantasiereisen in hohem Maß *affektive Ziele* an. Sie können zu einer *Identifikation* mit dem Lernstoff und zu offenen Auseinandersetzung mit persönlichen *Wertvorstellungen* führen. Dies soll das folgende Beispiel verdeutlichen:

Stell dir vor, du lebst in Paris, kurz vor Ausbruch der Französischen Revolution ... Wer bist du ..., wo bist du gerade ..., was machst du ..., wie fühlst du dich ...?
Da hörst du plötzlich in der Ferne lautes Geschrei ..., siehst eine Menge von Menschen in Richtung Bastille laufen ... Was wirst du tun ...?

Im Bereich *psychomotorischer Lernziele*, etwa beim Schreibenlernen, können Phantasiereisen im Sinne des *mentalen Trainings* (ähnlich wie von Sportlern) eingesetzt werden. Dabei werden die Bewegungsvollzüge durch die Vorstellung eines *Idealmodells* besser und rascher erlernt.

Sieh dich selbst, wie du entspannt und konzentriert schreibst ... Deine Hand gleitet locker und sicher über das Papier ... Du atmest dabei frei ... jeder Buchstabe gelingt flüssig ...

Kurze Vorstellungsübungen in Verbindung mit körperlichem Ausdruck können einen Sachverhalt im wahrsten Sinn des Wortes „lebendiger" machen und damit dem besseren „Erfassen" wie auch einer Steigerung der Lernmotivation dienen.

Die Begriffe „Ebbe und Flut" werden mit anschaulichen Beschreibungen vorgestellt und auch körperlich dargestellt. Versuchen Sie dies selbst: Bei Ebbe zieht sich das Meer zurück ..., langsam ..., immer weiter zurück ..., und Sie versuchen diese Vorstellung körperlich darzustellen ...

Phantasiereisen dienen auch dem Ziel, eine *positive Lernhaltung* und eine erfolgszuversichtliche Einstellung zu unterstützen. Wenn Schüler sich in der Phantasie beim Lernen *erfolgreich und sicher* erleben, kann dies eine günstige Wirkung auf ihre Lernmotivation haben.

Stell dir vor, du kannst heute alles spielend schaffen ... In deiner Phantasie siehst du dich selbst, wie du alles richtig machst ..., und du spürst deutlich: Ja, so komme ich voran ...

Allerdings wäre der Lernbegriff hier sehr eng, wenn er lediglich auf *Steigerung der Lernleistung* abzie-

len würde. Lernen hat immer etwas mit der gesamten Person zu tun, und insoferne geht es bei Lernförderung in erster Linie um die Unterstützung einer offenen, lernbereiten Haltung. Ziel ist *bedeutungsvolles Lernen,* bei dem sich der Lernende als sich selbst bestimmende, sich verändernde und wachsende Person erlebt.

Phantasiereisen zur Persönlichkeitsentwicklung

Phantasiereisen zielen letztlich auf die *Entwicklung der gesamten Persönlichkeit.* Optimale Leistung ist für uns nicht der Orientierungspunkt, sondern Ergebnis einer *harmonischen Persönlichkeitsentwicklung.* Wenn sich Kinder und Jugendliche „wohl in ihrer Haut" fühlen, sich als liebenswert erleben, und sich in ihrer Kreativität entfalten dürfen, werden sie auch bedeutungsvolle Lernschritte machen. Kinder und Jugendliche können durch ein Angebot und die Inhalte von Phantasiereisen auch deutlich erfahren, daß sie als ganze Person wichtig genommen werden. Ihr *Selbstwertgefühl* und ihr *Selbstkonzept* kann so unterstützt werden. Sie erleben bei Phantasiereisen auch, daß es gut ist , sich Zeit für sich selbst zu nehmen und wie bereichernd der *Kontakt mit dem eigenen Körper und der Innenwelt* sein kann. Sie lernen dabei auch, auf ihre *innere Stimme zu vertrauen,* sich selbstverantwortlich zu entscheiden und neue Perspektiven für ihr Leben gewinnen.

Stell dir vor, du bist auf dem Dachboden eines alten Hauses ..., eine richtige Rumpelkammer ... Kästen und Kisten ..., und da ein alter Koffer ... Neugierig öffnest du ihn ..., bemerkst ganz unten einen Zettel ... Es ist eine Botschaft für dich, ein Symbol ..., oder ein Wort ..., vielleicht ein Satz ... Du atmest durch ... und du spürst, daß diese Botschaft für dich bedeutsam ist ..., dir etwas sagt ..., was du in diesen Tagen für dich brauchen kannst ...

Wir betonen in den folgenden Phantasiereisen besonders die *positiven Seiten der Person,* ihre

Fähigkeiten, Stärken und Möglichkeiten. Phantasiereisen sehen wir als *positive Erziehungsmittel*, die anstelle häufig destruktiver Appelle treten sollen, wie: „Reiß dich zusammen!", „Streng dich mehr an!". So können sich etwa *positive Zielvorstellungen* günstig auf die Erreichung des Zieles in der Realität auswirken:

Stell dir vor, du hast dein Ziel bereits erreicht ... wie siehst du nun aus ... wie bewegst du dich, wenn du es geschafft hast ...

Beim *Abbau von Angst* und der Entwicklung von innerer Ruhe, Gelassenheit und Zuversicht können Vorstellungsbilder eine Hilfe sein, etwa bei der Auseinandersetzung mit Prüfungsängsten.[16]

Du hast für die Prüfung intensiv gelernt ..., du fühlst dich sicher und gut vorbereitet ... Stelle dir nun vor, wie du mit diesem Gefühl der Sicherheit auf deinem Platz in der Klasse sitzt. Du sagst zu dir selbst: „Ich bin ganz ruhig ... Ich kann es schaffen ... Ich habe mich gründlich vorbereitet" ...

Auch *soziales Lernen* kann durch Phantasiereisen gefördert werden, etwa durch Vorstellungen von *konstruktiven Konfliktlösungen* oder neuen Formen des *Kontakts* mit anderen. Phantasiereisen können schließlich auch Vorstellungen von der Verbundenheit aller Menschen miteinander und mit der gesamten Schöpfung inspirieren:

Stell dir vor, du gehst auf der Straße spazieren ..., lächelst alle Menschen freundlich an ..., und je freundlicher und herzlicher du bist ..., desto mehr lächeln sie zurück ... Spüre in dich hinein ..., welches Gefühl bei diesen Bildern auftaucht ..., wie es für dich ist, freundlich zu sein und angelächelt zu werden ...

Insgesamt können Phantasiereisen wichtige Impulse für das *persönliche Wachsen* darstellen und neue Lebensperspektiven und Handlungsmöglichkeiten eröffnen. Das bedeutet nicht, daß dieses umfassende Ziel sofort sichtbar wird. Vielmehr geht es darum, im Sinne der Metapher vom Gärtner „den Boden zu bereiten", um günstige Bedingungen für das Wachsen zu schaffen.

Pflege der Vorstellungskraft

Bei allen drei genannten Zielbereichen denken wir auch grundlegendere Erziehungsziele mit, die unseres Erachtens oft vernachlässigt werden.

Eva Madelung bemerkt dazu kritisch: „In unseren Schulen verbringen wir über ein Jahrzehnt mit der Ausbildung der logischen Fähigkeit und des Abstraktionsvermögens. Für die Ausbildung der Vorstellungskraft geschieht vergleichsweise kaum etwas."[17] Damit wird die Frage nach dem „Wozu?" von Phantasiereisen noch deutlicher: Ein Hauptziel ist die *Pflege der Phantasie* und eine konstruktive *Nutzung der Vorstellungskräfte*.

Über die Ambivalenz der Phantasie wurde bereits gesprochen. Sie kann beispielsweise unerwünscht sein, wenn sie vorwiegend dazu dient, in Tagträumen den Anforderungen der Realität zu entfliehen. Sie kann aber auch unser Leben bereichern und uns neue Möglichkeiten des Denkens und Handelns eröffnen. Für *Roberto Assagioli* ist die Fähigkeit zur Imagination eine der wichtigsten Funktionen der menschlichen Psyche. „Deshalb muß man lernen, sie zu beherrschen, wenn sie zu stark oder zu diffus entwickelt ist, und sie muß geschult werden, wenn sie zu schwach ist."[18]

Die aktive *Beherrschung der Vorstellungskraft* ist vor allem deswegen notwendig, weil negative und destruktive Vorstellungsbilder hemmend und schädigend wirken - etwa wenn sich Kinder und Jugendliche vorstellen, daß sie eine bestimmte Aufgabe ohnehin nicht schaffen werden. Die Fähigkeit, unsere negativen „Programme" als solche zu erkennen und zu verändern, wäre jedoch ein bedeutsames Erziehungsziel. Über Vorstellungsübungen kann man lernen, negative (destruktive, hoffnungslose, ängstliche, unglückliche, hilflose) Vorstellungen zu unterbrechen, fallenzulassen oder durch vitalere, optimistischere zu ersetzen.[19] Der Aufbau einer *positiven, optimistischen, zuversichtlichen Haltung* soll durch die hier angeführten positiven Phantasiebilder angeregt werden.

Gehen Sie jetzt gleich in Ihrer Phantasie in eine positive, optimistische Haltung hinein ... Sehen Sie

sich selbst als zuversichtlich handelnde Person ...,
und drücken Sie diese innere Haltung auch in
ihrer äußeren, körperlichen Haltung aus ..., gehen
Sie eine Minute lang in dieser positiven inneren
und äußeren Haltung herum ...
Wenn Sie Zweifel an dieser Übung haben, dann
bedenken Sie, daß Sie sich nicht ändern müssen ...
Es geht nur darum, der Vorstellungskraft eine
Chance zu geben ..., einfach so zu tun, als ob Sie
eine positive und optimistische Haltung hätten ...
Spüren Sie nach, ob diese positive Vorstellung etwas
verändert ..., etwas Gutes in Ihnen bewirkt ..., und sei
es nur ein freieres Atmen ..., ein offenerer Blick ...

Phantasiereisen dienen auch dem Ziel der *Anregung und Stärkung* aller Phantasie- und Vorstellungskräfte. *Klaus Vopel* - einer der bedeutendsten Verbreiter imaginativer Übungen - betont, daß das Phantasieleben vieler Kinder heutzutage nicht ausreichend stimuliert wird, etwa weil den Kindern keine Geschichten mehr erzählt werden, weil sie selbst wenig lesen und weil sie fertige Bilder aus Comics, Video und Fernsehen übernehmen. Für solche Kinder sind dann Phantasiereisen eine wichtige Hilfe zur Entfaltung ihrer Vorstellungskräfte.[20]

Förderung ganzheitlicher Erziehung

Ein weiteres Ziel von Phantasiereisen liegt demnach in der Förderung einer *ganzheitlichen Erziehung*. Damit ist zunächst gemeint, der einseitigen Betonung der logisch-rationalen Kräfte die *Pflege von Phantasie und Intuition* als Ausgleich entgegenzustellen. Es geht um *schöpferisches Denken*, das auch Zusammenhänge beachtet und damit erst zu konstruktivem Handeln befähigt. *Intellekt und Gefühl* sollen nicht abgetrennt, sondern verbunden werden, um den *ganzen Menschen* anzusprechen. In der Sprache der populärwissenschaftlichen Übertragung der Gehirnforschung bedeutet dies: Neben der logischen Betrachtungsweise der linken Gehirnhälfte auch die emotionalen, bildhaften, mustererkennenden Bereiche der rechten Gehirn-

hälfte zu beachten und die Gefühlswelt durch Verbindung mit tieferen Gehirnschichten (z. B. dem limbischen System) zu berücksichtigen.

Phantasiereisen können auch als Brücke zwischen *Außenwelt und Innenwelt* gesehen werden. Gerade in einer überwiegend an der Außenwelt orientierten Gesellschaft wird die Pflege der Innenwelt in der Erziehung zu einer entscheidenden Frage. Um das gesamte menschliche Potential zu entwickeln, brauchen wir auch Phasen der *Zentrierung auf uns selbst*. Phantasiereisen führen in eine *meditative Haltung*, in der wir uns auf uns selbst besinnen. *Bewußtes und Unbewußtes* wird verbunden und damit eine harmonische Persönlichkeitsentwicklung gefördert.

Gönnen Sie sich eine kurze Besinnungspause ...,
atmen Sie bewußt ein ..., und aus ...
Stellen Sie sich vor, wie Sie mit jedem Atemzug mehr
Kontakt zu sich selbst bekommen ..., in Ihr Zentrum kommen ..., in ihre Mitte ... Lassen Sie in
Ihrer Mitte ein sanftes Licht ausstrahlen ..., sich
ausbreiten ..., sodaß Sie von innen heraus strahlen
... Lassen Sie Ihre Ausstrahlung im ganzen Körper
spürbar werden ..., mit jedem Atemzug ein wenig
mehr ..., harmonisch ..., strahlend ...

Entwicklung des Bewußtseins

Phantasiereisen können darüber hinaus auch dazu beitragen, die engen Begrenzungen unserer gewöhnlichen Denkmuster zu überwinden und unser *Bewußtsein zu entwickeln*. Die Notwendigkeit eines *neuen Denkens* vertreten heute zahlreiche Autoren aus den verschiedensten Wissenschaften, aus der Psychologie ebenso wie aus der Biologie oder Physik.[21] Danach leben wir in einer *Wendezeit*, die uns in ein „neues Zeitalter" führen wird.

Merylin Ferguson meint etwa, daß die Entwicklung des Bewußtseins als wesentliches Element in einem „neuen Lehrplan" enthalten sein wird: „Zentrierungs'-Übungen, Meditation, Entspannungstechniken und Phantasie werden angewandt, um Wege der Intuition und des ganzheitlichen Lernens offen-

zuhalten. Schüler werden ermutigt, ‚sich einzustimmen‘, ihrer Phantasie freien Lauf zu lassen ...“[22]
Für *Robert Masters und Jean Houston* - zwei der bekanntesten Vertreter aus dem Bereich „Bewußtseinsentwicklung“ - sind Phantasiereisen auch für Erwachsene „die Spiel-Lern-Systeme der Zukunft“, die uns helfen sollen, imaginativer und kreativer zu sein und den Zugang zu unserem Potential zu eröffnen. „Der mögliche Mensch“ wird angestrebt, ein neues Bild des Menschen als eines Wesens mit enormen Fähigkeiten, sich zu entfalten.[23] Bereits vor hundert Jahren äußerte dazu der Psychologe *William James*, die meisten Menschen „nutzen nur einen verschwindend kleinen Teil ihres möglichen Bewußtseins - etwa wie ein Mensch, der sich angewöhnt, von seinem gesamten körperlichen Organismus nur den kleinen Finger zu benutzen. Wir alle verfügen jedoch über Reservoire des Lebens, von denen wir nicht einmal träumen.“[24]

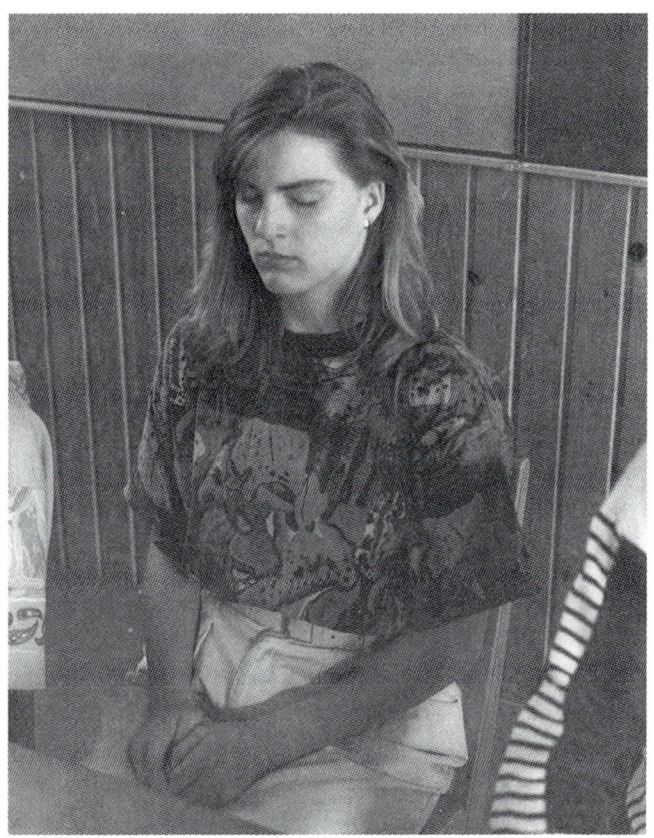

„Regenbogen haben etwas an sich, das uns aufwachen läßt ...“
David Steindl-Rast *verweist uns mit diesem Satz auf eine andere Dimension unseres Bewußtseins, die immer wieder einmal spontan durchbricht. Es geht dabei nicht unbedingt um „Gipfelerlebnisse“, vielleicht oft nur um die Ahnung einer anderen Welt jenseits des Alltagsbewußtseins: „Regenbogen haben etwas an sich, das uns aufwachen läßt ...“[25]*
Erinnern Sie sich an ein Ereignis, wo Sie das Gefühl hatten, die Grenzen ihrer alltäglichen Wahrnehmung würden überschritten? Welches Bild ..., welches Gefühl taucht dazu auf ...

Wieweit Bewußtseinsentwicklung zur Lösung der Probleme in unserer Welt ausreicht, wird allerdings unterschiedlich bewertet. *Hans A. Pestalozzi* (ein Nachfahre des bekannten Pädagogen) meint etwa, daß es in erster Linie um die harte Auseinandersetzung mit jenen Kräften in Wirtschaft, Politik oder Administration geht, die eine humane Gestaltung der Welt verhindern, Bewußtseinsentwicklung allein sei zu wenig.[26]
Andererseits muß sich aber auch die Erkenntnis durchsetzen, daß die Leistungen unseres „logischen Verstandes“, wie sie sich etwa in unserer heutigen Technik zeigen, verselbständigen können und damit zur Zerstörung der Umwelt und der gesamten Lebensgrundlagen der Menschen führen. Wir brauchen bei vielen Menschen ein Bewußtsein der Verbundenheit mit allen Dingen dieser Schöpfung. Den Kontakt zur „inneren Weisheit unseres Organismus“ gilt es bereits in der Erziehung zu pflegen, damit jene Werte in den Vordergrund rücken, die lebenserhaltend und nicht zerstörerisch sind. Phantasiereisen können dabei helfen, unsere inneren Schwingungen mit dem „Rhythmus des Kosmos“ (wie es *George Leonard* ausdrückt)[27] in Einklang zu bringen. Im Bereich der Erziehung können wir Erwachsenen nur erste Anregungen geben. Wir sollten aber die Zugänge zu einem umfassenderen Verständnis der Welt bis hin zur spirituellen Dimension bewahren und fördern. Zumindest können wir

über Phantasiereisen dafür sorgen, daß Kindern und Jugendlichen diese Zugänge nicht durch einseitig intellektuelle Erziehung verbaut werden.

Aufarbeitung von Problemen

Phantasiereisen können auch dazu dienen, *seelische Probleme, Ängste und Schwierigkeiten* von Kindern und Jugendlichen (wie auch von Erwachsenen) zu bearbeiten. Dies ist allerdings eine eher *therapeutische Zielsetzung*, die wir in diesem Buch nur ansatzweise erwähnen.

Verschiedene Therapierichtungen arbeiten mit Vorstellungbildern und haben auch spezielle Konzepte für Kinder und Jugendliche entwickelt. Wir verweisen hier besonders auf *„Katathymes Bilderleben mit Kindern und Jugendlichen"* von *Hanscarl Leuner* und Mitarbeitern.[28] Ausführlich geht auch *Violet Oaklander* in ihrem Buch *„Gestalttherapie mit Kindern und Jugendlichen"* auf Therapiesituationen mit Phantasiereisen ein.[29] Aus der Sicht der *Verhaltenstherapie* schreibt *Arnold Lazarus* über die „Überwindung von Furcht und Angst bei Kindern mit Hilfe von Vorstellungstechniken."[30]

Zielstellung dieses Buches ist die *pädagogische Anwendung* von Phantasiereisen, wie sie in den obigen Zielbereichen angesprochen wurde. Dennoch ist die Grenze zwischen Pädagogik und Therapie fließend, und wir erachten es als wichtig, daß sich Erzieher offener mit Problemen von Kindern und Jugendlichen auseinandersetzen und in angemessener Weise darauf eingehen lernen.

Dies wird heute umso wichtiger, weil die Zahl der sogenannten *„verhaltensauffälligen"* Kinder und Jugendlichen zunimmt. Sie werden in der Regel so bezeichnet, weil sie den Erziehern durch ihr Verhalten als „problembeladen" oder „schwierig" auffallen. Der Begriff „verhaltensauffällig" muß aber mit Vorsicht und auf alle Fälle *ohne Bewertung* verwendet werden. Erzieher sollten immer bedenken, daß jede Verhaltensauffälligkeit eine - aus der Lage des Kindes gesehen - *sinnvolle Reaktion auf seine Umgebung* darstellt (z. B. auf Scheidungssituation in der Familie, auf Überforderung im Unterricht

etc.). Oft sind die „Verhaltensauffälligen" nur *Symptomträger* innerhalb des problembeladenen Systems Familie oder Schule und ein Anlaß, unser eigenes erzieherisches Handeln zu hinterfragen.[31] Generell erleben Kinder und Jugendliche heute massive Ängste,[32] die auch bei positiv angelegten Phantasiereisen zum Ausdruck kommen können. In der Phantasiereise „Verwandlung" wird etwa die Entwicklung zum Schmetterling als eine schöne Metapher für persönliche Entwicklung verwendet. Ein Schüler des Polytechnischen Lehrgangs hat dazu nur eine pessimistische Sichtweise gefunden:

> *„Wie lange kann ich noch so fliegen? Kommt ein Krieg? Einmal möchte ich in einer sauberen Umwelt fliegen."*

Wir dürfen als Erzieher solche Botschaften nicht übergehen, sondern müssen auf sie einfühlsam eingehen. Das bedeutet nach unserer Auffassung allerdings nicht, daß wir hier *interpretieren* (z. B. „Das ist die typische Umweltangst, die viele in deinem Alter haben.") oder *beschwichtigen* (z. B. „So schlimm wird es schon nicht werden."). Wir vertreten hier einen *personzentrierten Standpunkt*, der das innere Erleben der Person in den Mittelpunkt rückt (z. B.: „Wenn du dich in einen Schmetterling hineindenkst, machst du dir Sorgen, wie lange du noch so leben kannst …"). In personzentrierter Sicht heißt die Frage nicht distanzierend und objektivierend: „Was ist das Problem des Kindes?", sondern sie ist aus der *Beziehung zum Kind* zu stellen: „Wie kann ich verstehen, was in dir vorgeht?"

Sehr vereinfacht lautet die erste Grundregel für den Umgang mit Problemen: „zu-hören" (und Gefühle nicht „aus-reden")! Allein das Wahrnehmen und Zulassen von Ängsten, Problemen und negativen Gefühlen ist bereits heilsam. Wenn wir in einer Gruppe oder Klasse offen darüber sprechen, erfahren Kinder und Jugendliche meist auch, daß sie mit ihren Ängsten nicht alleine sind, was ebenfalls entlastend wirkt. Es geht also nicht um „therapeutische Techniken", sondern darum, in der Beziehung zu Kindern und Jugendlichen eine *hilfreiche Person* zu sein. Nach dem personzentrierten

Ansatz sind wir als Erwachsene hilfreich und förderlich, wenn wir uns den Kindern und Jugendlichen *wertschätzend, einfühlsam und echt* zuwenden. Als Erzieher müssen wir uns dazu allerdings auch persönlich weiterentwickeln, und vor allem einmal auf die konstruktiven Wachstumskräfte in den Kindern und Jugendlichen vertrauen.

Wir möchten an dieser Stelle die „*Metapher vom Gärtner*" ergänzen, die im ersten Abschnitt kurz erzählt wurde. Wir sollten als „Er-zieher" nicht an den jungen Pflanzen „ziehen", um ihre Entwicklung „in den Griff zu bekommen", sondern uns liebevoll um günstige Wachstumsbedingungen kümmern: um viel Licht und Wärme, Schutz vor Kälte und Frost, genügend Freiraum zum Wachsen und gleichzeitig Klarheit, über die Grenzen unseres Gartens ... Wenn sich der „Gärtner" den jungen Pflanzen zuwendet und einfühlsam spürt, wie es ihnen geht, braucht er nicht um ihr Wachstum besorgt sein; sie besorgen das für sich selbst.

An dieser Stelle scheint uns eine Bemerkung über die vorwiegend *positiven Bilder* in den Anleitungstexten angebracht. Wir lenken bewußt den Blick mehr auf *zukünftige Ziele* und wollen *positive Entwicklungsrichtungen* aufzeigen, die Perspektiven für das Handeln öffnen. Damit leugnen wir weder negative Aspekte[33] noch wollen wir Kindern und Jugendlichen eine rosige Zukunft suggerieren. Unter pädagogischer Perspektive verstehen wir positive, aufbauende Bilder als „Nahrung" für die Seele. Wir versuchen, Kindern und Jugendlichen durch Phantasiereisen besonders ihre Stärken bewußt zu machen und ihnen Selbstvertrauen und Sicherheit zu vermitteln. Wichtig erscheint uns aus personzentrierter Sicht allerdings, daß diese Bilder aus dem *Kontakt mit der inneren „Weisheit"* kommen und nicht bloß äußerlich „aufgesetzt" sind.

Stell dir eine Situation vor, in der du wirklich glücklich bist ... Sieh dich selbst ..., und erlebe dich mit dem Gefühl: „Ich bin glücklich ..." Wie spürst du dieses Gefühl in deinem Körper ...? Gibt es eine Farbe, die du dem Gefühl „glücklich" geben kannst ... Mache es dir bequem ... und genieße das Gefühl, glücklich zu sein ...

1. 3 Wie begegnen wir einander bei Phantasiereisen?

In diesem Abschnitt möchten wir vor allem die positive zwischenmenschliche Ebene ansprechen, die beim Einsatz von Phantasiereisen die Basis darstellen muß. Vor jeder „technischen" Frage der Anleitung von Phantasiereisen möchten wir die Art und Weise der *persönlichen Begegnung* mit Kindern und Jugendlichen näher betrachten.

Vertrauen in die inneren Kräfte

> Ich habe erlebt, daß ich in meiner Traumrolle gewesen bin. Ich bin wie neugeboren und auch mein Freund, den ich wirklich sehr gern habe war dabei. Es gab keinen Krieg, keine Streiterei nur Frieden. Um uns waren lauter bunte Schmetterlinge die sehr schön waren. Viele glückliche Kinder waren rings um uns - mit Blumenkränzen in den Haaren. Ich spüre wie ich auflebe und wie wir glücklich waren. Es gab keine Probleme. Wir waren wie zwei Schmetterlinge die gerade ausgeschlüpft sind. Ganz jung, leicht, beweglich, und unschuldig. Nichts bedrückte uns.
>
> Michaela 15½ Jahre.

Phantasiereisen führen in die *Innenwelt* von Menschen, die *geschützt und respektiert* werden will. Sie bringen sie in Kontakt mit ihrer Person und erfordern von uns, daß wir ihnen auch als Person begegnen. Es muß ein positives zwischenmenschliches Klima gegeben sein, damit Kinder oder Jugendliche bereit sind, sich selbst ihrer inneren Welt zu öffnen, sich darauf einzulassen und etwas davon mitzuteilen. Sie müssen deutlich von uns Erwachsenen spüren ...,

– daß wir sie als Person in ihrer *Eigenart annehmen*,

– daß wir auf ihre *inneren Kräfte vertrauen* und
– daß der Bereich ihrer Innenwelt von uns auch *akzeptiert, einfühlsam verstanden* und *nicht bewertet* wird.

Es geht uns hier um eine *personzentrierte Einstellung*, wie sie der amerikanische Psychologe *Carl R. Rogers* (1902-1987) beschrieben hat. Diese drückt sich zunächst einmal in einem grundlegenden *Vertrauen* in die *konstruktiven Kräfte*, in das natürliche *Wachstumspotential* und in die *„innere Weisheit"* einer jeden Person aus. Personzentrierte Erzieher (Eltern, Lehrer oder Gruppenleiter usw.) geben ihre Rolle als „Belehrer" weitgehend auf. Sie entwickeln stattdessen eine Haltung, in der sie sich als *„facilitator"* sehen, als jemand, der *selbstbestimmtes und bedeutungsvolles Lernen* unterstützt und fördert (to facilitate: erleichtern, fördern).[34]
Phantasiereisen erfordern eine derartige personzentrierte Haltung, die mit Respekt, Einfühlungsvermögen und Echtheit auf andere Personen eingeht und ihnen *Freiheit für persönliches Wachsen* läßt. Gerade bei Phantasiereisen gibt es kein „Richtig" und „Falsch". Im Mittelpunkt steht die Person und der Prozeß ihre Auseinandersetzung mit den inneren Erfahrungen.
Es ist dies eine Einstellung, wie wir sie vorhin in der Metapher vom Gärtner zu beschreiben versuchten: Für gute *Wachstumsbedingungen* sorgen und auf die *Wachstumskräfte vertrauen*. *Carl Rogers* sagt dazu folgendes: „Es ist äußerst unwahrscheinlich, daß jemand … sich darauf festlegen könnte, ein Facilitator des Lernens zu sein, wenn er nicht zu einem tiefen Vertrauen in den menschlichen Organismus und dessen inneren Kräfte gekommen ist. Wenn ich dem Menschen mißtraue, dann kann ich nicht umhin, ihn mit Informationen meiner eigenen Wahl vollzustopfen, damit er nicht einen falschen Weg geht. Wenn ich dagegen auf die Fähigkeit des Individuums vertraue, sein eigenes Potential zu entwickeln, dann kann ich ihm viele Möglichkeiten anbieten und ihm erlauben, seinen eigenen Lernweg und seine eigene Richtung zu bestimmen."[35]

Begegnung von Person zu Person

Dieses Vertrauen können wir allerdings nicht durch Worte vermitteln, sondern in erster Linie durch unser alltägliches Handeln. Es zeigt sich etwa in der Art, ob und wie wir Kindern und Jugendlichen genügend *Freiräume* und *eigenverantwortliche Entscheidungen* zugestehen. Lenkung und Gängelung, häufiges Kritisieren und Nörgeln, unbegründete Einschränkungen und unklare Grenzen schaffen keine günstigen Voraussetzungen für selbständiges Wachsen.
Das konstruktive Potential von Menschen entfaltet sich nach *Rogers* nur in einer *wachstumsfördernden Beziehung* zwischen den Erwachsenen und den Heranwachsenden. Für ihn ist diese Beziehung der Kernpunkt förderlicher Erziehungsarbeit. Wenn wir Erwachsene den Herwachsenden als *eigenständige Person* begegnen - und nicht als einem „Objekt", das „man" erziehen muß - werden sie sich in konstruktiver Weise entwickeln. Die Methaper vom „Gärtner" hat hier ihre Grenzen: In der Erziehung geht es um eine *Begegnung von Person zu Person*, die durch *Echtheit, einfühlendes Verstehen* und *Wertschätzung* von seiten der Erzieher näher gekennzeichnet ist. Diese drei *personzentrierten Haltungen* werden erst in konkreten Erziehungssituationen (und nicht in großen Worten) sichtbar:

Wertschätzung schenken

Mit *Wertschätzung* als personzentrierter Haltung ist etwa folgendes gemeint: Ich achte und schätze Kinder oder Jugendliche als ganze Person. Ich wende mich ihnen zu, gehe warm, sorgend, freundlich und herzlich mit ihnen um. Ich ermutige sie, vertraue ihnen, nehme sie ernst und respektiere ihre Meinung. Ich lenke und gängle sie nicht, sondern überlasse ihnen ihre Eigenverantwortung.
Wertschätzung bedeutet nicht, jemanden von „oben herab", gleichsam „gönnerhaft" zu behandeln oder gar mit Wärme förmlich zuzudecken. Die Zuwendung ist auch nicht an Bedingungen geknüpft (etwa: „Ich mag dich, weil du gute Noten hast").

Wertschätzung heißt auch nicht, einen Konflikt mit „Nettigkeit" zuzudecken oder ihm auszuweichen. Vielmehr geht es darum, bei Uneinigkeit (etwa bezüglich der Erfüllung gemeinsam vereinbarter Aufgaben) auch die eigenen Grenzen zu zeigen und gleichzeitig den anderen in seiner Einzigartigkeit anzunehmen.

Ein Vater hört mit Interesse zu, was seine Tochter von einer Phantasiereise berichtet.
Eine Erzieherin respektiert, daß ein Kind über eine Phantasiereise nicht sprechen will.
Ein Lehrer nimmt den Einwand eines Buben ernst, daß er Phantasiereisen nicht mag …

Einfühlendes Verstehen leben

Diese personzentrierte Grundhaltung bedeutet: Ich versuche, in der inneren Welt von Kindern oder Jugendlichen zentriert zu sein. Ich fühle mich in sie ein und versuche die Welt mit „ihren Augen" sehen, um ihren Standpunkt und ihr gefühlsmäßiges Erleben besser zu verstehen.

Phantasiereisen könnten dazu verleiten, bestimmte Bilder oder Symbole von außen zu deuten oder zu analysieren. In personzentrierter Sichtweise geht es aber nicht um Interpretieren, sondern um genaues Hinhören und Hinsehen auf die inneren Erlebnisse der Kinder oder Jugendlichen. Nicht unsere Deutung steht im Vordergrund, sondern die Bedeutung eines Bildes für den anderen. Es handelt sich also um ein „aktives Zuhören", das auf die Sichtweise des Partners eingeht: „Aha, für dich ist das so …"

Kein Verstehen wäre es, Gefühle „auszureden", sie mitleidsvoll zu beschwichtigen oder die eigenen Wertungen herauszustellen. Vielmehr schlüpfe ich „in die Haut" des anderen, um zu spüren, wie er das fühlt und welche Bedeutung es für ihn haben könnte.

Ein Vater versucht zu erfühlen, wie sein Kind ein Abenteuer mit einem Phantasiefahrzeug erlebt hat: „Zuerst warst du vorsichtig, dann bist du richtig mutig geworden …"
Eine Lehrerin versucht mit einem Kind zu sprechen, das nach einer Phantasiereise als „Blume" sagt, es sei ganz welk und habe Durst: „Du brauchst Wasser, damit es Dir gut geht …"
Ein Erzieher fühlt sich in ein Kind ein, das nach einer Phantasiereise aggressiv äußert, es habe nichts gesehen: „Du ärgerst Dich darüber …"

Echt und aufrichtig sein

Mit *Echtheit* als personzentrierter Grundhaltung ist folgendes gemeint: Ich bin als Erzieherin oder Erzieher möglichst in mir selbst zentriert. Ich weiß meist, was in mir vorgeht. Ich setze mich offen mit mir selbst auseinander. Ich bin mir vieler meiner Gefühle und körperlichen Reaktionen bewußt. Wenn es wichtig ist, dann teile ich auch mit, was mit mir los ist, was ich innerlich fühle und denke.

Ich mache den Kindern und Jugendlichen auch meine eigenen Grenzen deutlich. Ich berufe mich dabei aber nicht darauf, daß „man" etwas nicht machen dürfe, sondern daß „ich" dies oder jenes nicht möchte. Im Falle eines Konflikts bin ich nicht beschuldigend, sondern zeige, daß ich selbst für meine (negativen) Gefühle verantwortlich bin (z. B. „Ich bin enttäuscht, weil mir das nicht gelungen ist.").

Wenn ich echt und aufrichtig bin, spiele ich Kindern und Jugendlichen auch nichts vor (z. B. sicherer tun als ich bin). Ich versuche, mehr „ich selbst" zu sein und mich nicht daran zu orientieren, wie „man" sein sollte (z. B. als Lehrer, als Vater oder Mutter darf „man" das nicht, muß „man" etwas so machen …). Ich verstecke meine Gefühle nicht, sondern versuche sie echt zu zeigen (etwa Freude, Traurigkeit oder Ärger). Ich lebe meine Gefühle jedoch gegenüber anderen nicht in schädigender Weise aus. Ich versuche vielmehr, dem anderen offen und ehrlich mitzuteilen, was in mir vorgeht, was ich mir wünsche oder was ich befürchte.

Im Zusammenhang mit Phantasiereisen geht es vor allem um die Ehrlichkeit, sich selbst auch mit der eigenen Phantasie auseinanderzusetzen und zumindest die ausgewählten Übungen selbst zu erproben.

Ein Vater erzählt offen, daß er bei der Phantasiereise „Unsichtbar“ anderen Leuten Streiche gespielt hat.
Eine Lehrerin zeigt ihren Ärger, weil sich ein Schüler nicht an die Vereinbarung gehalten hat, bei der Phantasiereise die anderen nicht zu stören: „Ich mag jetzt nicht weiterlesen, wenn du dich nicht an die Vereinbarung hältst …“
Ein Erzieher drückt seine Freude darüber aus, daß in der Gruppe so einfühlend zugehört wird.

Anregungen geben

Wenn Erzieher diese drei personzentrierten Haltungen leben, werden sie Kinder und Jugendliche nicht lenken oder gängeln, sondern ihnen viele *Freiräume* ermöglichen. Dabei sind Erzieher aber nicht passiv, sondern aktiv bemüht, *Anregungen* zu geben und *Angebote* zu machen. Diese Angebote sind „nichtdirigierend“, das heißt sie drängen die Kinder und Jugendlichen nicht in eine bestimmte Richtung. Vielmehr fördern sie *selbstbestimmtes und bedeutungsvolles Lernen.*[36]
Phantasiereisen und Vorstellungsübungen zählen wir zu diesen *nichtdirigierenden Aktivitäten.* Sie sind in einem personzentrierten Rahmen als ein offenes Angebot zu verstehen, sich mit inneren Bildern auseinanderzusetzen.
Man kann diese personzentrierten Haltungen allerdings nicht „antrainieren“ und sie auch nicht von sich oder anderen fordern. Jeder Imperativ - „Sei personzentriert!“ - führt sich selbst ad absurdum, weil er die Autonomie der Person ignoriert.[37] Diese Haltungen können jeweils nur aus uns selbst erwachsen, wenn wir uns in einen Prozeß der *persönlichen Entwicklung* einlassen. Der Besuch von personzentrierten Gesprächsgruppen oder Selbsterfahrungskursen kann dazu beitragen, daß diese förderlichen Haltungen in uns allmählich vertieft werden.[38] Man lernt dabei vor allem auch, *mit sich selbst personzentriert umzugehen.* Ich werde nämlich andere eher wertschätzen, sie verstehen und ihnen gegenüber echt sein, wenn ich …

– *mich selbst achte,* annehme, schätze, freundlich mit mir umgehe;
– *mich in mich selbst einfühle,* auf mein Inneres höre, Verständnis für mich selbst habe;
– *wenn ich mir selbst gegenüber offen bin,* ehrlich zu mir bin, mehr in mir selbst zentriert bin als in den Forderungen und Normen anderer;
– *mir selbst mehr Freiräume schaffe,* mich nicht gängle oder gängeln lasse, auf der Suche nach anregenden Aktivitäten bin, meine Handlungsmöglichkeiten erweitere …[39]

Versuchen Sie diese Art des personzentrierten Umgangs mit sich als innere Bilder wirken zu lassen:
– *Ich mag mich selbst …*
– *Ich höre mir einfühlsam zu ….*
– *Ich achte auf meine innere Stimme …*
– *Ich gebe mir selbst genügend Freiraum …*

Insgesamt geht es um eine *entspannte Atmosphäre,* in der Phantasiereisen als Angebot stimmig sind. Dazu muß in erster Linie die Beziehung stimmen, in der Erwachsene wie Heranwachsende echt und authentisch „sie selbst“ sein können. Diese Atmosphäre ist Grundvoraussetzung in allen folgenden *Anwendungsbereichen von Phantasiereisen.*

1.4 Wo kann man Phantasiereisen einsetzen?

Phantasiereisen können in unterschiedlichsten Anwendungsbereichen eingesetzt werden. Für dieses Buch denken wir in erster Linie an die Bereiche *Familie* und *Schule* wie auch an die *außerschulische Jugendarbeit*. Am Ende des Abschnittes wollen wir auch die *therapeutische Arbeit* mit Phantasiereisen aufzeigen und damit Anregungen für die pädagogische Arbeit geben.

Phantasiereisen in der Familie

In vielen Familien sind Phantasiereisen zwar nicht dem Namen nach bekannt, wohl aber dem Sinn nach. Wenn Eltern etwa in Mußestunden *Märchen* und *Phantasiegeschichten* erzählen oder vor dem Zubettgehen *Einschlafgeschichten* vorlesen, so regen sie damit die Phantasie an.
Manche der hier angebotenen Phantasiereisen können dieselbe Funktion erfüllen und direkt vor dem *Einschlafen* oder auch in der Freizeit zur *Entspannung* vorgelesen werden. Es kann durchaus auch sein, daß Kinder an Stelle passiven Fernsehkonsums aktiv ihre Phantasie benützen wollen. Wenn Kinder krank im Bett liegen, ergeben sich oft Situationen zum Geschichtenerzählen. Hier können Vorstellungsbilder zum *Heilungsprozeß* tatsächlich die Genesung beschleunigen.

Stell dir vor, ein sanftes, heilendes Licht strahlt über deine Mitte aus …, breitet sich mit jedem Atemzug weiter aus …, umhüllt deine kranken und verletzten Teile … und heilt sie …

Wenn die Kinder über ihrer Phantasiebilder berichten, können Eltern in engen Kontakt mit der Innenwelt ihrer Kinder kommen und sie in ihrer seelischen Entwicklung begleiten. Voraussetzung ist allerdings, daß ein entsprechendes Vertrauensverhältnis herrscht und sich die Kinder und Jugendlichen in keiner Weise in eine Richtung gedrängt fühlen.

Sinnvoll kann es auch sein, bei der *häuslichen Lernarbeit* Phantasiereisen anzubieten. Sie sind hier hilfreich als *Beruhigung und Konzentrationshilfe* vor Beginn der Arbeit. Phantasiereisen eigenen sich aber auch zur Gestaltung von kurzen *Lernpausen* und zur *Wiederholung* von Lernstoffen.
Auch die Förderung einer positiven *Lerneinstellung* kann durch Phantasiereisen in der Familie erfolgen. Im Buch „Zielbewußt üben - erfolgreich lernen" (Teml 1989) werden dazu Informationen und Vorstellungsübungen angeboten. Hier ein Beispiel aus diesem Buch:

„Du weißt, daß es in vielen Sportarten auf die ideale Körperhaltung ankommt. Ein Turner bekommt beispielsweise die Idealnote 10, wenn er seine Übung an den Ringen in perfekter Haltung ausführt.

Stelle dir in deiner Phantasie vor, wie du aussehen würdest, wenn du beim Lernen alles ganz perfekt machst. Welche Körperhaltung hättest du dann? Versuche diese Haltung jetzt eine Minute lang einzunehmen. Bewege dich mit dem Gefühl, daß du alles richtig machst. Diese positive Haltung kann dir helfen, deine Ziele leichter zu erreichen …"[40]

Schwierigkeiten beim Einsatz von Phantasiereisen sehen wir allerdings in Familien, in denen bisher keine „Erzählkultur" aufgebaut wurde oder dann, wenn das Erziehungsklima nicht stimmt. Hier könnten Phantasiereisen „aufgesetzt" wirken und eher Abwehr hervorrufen. *Auf keinen Fall dürfen Kinder und Jugendliche zu Phantasiereisen überredet oder gar gezwungen werden!*

Diana Withmore schreibt kritisch: „Viele Erwachsene wissen heute eigentlich nicht recht, was sie mit ihren Kindern anfangen sollen, und beschäftigen sich daher aufgrund dieser Unzulänglichkeit und Unsicherheit mit Äußerlichkeiten. Es ist leichter, ein aufwendiges Spielzeug zu kaufen, ins Kino zu gehen oder fernzusehen, als sich mit der inneren Welt eines Kindes vertraut zu machen …"[41] Wenn diese Vertrautheit nicht gegeben ist, sollte man zunächst von Phantasiereisen Abstand nehmen. Ohne entsprechende Vorarbeit bewirken sie eher das Gegenteil. Ganz verfehlt wäre es, über Phantasiereisen Lernerfolge zu verlangen. Dies würde den angeführten Zielsetzungen völlig zuwiderlaufen.

Nach unseren Erfahrungen hören viele Kinder und Jugendliche gerne *Kassetten mit Phantasiereisen* an, wobei sie dann oft mit ihren Phantasieerlebnissen alleine bleiben wollen. Dies halten wir für eine mögliche Anwendungsform. Eltern sollten sich für Aussprachewünsche zwar offen halten, aber mit Fragen behutsam sein und nicht ungebeten in die innere Welt ihrer Kinder eindringen.

Phantasiereisen in der Schule

Mit dem Einsatz von Phantasiereisen in der Schule haben wir viele positive Erfahrungen gemacht. Lehrer können damit rechnen, daß nach einiger Eingewöhnungszeit die meisten Schüler gerne Phantasiereisen und Vorstellungsübungen mitmachen wollen. Hier ist eher die Gefahr gegeben, daß sie danach „süchtig" werden, vermutlich wegen der sonst fehlenden emotionalen Anregung im üblichen Schulbetrieb.

Phantasiereisen können beispielsweise *vor dem Unterricht* eingesetzt werden, um Ruhe und Konzentration aufzubauen. Beim *Einstieg* in ein neues Sachgebiet schaffen Phantasiereisen oft einen *affektiven Zugang* zum Lernstoff. Hier ein Beispiel eines Einstiegs in die Unterrichtseinheit „Friede":

Setze dich bequem hin …, schließe deine Augen … Laß nun ein Symbol vor deinen Augen auftauchen, das zu unserem heutigen Thema paßt … Laß es ganz spontan entstehen, ohne zu werten …, schau genau hin …, und wenn du es genau gesehen hast, zeichnest du es auf ein Blatt Papier …

Phantasie- und Vorstellungsübungen eignen sich - wie bereits ausgeführt - auch zur *Erarbeitung oder Wiederholung* von Lernstoffen, um *bildliches Lernen* zu unterstützen oder die *Identifikation* mit dem Lernstoff zu fördern. Hier ein Beispiel:

Stell dir vor, du bist eine Schnecke …, ganz langsam kriechst du am Boden dahin …, streckst deine Fühler aus … erschrickst …, ziehst dich zurück …, bleibst ruhig in deinem Haus …

Diese Anleitung zeigt, daß Phantasiereisen auch zu kleinen *szenischen Darstellungen* erweitert werden können, um den ganzen *Körper* in den Lernprozeß einzubeziehen. Phantasieerfahrungen eignen sich auch als *Abschluß* eines Themenbereichs und können dann zur *Integration des Gelernten* dienen.

Besonders hilfreich sind Phantasiereisen *vor Leistungssituationen* (etwa vor Prüfungen und Tests). Hier tragen die Anleitungen vor allem zur *geistigen Beruhigung* bei und begünstigen auch eine optimistische, *angstfreie Lerneinstellung*. Nach unseren Erfahrungen bewirkt bereits eine kurze Entspannungsphase mit Musik und einem Ruhebild bessere Lernleistungen.[42]

Probleme kann es in der Schule allerdings bei der *Einführung von Phantasiereisen* geben. Viele Schüler verbinden diese Art des Lernens nicht mit Schule. Besonders ältere Kinder wehren anfangs ab, vermutlich auch, weil sie sich dadurch verunsichert fühlen. Sie scheuen sich auch, vor der Klasse zu sprechen, weil sie fürchten, daß ihre Gefühle von den anderen nicht respektiert werden. In dieser Situation ist *einfühlsames Verstehen* der Lehrer gefragt, nicht aber Überredungskunst oder gar Zwang.

Schwierigkeiten können auch die *zeitlichen und räumlichen Rahmenbedingungen* bereiten. Lehrer klagen häufig über *„Stoffdruck"*, der eine intensivere Auseinandersetzung (z. B. über persönliche Werte, Ziele, Einstellungen etc.) erschwert. Wichtig erscheint uns, daß Lehrer die ungewohnte Situation - Kinder liegen z. B. am Boden - auch innerlich akzeptieren und sich gegenüber der Institution sicher fühlen. Als Argumentationshilfen können einige Lehrplanpassagen dienen, in denen ganzheitliches Lernen angesprochen wird.

Hier heißt es etwa im *Lehrplan* der österreichischen Hauptschulen und der allgemeinbildenden höheren Schulen, daß eine Bildung anzustreben sei, „die den ganzen Menschen umfaßt, seine intellektuellen und musischen Fähigkeiten ebenso wie seine Gefühlskräfte und körperlichen Anlagen ..."[43] Im Lehrplan der Volksschule wird gefordert, daß den Kindern „eine grundlegende und ausgewogene Bildung im sozialen, emotionalen, intellektuellen und körperlichen Persönlichkeitsbereich ermöglicht werden" soll.[44] Derartige Ziele werden nur durch Methoden erreicht, die alle Persönlichkeitsbereiche berücksichtigen. Phantasiereisen eignen sich dazu besonders, weil sie emotionale wie auch körperliche Aspekte im Lernprozeß ansprechen und auch intellektuelle wie soziale Erfahrungen mit einbinden.

Phantasiereisen in der außerschulischen Erziehung

Wir haben hier Anwendungsmöglichkeiten in der *Heimerziehung*, in *Kinder- und Jugendgruppen* oder in ähnlichen Erziehungssituationen vor Augen. Phantasiereisen können hier - ähnlich wie in der Schule - in vielfältiger Weise genützt werden. Meist sind die zeitlichen und räumlichen Rahmenbedingungen im außerschulischen Bereich sogar günstiger. Man kann in der Regel länger an einer Sache arbeiten und sich mehr Zeit für die Aufarbei-

tung nehmen. Der Leistungsdruck in Richtung zähl- und meßbarer Ergebnisse ist weniger groß.

Phantasiereisen sind besonders bei der Auseinandersetzung mit bestimmten *Themenstellungen* - z. B. „Freundschaft", „Drogen", „Lebensziele" - von Nutzen. Vorstellungsbilder können hier u.a. als „Einstiegsmeditation" angeboten werden, um einen affektiven Zugang zu schaffen. In diesem Kontext lassen sich auch Phantasiereisen zur *Persönlichkeitsentwicklung* günstiger einbauen, durch kreative Medien (Bilder, Collagen, Ton etc.) darstellen und in Gesprächen aufarbeiten. Dabei stehen in erster Linie die Wertvorstellungen, Ziele oder Probleme von Kindern und Jugendlichen im Mittelpunkt.

Auch bei der *Lernbetreuung* sind Vorstellungsübungen - wie im Bereich der Familie beschrieben - sinnvoll. Soferne sich die Betreuung auf *sportliche Aktivitäten* bezieht, können einfache Formen des „mentalen Trainings" angeboten werden. Dabei werden optimale Bewegungsabläufe (z. B. beim Weitsprung) in der Realität beobachtet und dann in der Vorstellung nachvollzogen. Phantasiereisen sind auch eine gute Möglichkeit der kreativen *Freizeitgestaltung*, in der die schöpferischen Kräfte angeregt werden (beispielsweise als Ausgangspunkt für das Malen eines Bildes, der Gestaltung eines Rollenspiels etc.).

Phantasiereisen in der therapeutischen Arbeit

Es ist nicht Zielstellung dieses Buches, die therapeutische Anwendung von Phantasiereisen herauszustellen. Einige Hinweise erachten wir jedoch im Anschluß an die Bemerkungen im letzten Abschnitt über die Schwierigkeiten vieler Kinder und Jugendlicher für wichtig. Erzieher sollten mehr Einblick in therapeutisches Arbeiten erhalten, um daraus auch Anregungen für ihr pädagogisches Handeln zu bekommen.

In der *Einzelarbeit* verwenden Therapeuten nicht nur Anleitungen zu Vorstellungsbildern, wie sie hier angeführt sind, sondern die Phantasiereise entwickelt sich oft im Gespräch. Das heißt, daß die Kinder und Jugendlichen - meist mit geschlossenen Augen - über ihre Phantasiebilder berichten und der Therapeut direkt Situationen ansprechen kann. Hier ein Beispiel von *Arnold Lazarus* aus dem Bereich der *Verhaltensmodifikation*, bei der es besonders um das Herantasten an bedrohliche Situationen geht, um Ängste abzubauen (systematische Desensibilisierung):

„Ein 10jähriger Junge hatte große Angst vor der Dunkelheit. Jedesmal, wenn seine Eltern abends ausgingen, bekam er große Angstanfälle … Der Junge liebte alle ‚Superman‘-Geschichten. Deshalb verwendeten wir ‚den Mann aus Stahl‘ als Heldenbild. Das Kind sollte sich vorstellen, daß Superman ihn bat, einer seiner neuen Geheimagenten zu werden. Dem Kind wurde gesagt: ‚Schließ jetzt die Augen und stell dir vor, daß du mit deinen Eltern im Eßzimmer sitzt. Es ist Abend, plötzlich ruft dich Superman über deinen Minisender. Du läufst schnell ins Wohnzimmer, dein Auftrag muß geheim bleiben. Nur ganz wenig Licht fällt vom Gang ins Wohnzimmer …

Der Junge berichtete, wie er sich fühlte. Wenn irgendeine Szene bei ihm Angst auslöste, so wurde sie so weit verändert, daß sie weniger bedrohlich wirkte … Am Ende der dritten Sitzung (er kam jede Woche einmal eine Stunde lang) konnte sich das Kind bereits vorstellen, daß es im dunklen Badezimmer auf eine Nachricht von Superman wartete …“ [45]

In der *Gestalttherapie* werden die Erfahrungen aus den Phantasiereisen mit verschiedenen kreativen Medien (meist durch Zeichnungen) ausgedrückt und dann im Gespräch aufgearbeitet. Sehr bekannt ist die „Rosenbusch-Phantasie" in der Darstellung der Gestalttherapeutin *Violet Oaklander*. Die Kinder verwandeln sich in der Phantasie in einen Rosenbusch und werden mit verschiedenen Fragen angeregt, auf Details der Phantasie zu achten:

„Was für eine Art Rosenbusch seid ihr? Seid ihr sehr klein? Seid ihr groß? … Tragt ihr Blüten? Wie sehen sie aus? … Wie sind eure Wurzeln? … Wo befindet ihr euch? In einem Garten? In einem Park? In der Wüste? … Wachst ihr in einem Topf oder im Boden oder durch Zement hindurch? … Gibt es andere Blumen, oder seid ihr allein? Gibt es Bäume? Tiere? Menschen? … [46]

Die hier abgebildete Zeichnung stammt aus der Arbeit im Schulversuch „Integrative Betreuung verhaltensauffälliger Schüler". Gemeldet wurde der 12jährige Hauptschüler wegen seiner Lernschwierigkeiten (nachlassende Leistungen, fehlende Hausübungen) sowie wegen sozialer Probleme (Außenseiter in der Klasse, erkauft sich Freundschaften durch Geschenke). Zu Hause muß er viel im Betrieb mitarbeiten, sonst haben die Eltern für ihn kaum Zeit. Er fühlt sich von ihnen zu wenig beachtet und gegenüber seinem um ein Jahr älteren Bruder benachteiligt. Sein Bild kommentiert der Bub so:

„ …Ich bin ein einsamer Rosenbusch. Niemand leistet mir Gesellschaft.

Ich habe gekrümmte Wurzeln - die sieht man nicht. Meine Dornen sind so klein, daß man sie nicht sieht.

Ich wünsche mir einen zweiten Rosenbusch, der mir Gesellschaft leistet.“

Auf die Frage: „Paßt das irgendwie zu deinem Leben?“ [47], *antwortet der Bub: „Alle wollen etwas von mir. Ich kann zu Hause nicht lernen. Ich möchte wer anderer sein.“*

Im *„Katathymen Bilderleben“* werden Kindern und Jugendlichen in der Regel ganz bestimmte Bilder vorgegeben, die sie dann aber in individueller Weise weiterverfolgen. Es handelt sich um das Bild der *„Wiese“* als Ausgang jeder therapeutischen Sitzung. Später wird etwa der *„Aufstieg auf einen Berg“* oder der Gang in eine *„Höhle“* angeboten. [48] Neuere Entwicklungen des Katathymen Bilderlebens sind noch offener und zeigen auch, wie Therapie mit Phantasiereisen in der Gruppe durchgeführt werden kann. Im folgenden Beispiel entwickeln neun Kinder und Jugendliche im Alter zwischen 9 bis 17 Jahren eine gemeinsame Phantasie aus der Ausgangsszene *„Eine Orange als Planet“*. Sie treffen sich auf ihrem Phantasieplaneten und erleben dort allerlei Phantasie-Abenteuer. Herausgehoben werden im Beispiel Kinder, die unter Selbstagressionstendenzen leiden und zum Teil somatische Beschwerden (z. B. Magenschmerzen) entwickelt haben. In der Phantasiereise auf dem Planeten wird deutlich, daß sie hier Aggressionen ohne Wertung äußern und sie damit als Teil ihrer Persönlichkeit akzeptieren können.

„Therapeutin: ‚Laßt das Bild auf euch wirken und stellt euch vor, was man dort alles sehen, hören, spüren, riechen und schmecken kann.‘
Wolfgang (zu Susanne, die von der Orangen-Kin-

dergartentante erzählt): ‚Uhu, Tante, siehst du mich? Ich bin eines von den Kindern. Ich will Kegel schieben, aber statt der Kegel habe ich Kinder getroffen und erlegt. Aber die Tante kommt jetzt und fährt drein.‘
Hannes: ‚Ein Ufo kommt auf den Planeten zu. Es ist sehr groß und orangenähnlich.‘ Zu Markus, der im Ufo sitzt: ‚Siehst du mich auch?‘
Wolfgang (zu Markus): ‚Bist du vielleicht einer von den bösen Grapefruit-Menschen?‘ Markus: ‚Nein, von der Erde!‘ Wolfgang: ‚Des a no!‘ - ‚Ich bin Chirurg in einem Orangenspital. Ich operiere einen Patienten, der an einer Kernwucherung leidet.‘
Therapeutin: ‚Wer fehlt euch aus der Gruppe? Wen möchtest du ansprechen?‘
Hannes: ‚Klaus, wo befindest du dich gerade?‘ …“ [49]

Vorstellungsübungen kommen in der *personzentrierten Therapie* nach *Carl R. Rogers* ursprünglich nicht vor. [50] Dies hängt im wesentlichen mit der Ablehnung jeder „Technik“ zusammen. Im Vordergrund steht die *Begegnung von Person zu Person.* Nicht das Interpretieren, Diagnostizieren oder Führen ist gefragt, was bei einer Vorgabe von strukturierten Phantasiereisen der Fall sein könnte, sondern das *Verstehen innerhalb der Beziehung.* Ausgangspunkt ist immer die zentrale Hypothese der *personzentrierten (Kinder)Therapie* von der *Fähigkeit des Individuums zu wachsen und sich selbst zu lenken.* Der Therapeut muß diesen unbedingten Glauben an das Kind konkret vermitteln, sodaß es in der Therapiesituation spürt: Hier kann ich voll und ganz „ich selbst“ sein. Der Therapeut ist da, um *Wärme und Verstehen* zu geben, nicht aber Führung. In der personzentrierten *Spieltherapie* hat das Kind daher jede Möglichkeit, sich mit vorhandenen Materialien (z. B. Sandkiste, Malfarben, Spielpuppen) auf seine Weise zu beschäftigen. [51] Unserer Ansicht nach können *offene Phantasiereisen* auch Ausgangspunkt für ein personzentriertes Gespräch in der Kindertherapie sein. Die Phantasiereise ist dabei als ein Angebot in der Stunde zu sehen, das vom Kind genützt werden kann. Entscheidend ist, daß die Phantasiereise stimmig aus der Situation heraus erwächst und der Inhalt vom Kind aus dem Kontakt mit seinem Inneren gestaltet werden kann.

Hier ein Gesprächsausschnitt mit einem neunjährigen Schüler, der von seiner Mutter als „verhaltensauffällig" wegen ständiger Bauchschmerzen vor dem Schulgehen gemeldet wurde. Das Gespräch bezieht sich auf die abgebildete Zeichnung „Ein Phantasiefahrzeug", das nach folgender Phantasiereise entstand:

Stell dir ein Phantasiefahrzeug vor, das alles kann, was du willst ..., fahren ..., fliegen ..., schwimmen und auch tauchen ... Du setzt dich hinein ..., fährst los ... und hast nun genügend Zeit ..., deine Reise zu genießen ...

Betreuungslehrerin: „Wie ist es dir beim Zeichnen gegangen?"
Schüler: „Ich bin ganz stark, sogar eine Palme kann ich fällen."
B: „Du bist als Fahrzeug ganz stark."
S: (Pause ...) „Mein Papa sperrt mich ins Zimmer. (Pause ...) Ich habe Angst im Dunkeln. (Pause ...) Wenn ich alles kann und so stark bin, dann fällt die Palme um."
B: „Die Palme fällt um, weil du so stark bist."
S: „Ich kann so viel, alles. Meine Mama hilft mir dabei. Sie sitzt neben mir, aber nicht immer."
B: „Ich sehe sie nicht auf dem Bild."
S: „Sie ist momentan im Krankenhaus. Ich beschütze sie, wenn sie nach Hause kommt. Sie hat Platz neben mir. Gemeinsam fällen wir die Palme."

B: „Gemeinsam könnt ihr die Palme fällen."
S: „Mama und ich halten immer zusammen. Wenn ich alleine schlafen muß, und Papa will das so, kommt trotzdem Mama zu mir. Ich habe zwei Betten im Zimmer ..."

Reinhard Tausch, einer der bekanntesten Vertreter des personzentrierten Ansatzes im deutschen Sprachraum, verweist in seiner Neuauflage der „Gesprächspsychotherapie" auch auf den Wert von „*Vorstellungserfahrungen im entspannten Zustand*" (etwa die Vorstellung stressender Alltagssituationen). Wenn sie als ergänzendes Element in Verbindung mit personzentrierten Gesprächen gesehen werden, führen sie nach empirischen Untersuchungen zu positiven Ergebnissen in der Persönlichkeitsentwicklung.[52]

Reinhard Tausch betont allerdings, daß die angebotenen Vorstellungsübungen aktiv vom Klienten gestaltet werden müssen. Der Therapeut nennt - im Unterschied etwa zu den mehr vorgegebenen Szenen in der Verhaltenstherapie - nur einige äußere Situationen als Anhaltspunkt. Die Vorsicht, mit der in der personzentrierten Therapie Vorstellungsübungen betrachtet werden, liegt darin begründet, daß sie eine vom Therapeuten vorgegebene und strukturierte Situation darstellen. Sie dürfen keine „Techniken" sein, mit denen der Klient gleichsam als „Objekt" - und nicht als Person - „behandelt" wird.

Wir führen dies hier deswegen an, um auf die *manipulativen Möglichkeiten von Phantasiereisen* aufmerksam zu machen. Sie könnten auch als „Instrumente" verwendet werden, um die Interessen und Sichtweisen der Erzieher besser durchzusetzen (etwa damit Kinder und Jugendliche nun mehr von dem lernen, was ihnen vorgeschrieben wird). In einem personzentrierten Verständnis ist aber die *innere Welt* der Kinder und Jugendlichen der wesentliche Orientierungspunkt. Nur wenn Phantasiereisen und Vorstellungsübungen das *selbstbestimmte Lernen* fördern, halten wir sie für eine hilfreiche Möglichkeit zum persönlichen Wachsen.

2. „Was kannst du sehen, hören und spüren …?" Phantasiereisen begleiten

Wenn wir als Eltern oder Lehrer, Erzieher oder Gruppenleiter eine Phantasiereise anbieten, so gibt es dabei einige *Grundregeln* zu beachten. Die erste haben wir am Ende des letzten Kapitels besonders herausgestellt: Phantasiereisen müssen *Angebote* sein, die das *selbstbestimmte Lernen* von Kindern und Jugendlichen fördern. Als Erwachsene sollten wir für sie in erster Linie *Begleiter* auf ihrer Reise sein, denen sie vertrauen und auf die sie sich verlassen können. Sie brauchen das Gefühl, daß wir uns auf ihren inneren Prozeß einlassen und auf ihr Wachstumspotential vertrauen. Es kommt also auf die grundsätzlich *positive Grundeinstellung* zum menschlichen Leben und Lernen an, wie sie vorhin als *personzentrierte Haltung* beschrieben wurde. In diesem Klima von zwischenmenschlicher Wärme, einfühlendem Verstehen und offener, echter Begegnung entfalten sich erst die entspannenden, lernfördernden und persönlichkeitsbildenden Wirkungen von Phantasiereisen.

2.1 Phantasiereisen vorbereiten

Die Vorbereitung von Phantasiereisen bezieht sich zunächst einmal auf die anleitende Person selbst.

Eigenerfahrung erwerben

Wer Phantasiereisen anbietet, muß entsprechende *Eigenerfahrungen* besitzen, um selbst Phantasiereisen konstruktiv begleiten zu können. Grundlegende Erfahrungen kann man etwa auf Kursen zum „Autogenen Training", im Bereich von „Selbsterfahrung" oder auf Veranstaltungen zum „Ganzheitlichen Lernen" erwerben. Dort wird auch deutlich

werden, daß Anleitung und Aufarbeitung von Phantasiereisen *Sensibilität und Einfühlungsvermögen* erfordern.

Mindestvoraussetzung ist, sich selbst mit den gewählten Phantasiereisen auseinanderzusetzen und sie vorher für sich zu *erproben*. Die Eigenerfahrung über *Kassetten* und der offene *Erfahrungsaustausch* mit anderen kann eine sinnvolle Form der eigenen Vorbereitung sein.

Nicht alle Menschen können von vornherein etwas mit „Innenbildern" anfangen, manche müssen ihre Vorstellungskraft erst trainieren. Dazu eignet sich der spielerische Umgang mit Vorstellungsbildern, in denen alle Sinnesbereiche angesprochen werden. Dieses „Gehirntraining" macht im übrigen auch Kindern meist großen Spaß.

Denken Sie an eine nahestehende Person, lassen Sie sie deutlich vor ihren Augen auftauchen …
Stellen Sie sich eine Schale voller Obst vor …
Stellen Sie sich das Geräusch eines explodierenden Feuerwerkskörpers vor …
Fühlen Sie die Wärme einer heißen Dusche …
Stellen Sie sich beim Heben eines schweren Gegenstandes vor …
Stellen Sie sich vor, Sie essen Eiscreme …
Stellen Sie sich vor, daß Sie an einer Blume riechen …[1]

Vorübungen durchführen

Wenn Kinder oder Jugendliche Vorstellungsübungen nicht gewohnt, sind, sollten sie schrittweise in diese neue Art des Umgangs mit ihrer Phantasie eingeführt werden.

Der erste Schritt besteht darin, das *Schließen der Augen* anzusprechen. Für viele Kinder kann dies in der Alltagssituation (etwa in der Schulklasse) unangenehm oder bedrohlich wirken. Wesentlich ist, daß wir ihnen selbst überlassen, was für sie am besten ist. Die Augen zu schließen erhöht jedoch die Aufmerksamkeit, die auf die innere Welt gerichtet ist.[2]

Eine erste Einübung in das Schließen der Augen kann die folgende Anleitung für kleinere Kinder ermöglichen:

Vielleicht kommt es dir merkwürdig vor, mitten am Tag die Augen zu schließen. Du kannst jetzt versuchen, das ein wenig zu üben. Ich zähle langsam von 1 bis 10, und du probierst aus, wie lange du die Augen schließen kannst …

Vielleicht möchtest du es jetzt nochmals versuchen …, schließe aber deine Augen sanft, presse sie nicht zusammen …

Hilfreich kann es auch sein, den Unterschied zwischen den „äußeren Augen" und den „inneren Augen" deutlicher bewußt zu machen und die „Einzigartigkeit" der persönlichen Innenwelt hervorzuheben. Dazu eignet sich die folgende Übungsanleitung:

Schau dich einmal hier im Raum um. Was kannst du mit deinen „äußeren Augen" alles sehen (z. B. Fenster, Tisch, Bild …)?

Schließe nun deine „äußeren Augen" und öffne deine „inneren Augen". Kannst du das? Stelle dir nun mit deinen „inneren Augen" einen „Ball" vor. Wenn du ihn deutlich genug siehst, dann nickst du mit dem Kopf …

Magst du mir nun erzählen, wie dein Ball ausgesehen hat?

Wenn mehrere Personen diese einfache Übung durchführen, wird sofort deutlich, daß jeder ein anderes Bild „entwickelt" hat. Dabei kann man das Verständnis fördern, daß es in der Phantasie kein „Richtig" oder „Falsch" gibt, sondern daß jeder seine eigene Bilderwelt besitzt, die für ihn gültig ist.

Günstig ist das Bewußtmachen des *Unterschieds von Realität und Phantasie*. Es gibt eine Wirklichkeit, in der ganz bestimmte Gesetze gelten und eine Welt der Phantasie, in der wir die Regeln der Realität außer Kraft setzen können. Bei *de Mille* beginnt beispielsweise das Programm zur Einführung in Phantasiereisen folgendermaßen:

„Du kannst Dein Zeug anziehen und Du kannst es ausziehen. Du kannst eine rote Jacke in einem Geschäft ausziehen und eine grüne anziehen. Aber kannst Du auch eine rote in eine grüne Jacke verwandeln? Oder eine Katze in einen Hund?

Das ist ganz leicht - nämlich in Deiner Phantasie. Dieses Spiel heißt JUNGEN UND MÄDCHEN.

Wir wollen uns vorstellen, daß ein Junge in der Ecke dieses Zimmers steht. / Wir wollen ihm einen Hut geben. Welche Farbe soll der Hut haben. / Wir wollen ihm eine Jacke geben …

Jetzt verwandle die Farbe seines Hutes. / Welche Farbe hast Du ausgewählt? / Verändere die Farbe wieder …

Laß den Jungen auf seinen Füßen stehen. / Laß ihn in die Luft springen. / Laß ihn noch höher in die Luft springen. / … Laß ihn auf einem Stuhl sitzen. / Laß den Stuhl zur Decke schweben und dort oben bleiben. / Laß den Jungen irgendetwas singen, während er dort oben unter der Decke sitzt. / Laß den Stuhl wieder herunterkommen. / Laß den Jungen ohne den Stuhl zur Decke schweben …

Stelle ein Mädchen in eine Ecke des Zimmers. / Gib ihr einen roten Hut. / Gib ihr einen blauen Pullover ... "[3]

Derartige Übungen lassen sich in vielfältiger Weise zur Einübung von Phantasiereisen aber auch allgemein als Kreativitätstraining einsetzen, das Kinder meist großen Spaß macht.

Weitere Vorübungen können sich auf die *körperliche Haltung* bei Phantasiereisen beziehen. Das *Liegen* auf einer Decke ist bei längeren Phantasiereisen am günstigsten. Besonders in der Schule ist dies noch wenig verbreitet und wird meist mit Skepsis betrachtet. Hier empfiehlt sich das *entspannte Sitzen* am Platz. Sehr gerne legen Schüler auch ihren *Kopf auf die Bank*, wobei sie die verschränkten Arme als Auflage nehmen. Auch der *Platz im Raum* sollte beachtet werden. Manche wollen sich in eine schützende Ecke zurückziehen, andere genügend Distanz zu anderen Personen haben.

„Suche dir einen Platz im Raum, der dir angenehm ist. Mache es dir dort so bequem wie möglich. Spüre in dich hinein, ob dieser Ort für dich stimmt, ob du dich hier wohlfühlst ... "
Setze oder lege dich nun so hin, wie du es im Augenblick gerne hast ...
Mache es dir an deinem Platz noch ein wenig bequemer ..., suche eine Haltung, in der du dich ganz wohl fühlst ...
Wenn du es dir nun bequem gemacht hast, spiele ich dir ein wenig Musik vor ..., und du kannst dich dazu ausruhen, dich entspannen und einfach vor dich hinträumen ...

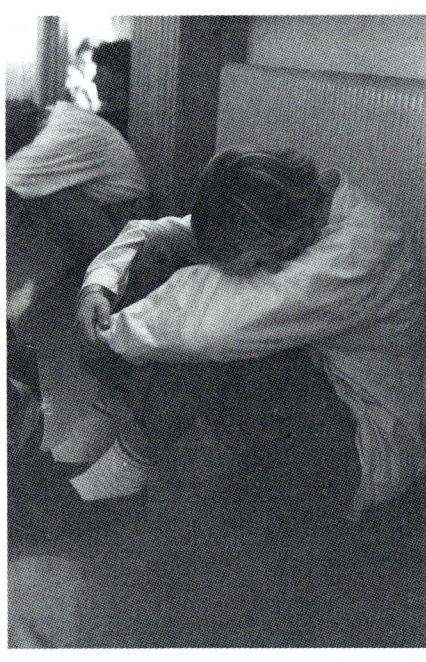

se Bilder siehst …“) und einfühlsam zu *verstehen* (z. B.: „Du magst darüber nicht reden“). Lassen Sie sich aber nicht entmutigen, später wieder einmal ein Phantasieexperiment anzubieten, wenn eine erste „Verdauungszeit“ verstrichen ist.

Für manche Kinder und Jugendliche ist eine entsprechende *Vorinformation* über den Wert von Phantasiereisen hilfreich. Wenn sie etwa erfahren, daß diese Übungen Streß verringern, ihre Lernleistungen steigern oder Kreativität fördern können, fällt es ihnen leichter, sie als Methode zu akzeptieren. Besonders überzeugend wirkt auf sie das Argument, daß auch Sportler Phantasiereisen als „mentales Training“ durchführen. Es ist allerdings wichtig, daß Sie selbst vom Wert der Vorstellungsübungen überzeugt sind und dies nicht allein durch rationale Argumente, sondern auch durch ihr „Sein“ und ihre „Ausstrahlung“ vermitteln.

Phantasiereisen ankündigen

Bevor man eine Phantasiereise anbietet, sollte man sich fragen, ob sie in dieser Situation überhaupt *geeignet* ist und auch den gegenwärtigen *Bedürfnissen* der Kinder und Jugendlichen entspricht. Wenn dies der Fall ist, soll die *Zielsetzung* und die Art der *Durchführung* kurz angekündigt werden. Dabei ist es in den meisten Fällen günstig, sich an den folgenden „4-W-Fragen“ zu orientieren:

WAS   ist der Inhalt der Phantasiereise?
WOZU   machen wir die Phantasiereise?
WIE   läuft diese Phantasiereise ab?
WIE   werten wir die Erfahrungen aus?

Am Ende der Ankündigung folgt dann die *Rückfrage*, ob die Kinder und Jugendlichen nun bereit sind, die Phantasiereise mitzumachen. Wesentlich erscheint uns, daß *keinerlei Zwang* ausgeübt wird. Wer nicht mitmachen will, soll ein alternatives Angebot erhalten oder selbst eine Lösung vorschlagen (z. B. in der Schule: still für sich lesen). Auch jeder *Leistungsdruck* - der sonst bei vielen (schulischen) Aufgaben mitschwingt - soll vermieden wer-

Bei ersten Erfahrungen mit Phantasiereisen kann es vorkommen, daß Kinder und Jugendliche kichern, verlegen lachen, sich dazu negativ äußern oder auch demonstrativ schweigen. Dies ist eine *natürliche Schutzreaktion* auf die neue, ungewohnte Situation. Versuchen Sie das Verhalten einfach zu *beschreiben* (z. B. „Du mußt lachen, wenn du diese-

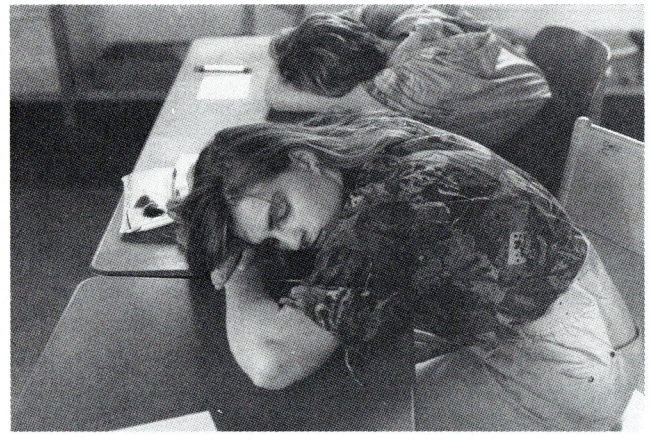

den. Das Kind muß konkret spüren können, daß *alles in Ordnung ist, wie immer es auch die Phantasiereise erlebt.*

Insgesamt sollte man bei der Ankündigung auch *Zuversicht* vermitteln, daß die kommende Phantasiereise anregend sein wird und interessante Erfahrungen ermöglichen kann. Dies muß allerdings authentisch sein und erfordert unsere innere Überzeugung, daß die Phantasiereise tatsächlich bedeutungsvoll ist. Wer lediglich versucht, sie als „Trick" einzusetzen, - etwa um sich Ruhe zu verschaffen - wird als Erzieher unglaubwürdig.

In Gruppen ist es wichtig, gemeinsam *Regeln zu vereinbaren*, die für die Dauer der Phantasiereise gelten. Es soll niemand in seiner Vertiefung gestört oder gar abrupt herausgerissen werden. Wir selbst erarbeiten und begründen diese Regeln immer sehr genau, weil wir einen geschützten Raum für jeden Teilnehmer sichern wollen. Wir schließen daher auch mit kleineren Kindern einen „Vertrag". Jeder verpflichtet sich durch seine *bewußt geäußerte Zustimmung* zur Einhaltung der vereinbarten Regeln, die etwa folgendermaßen lauten:

– *Wenn ich nicht mitmachen kann oder will, beschäftige ich mich still.*
– *Wenn ich während der Phantasiereise niesen, husten oder lachen muß, kann ich das tun (falls es länger andauert, gehe ich hinaus).*
– *Wenn ich mit der Phantasiereise aufhöre, verhalte ich mich still und warte, bis die Übung beendet ist.*
– *Bei der Besprechung höre ich respektvoll zu und werte die Innenwelt des anderen nicht ab.*[4]

Rahmenbedingungen arrangieren

Einfache Vorstellungsübungen können in der Regel ohne besondere Vorbereitung und auch ohne spezielle Auswertung durchgeführt werden (etwa eine kurze Entspannungsphantasie während des Unterrichts).

Längere Phantasiereisen erfordern besonders hinsichtlich der *zeitlichen und räumlichen Rahmenbedingungen* einige Überlegung. Zunächst ist zu fragen, ob man *genügend Zeit* hat, die Erfahrungen auch angemessen auszuwerten oder aufzuarbeiten. Es sollte auf keinen Fall Hektik entstehen. Je nach Dauer der Phantasiereise ist auch zu überlegen, ob bestimmte *räumliche Vorkehrungen* getroffen werden müssen (z. B. Umstellen von Bänken oder Auflegen von Decken). Wichtig ist immer auch die *Überprüfungsfrage* vor der Phantasiereise, ob die Kinder bequem sitzen oder liegen. Beengende Kleidungsstücke sollten geöffnet, Brillen abgelegt werden.

Während der Phantasiereise sollte der Raum eine „Insel der Ruhe" sein. Es kann günstig sein, an der Tür ein Schild mit der Aufschrift „Bitte nicht stören" anzubringen. Insgesamt kann ein gewisses gleichbleibendes *Ritual* bereits eine Beruhigung und eine positive Einstimmung auf die Phantasiereise bewirken.

Diese Hinweise gelten allerdings nur bei „echten" Phantasiereisen im entspannten Zustand. Andere Vorstellungsübungen erfordern ein anderes „setting", etwa daß sich Kinder während der Phantasieübung auch bewegen können:

Stell dir vor, du bist eine Blume, die am Morgen noch ganz geschlossen ist ... Du schließt dich selbst ..., drückst das mit deinem Körper aus ..., bist ganz bei dir ...

Nun beginnt die Sonne zu scheinen ..., wärmt dich als Blüte ..., und du beginnst langsam, dich zur Sonne hin zu öffnen ..., dich mit deinem ganzen Körper zu „entfalten", aufzublühen ...

Sich selbst einstimmen

Als anleitende Person sollte man sich vor jeder Phantasiereise selbst ein wenig *einstimmen*, um sie auch „stimmig" anleiten zu können. Das erfordert, daß man den Inhalt der Phantasiereise selbst kennt und sie auch - zumindest durch meditatives Durchlesen - innerlich nachvollzogen hat.

Wichtig ist auch die Frage: *Stimmt die Phantasiereise für diese Situation?* Wenn man in sich „hineinhorcht" und innerlich zustimmen kann, wird die

Phantasiereise in der Regel auch passen. Wenn man in sich Zweifel spürt, sollte man es lieber sein lassen!

Vor der Phantasiereise ist es auch für die anleitende Person günstig, sich in eine bequeme Haltung zu bringen und *sich zu entspannen*. Am besten eignet sich dazu eine aufrechte Sitzposition, beide Beine werden auf den Boden gestellt. Die Konzentration auf den Atem kann die Entspannung vertiefen.

Diese Einstimmung erleichtert vor allem das *Mitschwingen* mit dem inneren Rhythmus der Kinder oder Jugendlichen. Sprechtempo und Tonfall passen sich leichter an die Situation an. Wenn eine Kassette vorgespielt wird, können wir als Erwachsene selbst mitmachen; dies wirkt für die Kinder und Jugendlichen meist sehr motivierend.

Als Hilfe zur Einstimmung möchten wir hier die *„Übung zur Erzielung heiterer Gelassenheit"* von *Assagioli* anbieten. Diese Vorstellungsübung ist nach unseren Erfahrungen vielen Erziehern eine echte Bereicherung und Stütze für ihr alltägliches Handeln.

„1. Nimm die körperliche Haltung der Gelassenheit an; entspanne alle Muskeln und baue nervöse Spannungen ab; atme langsam und rhythmisch; bringe mit einem Lächeln heitere Gelassenheit auf deinem Gesicht zum Ausdruck …

2. Denke über heitere Gelassenheit nach; erkenne ihren Wert, ihren Nutzen, besonders in unserem hektischen modernen Leben. Preise sie, verlange nach ihr …

3. Evoziere heitere Gelassenheit und innere Klarheit direkt; versuche sie zu fühlen mit Hilfe der Wiederholung des Wortes oder eines passenden Satzes …

4. Stell dir Situationen vor, die dich aufregen oder irritieren … sieh und fühle dich jedoch trotzdem ruhig und heiter …

5. Verpflichte dich, während des ganzen Tages heiter und gelassen zu sein; was auch immer geschieht, ein lebendiges Beispiel heiterer Ruhe zu sein und Gelassenheit auszustrahlen."[5]

2.2 Phantasiereisen anleiten

Einfache Vorstellungsübungen können jederzeit ohne besondere Vorkehrungen angeleitet werden. Als Beispiel sei hier etwa die Anregung an Schüler genommen, sich selbst in einer *„konzentrierten und gleichzeitig entspannten Haltung"* vorzustellen und diese Haltung dann tatsächlich einzunehmen.
Sie können diese Haltung gleich bei sich selbst erproben: Gehen Sie in die Haltung „entspannter Aufmerksamkeit" hinein, verändern Sie dazu auch Ihre Position …, spüren Sie Ihren Atem im Zustand „entspannter Aufmerksamkeit" …
Lesen Sie in diesem Zustand „entspannter Aufmerksamkeit" weiter …

Entspannung anleiten

Bei „echten Phantasiereisen" ist ein gewisser *„meditativer" Zustand*, ein Abschalten und Ausschalten des üblichen Tagesbewußtseins günstig. Störende und belastende Gedanken sollen allmählich verschwinden, an die Stelle der Umwelt tritt die *Innenwelt*. Gehirnphysiologisch geht es um eine Zunahme von langsameren *Alphawellen* und auch um eine *Synchronisation beider Gehirnhälften*.

Zur Erreichung dieses Zustandes eignen sich *einfache Formen von Entspannungsübungen*. *Else Müller* empfiehlt z. B. ein *„modifiziertes Autogenes Training"* mit besonderer Betonung der *„Schwereübung"*:

„Du liegst ganz schwer auf dem Boden (oder: Bett, Sessel, auf der Liege)
Du fühlst deinen Körper ganz bewußt und intensiv
Du bist ganz schwer, gelöst und ruhig
Deine Hände und Arme sind ganz schwer
Dein Nacken und deine Schultern sind ganz schwer
Deine Füße und Beine sind ganz schwer
Dein Gesicht ist ganz entspannt und gelöst
Du läßt los
Du gibst alle Spannung ab - weg von dir
Du bist ganz ruhig und entspannt"[6]

Im „*Neurolinquistischen Programmieren*" (NLP) wird empfohlen, zwei bis drei äußere, wahrnehmbare Erfahrungen aufzugreifen und dann zu einem inneren Erleben zu führen:[7]

Du sitzt hier auf deinem Stuhl (äußere Wahrnehmung) ..., du spürst deine Hände auf den Oberschenkeln (äußere Wahrnehmung) ..., du machst es dir vielleicht noch ein wenig bequemer (äußere Wahrnehmung) ...

...und du wirst dabei innerlich ruhiger (inneres Erleben).

Du kannst den Klang meiner Stimme hören (äußere Wahrnehmung) ..., merkst, wie du gerade lächelst (äußere Wahrnehmung) ..., und wie dein Atem von selbst kommt und geht (äußere Wahrnehmung) ...

...während du gleichzeitig spürst, wie du dich dabei entspannst (inneres Erleben) ...

Sehr einfach und wirksam ist auch die *progressive Muskelentspannung* nach *Jacobson*. Dabei werden verschiedene Muskelgruppen etwa 5 bis 7 Sekunden fest angespannt und dann bewußt losgelassen:[8]

Beide Hände zur Faust ballen, Arme beugen und richtig die Muskeln zeigen - (5 Sekunden anhalten) - und jetzt loslassen, alles fallenlassen ...
Die Hände sinken auf die Oberschenkel ..., die Spannung fließt aus jedem Finger ... ...
Alle Muskeln im Gesicht anspannen, eine richtige Grimasse schneiden - (5 Sekunden anhalten) - und loslassen ..., richtig entspannen ..., angenehm ..., wohltuend ... ... (usw. mit Schulter- und Brustbereich, Bauchmuskeln, Ober- und Unterschenkel, Füßen ...)

Bei kürzeren Phantasiereisen sind eigene Entspannungsanleitungen nicht unbedingt erforderlich. Oft genügen bereits die *Bilder* der Phantasiereise selbst, um einen Entspannungszustand hervorzurufen.

Setze oder lege dich entspannt hin ... Schließe deine Augen ... Mache es dir noch ein wenig bequemer ...

Vor deinen inneren Augen siehst du dich auf einer Wiese ..., in der Nähe eines kleinen Baches ... Du fühlst dich etwas müde vom Wandern ... Du setzt dich hin ..., ruhst dich aus ..., entspannst dich ...

Den Inhalt schildern

Die *Inhalte der Phantasiereisen* können sehr vielfältig sein. Hier gibt es praktisch keinerlei Grenzen für kreative Einfälle. Anfangs wird man vielleicht vorgegebene Anleitungen bevorzugen, nach einiger Erfahrungen werden die Reisen in der Regel genauer auf die spezifische Situation (z. B. auf ein bestimmtes Thema) abgestimmt.

In diesem Buch haben wir - wie schon einleitend ausgeführt - Phantasiereisen zu drei Bereichen aus unserer Erfahrung und aus Anregungen der einschlägigen Literatur zusammengestellt:

- *Phantasiereisen zur Entspannung* bieten vorwiegend beruhigende Bilder an (z. B.: Stell dir vor, wie du am Strand liegst und dich dort wohlfühlst ...).
- *Phantasiereisen zur Lernförderung* sprechen vor allem positive Lernerfahrungen an oder sie verbinden Lernstoffe mit Phantasiebildern (z. B.: Laß ein Symbol auftauchen, das zum heutigen Thema paßt ...).
- *Phantasiereisen zur Persönlichkeitsentwicklung* zielen auf Situationen, in denen man sich konstruktiv mit der Innenwelt auseinandersetzt (z. B.: Stell dir vor, du begegnest einem alten Weisen und fragst ihn um einen Rat ...).

Einige *Hinweise zu den Inhalten* möchten wir noch anführen: In diesem entspannten Zustand werden innere Erlebnisse sehr deutlich, oft auch übersteigert wahrgenommen. *Bedrohliche Inhalte* (z. B. eine dunkle Höhle erforschen) sollte man *mit einem positiven Bild als „Anker" verbinden.* Zum Inhalt wird dann etwa ein imaginärer „Begleiter" oder ein „Helfer" dazugefügt oder Dunkelheit wird durch „Licht" erhellt. Die Bedrohlichkeit kann auch abgeschwächt werden, indem man Neugier, Mut oder auch Vorsicht einbaut.

„...du bist neugierig auf diese Höhle ..., du faßt Mut und blickst hinein ..., gehst soweit vor, als du es für gut findest .... Fackeln beleuchten die Wände der Höhle ..., wenn du Lust hast, kannst du noch etwas weiter hineingehen, alles erforschen ..."

Ganz wichtig ist hier: Die Kinder und Jugendlichen müssen selbst entscheiden, ob sie sich mit einer Situation auseinandersetzen wollen oder nicht. Die Anleitung darf *niemanden zu einer bestimmten Phantasievorstellung drängen*, die nicht seinem inneren Bedürfnis entspricht. Wie wir einleitend gesagt haben, geht es speziell im Bereich der Persönlichkeitsentwicklung um *offene Phantasiereisen*, die Freiraum geben, die eigenen Bilder zu entwickeln. In einem personzentrierten Verständnis von Phantasiereisen ist der Orientierungspunkt für die Auswahl von Inhalten die Person des Kindes oder Jugendlichen. Erwachsene sollten sich daher immer fragen, ob sie in deren *Innenwelt zentriert* sind oder ob sie mit den angebotenen Phantasiereisen lediglich ihre eigenen Interessen (z. B. nach „Beruhigung" der Kinder) verfolgen.

Grundsätzlich gehen wir vom Vertrauen in die Fähigkeit von Kindern und Jugendlichen aus, daß sie mit den angebotenen Inhalten auf ihre Weise sinnvoll umgehen. Wenn die Beziehung stimmt und sie sich nicht zum Mitmachen gezwungen fühlen, steigen sie ohnehin dort aus, wo sie spüren, daß sie die Phantasieerfahrung überfordern würde.[9]

Die Reihenfolge der im Buch angebotenen Phantasiereisen stellt eine gewisse Steigerung in den geistigen und seelischen Anforderungen dar. Es empfiehlt sich, in der *Anfangsphase eher einfache Phantasiereisen* anzubieten, die vorwiegend im Bereich „Entspannung" liegen. Auch die Dauer von Phantasiereisen wird mit der Erfahrung zunehmen können. Erste Übungen liegen meist unter fünf Minuten, bei mehr Erfahrung sind auch 10 Minuten lange Phantasiereisen möglich (unter günstigen Bedingungen noch längere).

Bei der Darbietung des Texts ist es wichtig, daß die „Phantasiereisenden" möglichst *intensive* Vor-

stellungen entwickeln können. Dies gelingt leichter, wenn man *alle Sinneskanäle* anspricht, also auf das Sehen, Hören, Spüren, Riechen und Schmecken konkret eingeht. Als Gedächtnisstütze kann dazu das Wort „VAKOG" dienen, das an die wesentlichsten Wahrnehmungsqualitäten erinnert:

V isuell: sehen, beobachten, Formen und Farben wahrnehmen ...

A uditiv: hören, lauschen, sprechen, Klänge wahrnehmen ...

K inästhetisch: spüren, fühlen, bewegen, Wärme wahrnehmen ...

O lfaktorisch: riechen, duften, modrigen Geruch wahrnehmen ...

G ustatorisch: schmecken, kosten, Geschmack wahrnehmen ...

In der folgenden kleinen Phantasiereise werden alle diese Qualitäten am Beispiel „Apfel" angesprochen. Diese Vorstellungsübung eignet sich sehr gut auch als *Vorübung*, wie sie weiter oben angesprochen wurden.

Schließe deine Augen und strecke deine Hand aus ... Stell dir nun vor, du hast einen Apfel in deiner geöffneten Hand ...

Visuell: Schau diesen Phantasieapfel genau an ..., seine Größe ..., seine Form ..., die Farben ..., vielleicht bemerkst du auch ganz kleine Einzelheiten ...

Kinästhetisch: Fühle nun die Form des Apfels ..., spüre sein Gewicht in deiner Hand ..., vielleicht kannst du Unebenheiten auf der Schale bemerken oder eine weichere Stelle ertasten ...

Olfaktorisch: Führe nun deinen Phantasieapfel zur Nase, rieche daran, nimm seinen Duft wahr ...

Gustatorisch: Vielleicht kannst du merken, daß dir das Wasser im Mund zusammenläuft ..., und du beißt in deinen Phantasieapfel ..., nimmst den Geschmack wahr ...,

Akustisch: Vielleicht hörst du auch, wie du abbeißt ..., das Geräusch beim Kauen ...

Man kann übrigens auch die während der Phantasiereise auftauchenden *Störungen* (z. B. das

Geräusch eines vorbeifahrenden Autos) direkt sinnesspezifisch einbauen, etwa:

„ … Du gehst in deiner Phantasie auf einer Wiese spazieren …, und es kann sein, daß du auch dort ein Auto vorbeifahren hörst, gerade so wie jetzt …, während du entspannt auf der Wiese weitergehst …“

Die *Sprache* soll beruhigend und entspannend wirken, muß aber nicht suggestiv gefärbt sein. Schlüsselwörter können betont oder auch gedehnt gesprochen werden (z. B. „loslassen“ oder „Ruhe“). Genügend lange *Pausen* sollen Gelegenheit geben, die Phantasien zu entwickeln und sich in die inneren Bilder einzufühlen. Wenn man den Inhalt beim Sprechen selbst innerlich mitvollzieht, wird sich das geeignete Tempo leichter einstellen. Der Hinweis: „Du hast nun all die Zeit, die du brauchst“ ist oft günstig. Wie wir aus Träumen wissen, hat die Bilderwelt andere Zeitdimensionen.

Der Text einer Phantasiereise sollte immer im Präsens gehalten sein, weil dies die Vergegenwärtigung der Erfahrung fördert. In der Regel ist es günstiger, *unspezifische Wörter* zu verwenden, da diese jedem Teilnehmer seine eigenen Vorstellungen lassen. Andererseits ist es oft auch nützlich, auf sogenannte *Submodalitäten*, d. h. auf einzelne sinnesspezifische Qualitäten näher einzugehen, um das Erlebnis zu vertiefen:

Du läufst zum Haus … offener: Du näherst dich dem Haus …

Oder: Du näherst dich dem Haus …, und du achtest darauf, wie schnell du dich dabei bewegst …

Wie in einzelnen Beispielen bereits angeführt, kann man auch zwischen Beobachterphantasie und Identifikationsphantasie unterscheiden. Bei der *Beobachterphantasie* sieht man von außen als Beobachter zu:

„Du sitzt hier ganz bequem …, und vor deinen Augen taucht ein Haus auf …, du gehst näher heran …, betrachtest seine Umgebung, die Form des Hauses …, den Eingang …

Bei der *Identifikationsphantasie* „verwandelt“ man sich selbst in ein Objekt oder eine Person, versetzt sich in seine Situation hinein und „fühlt“ gleichsam mit dem Objekt oder der Person. Häufig wird diese Form der Phantasie als schwieriger empfunden, sie bringt allerdings auch nachhaltigere Erfahrungen:

„Stelle dir vor, du bist selbst dieses Haus …, stehst hier mitten in der Landschaft …, beobachtest alles um dich herum …, und spürst, wie es ist, ein solches Haus zu sein …

Wenn man sich selbst in einer Phantasievorstellung zusieht, bezeichnet man diesen Zustand als *dissoziiert*. Wenn man sich hingegen selbst in der Vorstellung als handelnde Person erlebt, so nennt man dies *assoziiert*. Bei bedrohlichen Vorstellungsbildern ist es eher günstig, aus dem Bild „auszusteigen“ und sich von außen - dissoziiert - anzusehen (etwa so wie auf einer Leinwand).[10]

Du sitzt hier, ganz bequem auf diesem Sessel …, hörst meine Stimme …, fühlst dich ganz sicher. Und in deiner Phantasie kannst du dir vorstellen, daß du so bequem und sicher auch in einem Kino sitzt …, dich gemütlich zurücklehnst … und auf die Leinwand blickst …, dich dort selbst siehst …, wie du diese Geschichte von damals erlebst … Wie in einem Film siehst du alles nochmals ablaufen …

Phantasiereisen können durch Musikuntermalung in ihrer Wirkung noch vertieft werden. Musik bringt uns manchmal von selbst in einen „tranceartigen“ Zustand, in dem Phantasiebilder auftauchen. Andererseits kann Musik auch beeinflussend oder ablenkend wirken. Geeignete Musikstücke sind besonders langsame Sätze aus dem Barock, weil sie auf den Organismus entspannend und beruhigend wirken. Auch meditative elektronische Musik eignet sich gut zur Entspannung. Angebote aus beiden Richtungen sind etwa:

Vivaldi: Largo aus „Winter“ in „Die vier Jahreszeiten“
Bach: Air aus der Suite D-dur
Pachelbel: Kanon in D-dur
Deuter: Ecstasy; Celebration

Kitaro: Silk-Road; Silver Cloud
Walter: Mantras 1 und 2

Wenn Sie selbst eine Phantasiereise entwickeln, so ist es günstig, vorher genau abzuklären ...,
– welche Ziele die Phantasiereise haben soll;
– welche Perspektive eingenommen wird (Beobachter- oder Identifikationsphantasie);
– welche Aussagen im einzelnen darin vorkommen sollen (z. B. bestimmte Inhalte eines Lernstoffes);

Schreiben Sie die Phantasiereise vorher auf und erproben Sie sie auch selbst (ev. auch mit einem Partner). Auf diese Weise können Unklarheiten, logische Unstimmigkeiten, zu spezifische Aussagen etc. ausgeräumt werden. Man wird auch abschätzen können, ob man nicht zu enge Bilder vorgibt, die zu wenig Spielraum lassen.[11] Wir möchten die Leser jedoch auch ermutigen, einfache Vorstellungsübungen kreativ zu entwickeln und spontan einzubauen, etwa in Lernsituationen:
Stell dir vor, du bist Napoleon ... Geh einige Schritte in seiner typischen Haltung ... Was empfindest du als Napoleon ...? Was sagst du ...

Aus der Phantasiereise zurückführen

Jede „echte" Phantasiereise führt sein Stück weit in Trance und in eine andere Erlebniswelt. Es ist daher notwendig, eine *behutsame Rückführung in die Alltagswelt* vorzusehen. Die Bilder sollen langsam ausklingen, das Alltagsbewußtsein an die Stelle der Phantasievorstellungen treten.
Nun verabschiedest du dich von diesem Ort . Die Bilder ziehen sich langsam zurück ..., werden blasser ... Du kommst langsam ..., in deinem Tempo ..., wieder in diesen Raum zurück ... Du spürst, wie du hier sitzt oder liegst ..., bewegst ein wenig deine Finger ..., atmest etwas tiefer ein und aus ... Du dehnst und räkelst dich ... und öffnest deine Augen ... Du fühlst dich erfrischt und ausgeruht, als wärest du gerade aufgewacht ...

In diesem Beispiel wird auch deutlich, daß in der Rückführung zusätzlich auch der Entspannungszustand aufgehoben wird. Der *Kreislauf* muß wieder angeregt werden. Jede abrupte Bewegung ist zu vermeiden. Ist ein Kind während der Phantasiereise eingeschlafen - was durchaus auch vorkommen kann - so sollte man es mit leiser Stimme aufwecken, vielleicht dabei auch ganz sanft berühren.

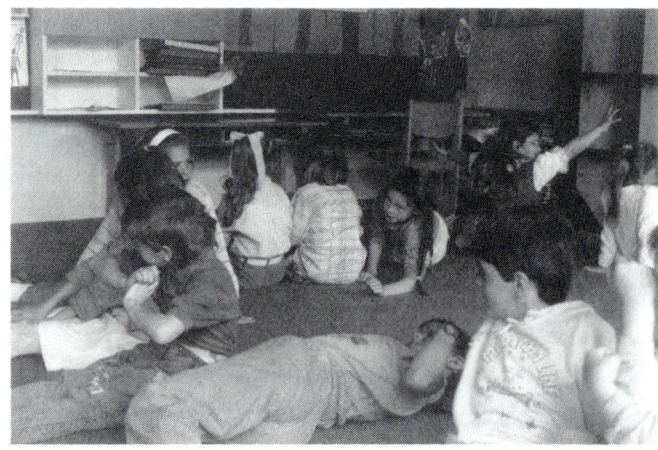

2.3 Phantasiereisen auswerten

Einfache Phantasiereisen zur Entspannung wird man ausklingen lassen und dann zu einer anderen Aktivität übergehen. Häufig ist es aber sinnvoll, die Erfahrungen aus der Phantasiereise auch *darzustellen und sie entsprechend auszuwerten*. Die Phantasiebilder haben nämlich - so wie Träume - die Tendenz, verlorenzugehen, wenn sie nicht in irgendeiner Form festgehalten oder in eine Handlung umgesetzt werden. Erst dann können die inneren Bilder auch *in das Alltagsbewußtsein integriert* werden.

Erfahrungen darstellen

Die Erfahrungen aus der Phantasiereise können auf verschiedene Weise dargestellt werden:
Beim *Aufschreiben* ist es oft günstig, in der *Ich-Form* und in der *Gegenwart* zu bleiben. Die Erlebnisse werden dadurch wieder lebendig, es können auch neue oder vorher vergessene Aspekte auftauchen.[12] Auffallend ist, daß beim Schreiben meist sehr lebendige und ausdrucksstarke Darstellungen entstehen. Vielen Kindern und Jugendlichen fällt es auch leicht, das Phantasieerlebnis in Form eines *Gedichtes* zu „verdichten". Beim Vorlesen der Geschichten oder Gedichte entsteht dann häufig auch eine sehr poetische Atmosphäre.
Zeichnen oder Malen sind ebenso günstige Formen, um die Erfahrungen einer Phantasiereise darzustellen. Dabei kommt es nicht auf den künstlerischen Ausdruck an, sondern auf die Darstellung des inneren Erlebens in konkreter oder symbolischer Form. Allerdings muß man ältere Kinder (und auch Erwachsene) oft beruhigen, weil sie zu leistungsorientiert denken: „Ich kann doch nicht zeichnen." Man kann z. B. darauf hinweisen, daß es nicht auf „Schönheit" ankommt und daß anschließend ohnehin die Zeichung erklärt werden kann. Im übrigen ist auffallend, daß viele Zeichnungen nach Phantasiereisen ausdrucksstärker wirken als im üblichen Zeichenunterricht.

Die „handfeste" Arbeit auf großflächigem Papier mit Ölkreiden oder Fingerfarben bezieht den ganzen Körper ein und vertieft dadurch die gesamte Erfahrung. Dies gilt auch für das *Modellieren* von Phantasieerfahrungen, etwa durch Darstellungen in Ton oder Plastilin. Auch die *körperliche Darstellung* eines Aspektes aus der Phantasiereise kann sinnvoll sein und die Auswertung noch intensivieren (z. B. die Körperhaltung einnehmen, die man im phantasierten Zustand von „Mut" gehabt hat).

Erfahrungen besprechen

Das *Erzählen* der Erlebnisse kann sich unmittelbar an die Phantasiereise anschließen und - je nach Intention und dem Grad der Vertrautheit - mit einem Partner, in einer Kleingruppe oder auch in der Gesamtgruppe erfolgen. Oft ist es aber günstiger, vor der Besprechung eine der oben genannten kreativen Darstellungsformen einzuschieben, um die Erfahrungen zu vertiefen.
Wie weit auf die einzelnen Darstellungen der Phantasiereisen eingegangen wird, hängt von den weiteren Zielsetzungen ab. In der Familie oder in der Schule wird man die Kinder und Jugendlichen einfach berichten lassen, was sie während der „Reise" oder beim „Darstellen" erlebt haben und was ihnen zu ihrem „Produkt" einfällt.
Einfache *Auswertungsfragen*, die aber nicht „bohrend" gestellt werden dürfen, können sein:
– Wie hat dir die Phantasiereise gefallen?
– Was hast du gesehen und erlebt?
– Was hast du dabei gefühlt und gedacht?
– Was war für dich wichtig, angenehm oder weniger gut?
– Was hast du beim Zeichnen (Malen, Formen …) erlebt? …
– Erinnert dich etwas an dein wirkliches Leben?
– Was lernst du aus dieser Erfahrung?
Jedes Gespräch über die Erlebnisse in einer Phantasiereise ist ein sensibler Prozeß und erfordert *Respekt und Einfühlungsvermögen*. Freiwilligkeit ist unbedingte Voraussetzung, niemand soll sich

zum Sprechen gezwungen fühlen! Als Erzieher sollten wir die *Kunst des Zuhörens* üben, wie sie „*Momo*" im gleichnamigen Buch von *Michael Ende* beherrscht:

> *„Was die kleine Momo konnte wie kein anderer, das war: Zuhören. Das ist doch nichts Besonderes, wird nun vielleicht mancher Leser sagen, zuhören kann doch jeder.*
>
> *Aber das ist ein Irrtum. Wirklich zuhören können nur ganz wenige Menschen. Und so wie Momo sich aufs Zuhören verstand, war es ganz und gar einmalig.*
>
> *Momo konnte so zuhören, daß dummen Leuten plötzlich sehr gescheite Gedanken kamen. Nicht etwa, weil sie etwas sagte oder fragte, was den anderen auf solche Gedanken brachte, nein sie saß nur da und hörte einfach zu, mit aller Aufmerksamkeit und aller Anteilnahme. Dabei schaute sie den anderen mit ihren großen, dunklen Augen an, und der Betreffende fühlte, wie in ihm auf einmal Gedanken auftauchten, von denen er nie geahnt hatte, daß sie in ihm steckten ...*"[13]

In *personzentrierten Gesprächen* wird auf jede Form von Interpretation verzichtet. Wir halten es jedoch nicht für günstig, irgendwelche Deutungen zu geben (z. B.: „schwarz" bedeutet meistens etwas „Bedrohliches ..."). Sinnvoller ist die Frage nach der *persönlichen Bedeutung* (z. B.: Wie ist es für dich, wenn es „schwarz" ist?) Gelegentlich geben wir auch eine Erklärung, daß es - wie bei Träumen - heilsam ist, die Innenwelt einfach wahrzunehmen, wie sie ist und daß wir auf unsere *unbewußten Entwicklungskräfte vertrauen können*. Man kann auch anbieten, in solchen Situationen gezielter weiterzuarbeiten, etwa indem das Kind nochmals in die Phantasie einsteigt und berichtet, was nun geschieht. Diese vertiefte Bearbeitung muß jedoch gelernt werden. Wir zeigen dazu im nächsten Abschnitt einige Möglichkeiten auf.

2.4 Phantasiereisen aufarbeiten

Im Regelfall werden Phantasiereisen im pädagogischen Raum von Familie, Schule oder Jugendarbeit nicht intensiver aufgearbeitet. Dies geschieht eher im Kontext einer an *Selbsterfahrung* orientierten Arbeit, im Rahmen der *Betreuungsarbeit* mit „verhaltensauffälligen Schülern" oder in der *Kindertherapie*. Nachdem aber die Übergänge fließend sind und ein tieferes Eingehen auf Phantasien immer sinnvoll sein kann, zeigen wir hier Gesprächsausschnitte aus einer *vertieften Aufarbeitung* auf. Man sollte sich als Elternteil, Lehrer oder Gruppenleiter darauf *nur dann einlassen ...*,

– wenn Kinder oder Jugendliche von sich aus wünschen, über ihre Reise bzw. über die Darstellung (etwa im Bild) mehr zu sprechen;
– wenn man selbst mit solchen Formen der Aufarbeitung bereits vertraut ist (etwa aus Kursen zur Selbsterfahrung);
– wenn man sich selbst in dieser Situation sicher und kompetent fühlt;
– wenn man sich selbst dahingehend überprüft hat, in keiner Weise interpretieren oder gar in eine bestimmte Richtung manipulieren zu wollen;

Die Gestalttherapeutin *Violet Oaklander* bietet in ihrem Arbeitsmodell verschiedene Auswertungshinweise an, die unseres Erachtens sehr hilfreich sein können.

1. Das Kind sagen lassen, welche Erfahrungen es beim Zeichnen gemacht hat, was in ihm vorging, als es die Aufgabe in Angriff nahm, wie es die Aufgabe bewältigt hat.
2. Es über seine Zeichnung mit eigenen Worten sprechen lassen.
3. Es bitten, auf einzelne Teile des Bildes näher einzugehen.
4. Das Bild aus der Sicht des Bildes beschreiben lassen (z. B. „Ich bin dieses Bild, überall auf mir sind schwarze Linien ...")
5. Mit bestimmten Dingen im Bild identifizieren

Ich bin ein Baum (31. 1. 89)

(z. B.: „Sei das blaue Viereck … Was sagt es zu dir …")

6. Fragen zu dieser Identifikation stellen und den Prozeß des Gewahrwerdens unterstützen, etwa: „Was tust du als Viereck? Wer benützt dich?"

7. Durch Betonung und Übertreibung eines Bildteiles die Aufmerksamkeit und das Gewahrsein schärfen (z. B.: „Was wäre, wenn alles hier so grün wäre?")

8. Gespräche zwischen Teilen des Bildes anregen (z. B.: „Was sagt das Viereck zum Kreis?")

9. Die Aufmerksamkeit auf die Farben richten, die Bedeutung erfragen.

10. Auf Hinweise wie Stimmlage, Körperhaltung, Gesicht und Körperausdruck, Atmung und Schweigen achten und diese Körpersignale bei Bedarf auch ansprechen.

11. Dem Kind helfen, daß es sich mit seinem Bild identifiziert (z. B.: „Fühlst du dich auch manchmal so?" „Paßt das irgendwie zu deinem Leben?")

12. Vom Bild in eine reale Lebenssituation führen (z. B.: „Entspricht das deinem eigenen Leben?")

13. Schauen, ob Teile fehlen, z. B. leere Flächen. Sich diesen zuwenden.

14. Auf das eingehen, was für das Kind im Vordergrund ist (d.h., was ihm hier wichtig und auch mehr bewußt ist).[14]

Diese Fragen sind nach unserem Verständnis allerdings nur Strukturierungshilfen. Sie dürfen das Kind nicht in irgendeine Richtung drängen. Als Beispiel zeigen wir das folgende Gespräch mit einem 9jährigen Volksschüler, der wegen „Kontaktschwierigkeiten", „Träumerei" und auch „aggressivem Verhalten" von der Schule als „verhaltensauffällig" gemeldet wurde. Nach der Phantasiereise „Ich bin ein Baum" zeichnete er die Szene und beschrieb sich dann mit folgenden Worten als Baum (Mitschrift):

Ich stehe im Schnee.

Ich habe einen dicken Stamm und lange, dünne Äste.

Die Sonne scheint, und es schneit.

Ich stehe von der Schule weit weg, weil sie so klein ist.

Die Sonne ist heiß, und der Schnee ist so kalt.

Ich möchte näher bei der Schule stehen, damit ich die Kinder sehe und den Lehrer, was sie machen.

Weil ich nicht gehen kann und nicht zur Schule komme, geht es mir schlecht.

Der Holzknecht soll mich ausgraben und zur Schule stellen.

Ich bin traurig, weil ich nicht neben der Schule stehen kann.

Betreuungslehrerin: „Erinnert dich diese Geschichte an dein wirkliches Leben?"

Schüler: „Ich möchte die Kinder einladen, sie kommen nicht. Die Lehrerin mag mich auch nicht. Ich bin wirklich weit weg."

BL: „Wo bist du?"

S: „Nur zu Hause."

BL: „Nur zu Hause."

S: „Die anderen verstehen mich nicht."

BL: „Wer sind die anderen?"

S: „Die Frau Lehrerin (Pause …). Ich spreche so leise, sagt sie, sie versteht mich nicht."

BL: „Sie versteht dich nicht, sie hört dich nicht, wenn du so leise sprichst."

S: „Die Kinder könnten lachen, wenn ich etwas Falsches sage, darum bin ich so leise …"

Wichtig erscheint uns der Hinweis, daß in personzentrierter Sichtweise das *innere Erleben des Kindes* im Mittelpunkt steht. Alle Interventionen - etwa eine Frage oder ein Vorschlag - müssen aus der Situation heraus stimmig erwachsen. Dies wird im folgenden Beispiel eines 12jährigen Hauptschülers deutlich, der wegen „Lernverweigerung" und schlechter Schulnoten hier angemeldet wurde. Er traut sich auch bei einfachen Aufgaben nichts zu, ist sofort verzweifelt und sagt: „Ich bin nicht fähig."

In dieser Betreuungsstunde wünschte er sich eine Phantasiereise, die er immer liebend gerne macht (die aufliegenden Spielangebote hat er hingegen bisher nie beachtet). Nach der Phantasiereise „Teile verabschieden", in der man sich von einer persönlich störenden Eigenart liebevoll trennt und

sie symbolisch einem Fluß übergibt (Text im Kapitel 5), malte er die abgebildete Zeichnung. Anschließend folgte ein Gespräch:

Schüler: „Am Fluß …, es war super, super. Ich habe empfunden, daß jetzt wieder etwas Neues Platz hat …, das Alte weg ist. Wenn das Alte weg ist, kann ich was Neues, Gutes einsetzen … Am Fluß habe ich Sachen gedacht, was ich nicht mehr brauche, was ich an mir nicht mehr mag."

Betreuungslehrerin: „Ist dir etwas eingefallen, was du nicht magst?"

S: „Mhm!? Ich mag nicht mehr ‚nicht-verlieren-können'".

BL: „Mhm. Es fällt dir schwer, wenn du verlierst."

S: „Ja ich mache mir Hoffnungen, und es geht dann doch daneben."

BL: „Das ist ein Teil, den du nicht magst, daß du nicht verlieren kannst. Ist das so?"

S: „Mhm. Ja." (Pause …)

BL: „Wie geht es dir da, wenn du verlierst?"

S: „Ich ärgere mich und denke, das mache ich nie wieder, was ich heute gemacht habe, weil ich verloren habe, ich bin zu diesem nicht fähig."

BL: „Du bist nicht fähig, nicht fähig zum Gewinnen?"

S: „Nein …, und dann mache ich das nie wieder."

BL: „Und bei was genau ist es im Spiel?"

S: „Beim Spiel, wenn es um Geduld geht?"

BL: „Das heißt, du möchtest auch geduldiger sein?"

S: „Oh ja!" (Pause …)

BL: „Du freust dich aber auch, wenn du spielst, und wenn du gewinnst. Ist das so für dich?"

S: „Dann bin ich erleichtert, dann führe ich mich nicht auf. Aber …" (Pause …)

BL: „Aber …"

S: „Aber wenn ich dann verliere, sage ich es oft nicht, ich werde rot, auch innerlich."

BL: „Innerlich?"

S: „Nicht auf den anderen, sondern auf mich."

BL: „Das heißt, du wirst auf dich selbst zornig …"

S: „Ja."

BL: „…und nicht auf den anderen.“

S: „Genau …“ (Pause …)

BL: „Du hast vorhin gesagt, daß du das nächste Mal nicht mehr spielst, wenn du verlierst.“

S: „Genau, da bin ich fest entschlossen, da kann mich noch einer so zu überreden versuchen.“

BL: „Du sagst nein.“

S: „Ja, denn ich will nicht mehr verlieren und geh das Risiko nicht mehr ein.“

BL: „Aha, also diesen Teil hast du weggeschickt, daß du verlieren können möchtest.“

S: „Ja, es geht eigentlich schwer, ihn schwimmen zu lassen. (Pause …) Wenn du verlierst …, (zu sich gewendet …) aber du kannst den Teil wegschwimmen lassen, und ich weiß jetzt, daß es halb so schlimm ist und ich es leichter nehme.“

BL: „Du nimmst es leichter.“

S: „Ja.“

BL: „Wollen wir jetzt gemeinsam etwas spielen?“

S: „Ja.“

Es ist dies das erste Mal, daß er überhaupt ein Spielangebot annimmt. Er sucht sich das Spiel „Brain-Trainer“ aus und spielt es mit der Betreuungslehrerin. Nach ca. 10 Minuten zeichnet sich ab, daß er verlieren wird. Der Schüler stutzt und lehnt sich dann zurück. Das Ende des Gesprächs zeigt, daß er nun nicht mehr so rasch aufgeben möchte wie bisher:

S: „Na ja. Jetzt kann ich überhaupt nichts mehr gut machen.“

BL: „Du hast jetzt dieses Gefühl, daß du nichts mehr gut machen kannst.“

S: „Sie sind jetzt weiter vorne, da kann ich nichts mehr machen.“

BL: „Mhm. Und wie ist das jetzt? Wie geht es dir jetzt?“

S: „Eine Wut habe ich eigentlich keine.“

BL: „Hast du keine.“

S: „Weil ich es zum ersten Mal spiele, und da kommt es eh auf Geschicklichkeit drauf an und auf Hirn.“

BL: „Mhm. Wenn du es zum ersten Mal spielst, ist es für dich nicht so tragisch.“

S: „Da lerne ich es erst.“

BL: „Da ist es nicht so schlimm. Und jetzt hast du auch keine Wut auf dich.“

S: „Nein, das erste Mal nicht.“

BL: „Was wäre es, wenn wir es das zweite Mal spielen?“

S: „Da weiß ich dann schon mehr.“

BL: „Mhm.“

S: „Da setze ich von Anfang besser, da sind meine Chancen besser.“

BL: „Und was ist, wenn du wieder verlierst?“

S: „Mhm … (Pause …, lacht), dann spüre ich vielleicht die leise innere Aufregung.“

BL: „Aha.“

S: „Und das laß ich nicht erkennen (atmet durch …). Aber nächstes Mal höre ich nicht auf, das kapiere ich jetzt schon. Und wir sind richtige Gegner. Und wenn ich verliere, spielen wir es so lange, bis ich gewinne …“

3. „*Du schwebst wie eine Wolke …*"
Phantasiereisen zur Entspannung

Als Einstimmung in dieses Kapitel möchten wir Ihnen eine kurze Phantasiereise zur Entspannung anbieten …

… und Sie einladen, es sich bequem zu machen …, alle unnötigen Spannungen hinausfließen zu lassen …, aus dem Kopf …, aus den Schultern …, den Armen und Beinen … Beobachten Sie Ihren Atem, wie er von selbst kommt … und geht …, ein … und aus …

Und während Sie weiterlesen, können Sie ein Bild vor ihren Augen auftauchen lassen, wie Sie ganz entspannt in der Natur sitzen oder liegen …, verträumt in die Wolken blicken …, vielleicht so wie im letzten Urlaub oder wie damals in ihrer Kindheit … Und es ist möglich, daß Sie spüren, wie sich dabei Entspannung ausbreitet …, wie Sie sich mit jedem Atemzug leichter fühlen …, so leicht wie eine Wolke, die am Himmel schwebt … Vielleicht beginnen Sie auch in Ihrer Phantasie zu schweben … Sie spüren dieses Gefühl von Leichtigkeit …, wie eine Wolke …, so sanft …, so leicht …, und lassen das Buch sinken …, gelöst …, entspannt …

Diese Zeilen haben Ihnen vielleicht geholfen, ein wenig loszulassen und sich zu entspannen. Möglicherweise haben Sie die wohltuende Wirkung dieses *Entspannungsbildes* verspürt und sind damit bereits mit dem Grundgedanken des Kapitels vertraut geworden: *Phantasiereisen zur Förderung von Entspannung nützen.*

Harmonische Spannung

Ziel von Entspannung ist nicht „Spannungslosigkeit" sondern der Abbau von beeinträchtigenden „Verspannungen". Es geht um eine „*harmonische Spannung*", in der wir unsere Energien sinnvoll einsetzen. Man nennt diesen Zustand auch „euton", was soviel wie „wohlgespannt" bedeutet: Nicht verspannt, aber auch nicht aufgelöst. Die „Eutonie" von *Gerda Alexander* lehrt durch bewußtes Hineinspüren den sensiblen Umgang mit dem eigenen Körper und schult damit die Fähigkeit, einen harmonischen Spannungszustand aufrecht zu halten.[1]

Sie können diese bewußte Körperwahrnehmung üben, indem Sie sich Ihre laufenden Empfindungen bewußt machen und diese auch aussprechen, z. B.: „Ich fühle jetzt die Berührung zwischen dem Boden und dem Gesäß … Jetzt spüre ich ein Kribbeln an der Nase …, und jetzt meinen Atem … Jetzt fühle ich das Buch in meinen Händen … Jetzt fühlt sich mein Arm etwas leichter an … Jetzt spüre ich …

„Entspannung" dürfte heute deshalb so gefragt sein, weil sich die meisten Menschen in unserer Kultur eher angespannt fühlen und oft schon chronisch „*ver-spannt*" sind. Sie sind mit ihrem Körper nicht mehr in Kontakt und werden sich kaum bewußt, daß sie im Alltag ihre Energien blockieren.

Wenn etwa die Bauchmuskeln ständig angespannt und die Schultern hochgezogen werden, gerät man leicht „außer Atem" und fühlt sich rasch ausgelaugt und erschöpft.

Gönnen Sie sich als Ausgleich und zu Ihrer Entlastung einige Atemzüge lang wieder eine Entspannungsphantasie:
Stellen Sie sich vor, wie sie aussehen, wenn sie in Harmonie mit sich selbst leben … Stellen Sie dieses Idealbild vor sich hin …, in harmonischer Spannung …, gesund …, in einem Idealzustand …
Sehen Sie sich selbst so vor sich stehen …, betrachten Sie sich in diesem Zustand harmonischer Spannung …, wie sie schauen …, hören …, atmen …, sich bewegen …
Treten Sie nun in Ihr eigenes, harmonisches Selbstbild ein …, fühlen Sie sich wohl in dieser Haut …, genießen Sie sich selbst einige Zeit in diesem entspannten, harmonischen Zustand …

Streßreaktionen

Die wesentlichsten Ursachen für Verspannungen sind in den Belastungen zu suchen, denen wir täglich ausgesetzt sind. Sie führen zu „Streß", der zu einem Problem für die meisten Menschen in unserer Gesellschaft geworden ist. Eltern klagen ebenso über Streß wie Lehrer, Manager ebenso wie Pensionisten. Bei Schülern sprechen wir vom „Schulstreß", der für manche bereits in der ersten Klasse beginnt. Zeitdruck, Hektik und pausenlose Aktivitäten prägen unseren Alltag - nicht zuletzt sprechen wir sogar vom „Freizeitstreß".
Als (negativer) *Streß* werden in der Regel alle Belastungen bezeichnet, die auf unseren Organismus einwirken. Dies sind zunächst *äußere Belastungen*, die etwa durch Gefahrensituationen beim Autoverkehr entstehen oder durch Lärm, Abgase, ungewohnte Hitze, grelles Licht usw. verursacht sind.
Jede Streßsituation führt zu einem *Alarmzustand*, der die Energien in unserem Körper mobilisiert, um ihn auf *Angriff oder Flucht* vorzubereiten. Diese angeborene und ursprünglich lebensrettende Streßreaktion wird nun durch zahlreiche Reize

unserer zivilisierten Umwelt laufend ausgelöst, kann aber nicht abreagiert werden. Wir dürfen uns nicht erlauben, aus Angst davonzulaufen oder aus Wut anzugreifen. Wenn die mobilisierten Energien blockiert werden, führt dies zu *Verspannungen*. Der Bewegungsimpuls, der ursprünglich nach außen gerichtet ist, wird unterdrückt und nach innen gelenkt. Der fehlgeleitete Impuls bewirkt im Organismus Veränderungen verschiedenster vegetativer Funktionen, vor allem des *Spannungszustandes in den Muskeln*. Die ständige innere *Erregung und Fehlspannung* führt sogar zur Schädigung einzelner Organe oder sucht sich Durchbruch in (scheinbar) sinnloser Aggression.
Aber nicht nur Belastungen durch äußere Reize, sondern auch *innere Faktoren* wirken stressend. So kann beispielsweise in der Schule das Eintreten des Lehrers mit Diktatheften in der Hand bereits Angst und Streß auslösen. Sogar die *Vorstellung* dieser Situation bewirkt bei manchen Kindern schon einen Alarmzustand, als ob eine reale Gefahr bestünde. Ursache dafür sind vor allem prägende Erlebnisse, die als beängstigend und stressend erlebt wurden und später unbewußt (meist als negative Vorstellungsbilder) nachwirken.[2]

Nehmen Sie sich ein wenig Zeit für eine kleine Phantasiereise, um Ihre Streßmuster besser kennenzulernen. Lassen Sie ein Bild auftauchen, das Sie als stressend erleben, sie belastet oder ängstigt (und sei es nur der Besuch beim Zahnarzt) …
Betrachten Sie dieses Bild genau …, hören Sie hin …, und spüren Sie das Gefühl …, vielleicht auch die Anspannung …
Atmen Sie nun einige Male gut durch …, entspannen Sie sich …, und rücken Sie das belastende Bild weiter von sich weg …
Können Sie spüren, wie Phantasie auch entlasten kann?

„Gespannte Atmosphäre"

Erwachsene sind sich oft nicht bewußt, wieviele Situationen bei Kindern und Jugendlichen Streßreaktionen auslösen und in der Folge zu Spannungen führen können. In vielen Familien herrscht ständig eine „gespannte Atmosphäre", die sich in vielfältiger, oft subtiler Weise zeigt. Augenscheinlich mag dies bei *Konflikten* sein, etwa wenn es Streit um das Fernsehen oder um das Essen gibt. Aber alle Situationen, in denen Kinder in ihren ursprünglichen Impulsen unnötig eingeengt werden, sind potentiell spannungserzeugend. Dies gilt besonders für die - häufig nicht notwendigen - *Befehle, Verbote und gängelnden Maßnahmen* der Erwachsenen: „Geh nicht dorthin!" „Komm sofort hierher!" „Nein, das ist nichts für dich!" „Iß das jetzt, es ist gesund." „Schau, das macht man so." Kindern werden auch häufig ihre Gefühle „ausgeredet", z. B. beim Herumhüpfen im Schmutz: „Pfui, das macht man nicht, das ist garstig …!" oder beim Weinen: „Geh, das tut doch nicht weh. Sei nicht so zimperlich!." Dadurch entfernen sie sich aber von der Wahrnehmung ihrer eigenen Erfahrung. Sie beginnen, die „unerwünschten" Gefühle abzuwehren und zu verdrängen, weil sie die Liebe und die Zuwendung der Eltern nicht verlieren möchten. Jeder verdrängte innere Impuls führt aber zu körperlichen Verspannungen. Jede Träne, die sich Kinder „verbeißen" müssen, macht sie auch ein wenig mehr „verbissen".

Versuchen Sie sich in ein Kind hineinzudenken, das ausgerutscht ist, an der Hand blutet und weint …
„Paß besser auf! Und hör mit dem Weinen auf, das hilft nicht!" Was würden Sie als Kind dabei empfinden?
Wie würden sie die folgenden Sätze als Kind erleben: „Das tut dir jetzt weh. Soll ich dir ein Pflaster bringen?"

Viele Erzieher nehmen auch nicht mehr wahr, wie sehr sie ihre eigene Lebens- und Denkweise auf ihre Kinder übertragen und wie sie dadurch das organische Wachstum der Kinder mißachten. So wird etwa das total andere *Zeitgefühl* der Kinder in unserer durchorganisierten Welt völlig ignoriert. Wenn wir sie häufig drängen und ihnen unseren eigenen Rhythmus aufzwingen, erzeugen wir Streß,

der sie in ihrer gesamten geistigen und seelischen Entwicklung behindert.

Schulstreß

Das *Zeitproblem* ist besonders in der Schule spürbar. Die 50-Minuten-Einheit wird zum alles bestimmenden Maß, dem sich Lehrer bereits in ihrer Ausbildung unterzuordnen lernen. Die kindlichen Rhythmen werden nicht mehr respektiert, sondern zugunsten des Stofflernens ignoriert. Neben dem bekannten *Prüfungsstreß* gibt es in der Schule auch so etwas wie *Dichtestreß*, wenn man z. B. einen ganzen Tag lang mit einer relativ großen Zahl von Personen ohne entwicklungsgemäße Bewegungsmöglichkeit in einer unbequemen Schulbank verbringen muß. *Katharina Springer* merkt dazu besonders im Hinblick auf „schwierige" Kinder an: „Sie fühlen sich eingeengt, eingesperrt, manche sogar bedroht. Ein Kind, das mit inneren Spannungen zu kämpfen hat, kann unmöglich längere Zeit aufgereiht unter vielen anderen Kindern still sitzen … Viele ‚schwierige' Kinder kommen durch das ruhige Sitzen auf diesen Möbeln in einen inneren Stau. Sie müssen sich auf irgendeine Weise Erleichterung verschaffen. Sie provozieren Situationen, die eine Veränderung der Lage zur Folge haben."[3]
Dazu kommt bei vielen Schülern auch die *Erwartungsangst*, dranzukommen und möglicherweise für Fehler beschimpft oder ausgelacht zu werden. Auch Gedanken an belastende Situationen (z. B. an die Bestrafung wegen einer schlechten Note) oder das Gefühl der Überforderung, können ebenfalls Streß auslösen. In der Folge entsteht häufig ein Teufelskreis: Streß verursacht Konzentrations-, Leistungs-, oder auch Verhaltensstörungen, was weitere negative Reaktionen der Umwelt und damit neuen Streß nach sich zieht.

Lassen Sie zum Gelesenen ein Bild aus Ihrer Schulzeit auftauchen …, sehen Sie genau hin …, hören Sie hin …, und spüren Sie nach, ob Sie sich dabei angespannt fühlen … Lassen Sie alle Spannungen los …, atmen Sie etwas tiefer ein … und aus … Wie erleben Sie Gedanken an der Schule?

Streß kann im übrigen auch durch den *Lernstoff* selbst ausgelöst werden, und zwar dann, wenn die Informationen völlig neu sind und nicht in einen vertrauten Zusammenhang eingebettet werden. Vor allem der zu rasche Übergang vom konkreten, handelnden und sinnlichen Lernen zur abstrakten Darstellung ist dem kindlichen Organismus nicht angepaßt.[4] Sehr nachdrücklich geht *Rebeca Wild* in der sensiblen Beschreibung ihrer Erziehungserfahrungen darauf ein: „Ein schlecht erfüllter Entwicklungsplan verursacht Spannungen und Leiden, die sich schon bei Kindern in verkrampften Muskeln, in kränkelnden Organen und schlaffen Lebensfunktionen kund tun. Diese Verkrampfungen verderben uns die Freude am Leben und engen uns immer mehr ein …"[5]

„Entspannungsklima"

Eine der wichtigsten Aufgaben von Erziehern besteht demnach darin, das natürliche Wachstum von Kindern zu respektieren und sie nicht ständig zu drängen. Wir haben dies schon früher mit der Haltung eines Gärtners verglichen, der sich um günstige Wachstumsbedingungen kümmert, nicht aber ständig an den jungen Pflanzen manipuliert, um ihr Wachsen zu beeinflussen. Damit ist allerdings keine „laissez-faire-Haltung" gemeint, in der die Kinder sich selbst überlassen bleiben. Vielmehr geht es darum, mit ihnen klare und begründete Grenzen zu vereinbaren, innerhalb derer sie viele anregende (Lern-)Angebote erhalten und in ihrer Autonomie des Handelns und Fühlens respektiert werden.

Wenn wir merken, daß Kinder und Jugendliche angespannt sind, so gilt es zunächst, für ein *entspanntes Klima* zu sorgen. Das kann etwa bedeuten, ein weinendes Kind in Ruhe zu lassen, bis es von selbst mit uns Kontakt aufnimmt oder es ein andermal zu umarmen und es seinen Schmerz ausweinen zu lassen (und ihn nicht durch Beschwichtigungen „auszureden"). Im Umgang mit Jugendlichen ist es vor allem bei Provokationen wichtig,

selbst entspannt zu bleiben und ihnen als Person zu begegnen, die aus ihrer Mitte lebt. Wenn wir sie als „Er-Zieher" behandeln, die ihnen sagen, wie „man" zu sein hat, wird sich die Atmosphäre nicht entspannen. Die Fähigkeit, gelassen und entspannt zu bleiben und sich als Person zu zeigen, erfordert jedoch unsere *persönliche Entwicklung als Erwachsene*.

Erinnern Sie sich noch an die Übung „heitere Gelassenheit"? Hier eine kurze Wiederholung.
Nehmen Sie körperliche Haltung von Gelassenheit an … Entspannen Sie alle Muskeln, atmen Sie langsam und rhythmisch …. Bringen Sie mit einem Lächeln heitere Gelassenheit auf Ihr Gesicht … Genießen Sie den Zustand heiterer Gelassenheit …

Bewegung zur Entspannung

Es geht also um eine „entspannte Atmosphäre" in der Erziehung und nicht darum, Streß nur als Symptom zu „bekämpfen". Unnötige Streßsituationen sollen vermieden werden, etwa durch sinnvolle familiäre Lebensgestaltung, durch entwicklungsgerechte Bewegungsmöglichkeit und kindgerechte Lernprozesse.

Dennoch scheint es günstig, daß Kinder und Jugendliche für bestimmte Situationen auch entsprechende Techniken der Streßverringerung erlernen. Als grundlegende Möglichkeiten der „Entstressung" empfehlen Psychologen vor allem *Bewegung und Entspannung*.[6]

Wenn wir Kindern und Jugendlichen genügend Gelegenheit zu *Bewegung* geben - etwa durch die Möglichkeit zum Herumtollen in der Freizeit oder andere körperliche Aktivitäten, können die durch die Streßreaktion aufgestauten Energiereserven abgebaut werden. Die angespannten Muskeln und Bänder werden gedehnt, Atmung und Kreislauf normalisieren sich. Im Zusammenhang mit unserem Thema sind hier auch *„Bewegungsphantasien"* eine sinnvolle Möglichkeit, immer wieder zwischendurch dem Körper Entlastung anzubieten. Hier gleich ein Beispiel:

Stellen Sie sich vor, sie wären ein kleines Kätzchen, das gerade vom Schlafen aufsteht. Dehnen und räkeln Sie sich, wohlig wie ein Kätzchen …, wenn Sie Lust haben, dann gähnen Sie auch ein wenig …, genießen Sie die Vorstellung dieses Kätzchens und seiner unbekümmerten Art, sich zu räkeln und zu strecken …

Besonders in der Schule ist jeder unnötige *Sitzzwang* abzubauen, wie dies etwa der österreichische Grundschullehrplan fordert: „Bei der Unterrichtsgestaltung ist darauf zu achten, daß dem besonderen Bewegungsbedürfnis des Kindes Rechnung getragen wird. Es gibt zahlreiche Lernsituationen, die keinerlei Sitzzwang erfordern. Schulkurzturnen wie gymnastische Übungen, Bewegungsspiele und andere motorische Aktivitäten sind in den Unterricht einzubauen."[7]

Im Bereich der *familiären Erziehung* geht es ebenfalls darum, den Kindern genügend Bewegungsfreiräume zu ermöglichen. Dies beginnt etwa schon bei der Art der Einrichtung von Wohnungen, die sich mehr am Bewegungsbedürfnis von Kindern als an den Ansprüchen der Einrichtungsindustrie orientieren sollte. Freizeitgestaltung in freier Natur mit Möglichkeiten zum Herumtollen, Wandern, Forschen oder partnerschaftlichem Kräftemessen baut Spannungen ab und fördert natürliches Wachstum. Häufiges Stillsitzen vor dem Fernseher führt hingegen zu Spannungen und macht Kinder unausgeglichen.

Entspannungstechniken

Auch spezielle *Entspannungsmethoden* wie Autogenes Training oder Meditation tragen dazu bei, streßbedingte Reaktionen zu reduzieren. *Entspannung und Streß können nicht gleichzeitig auftreten.* Spezielle Entspannungsübungen für Kinder oder Jugendliche wurden in den letzten Jahren entwickelt,[8] sind allerdings noch wenig verbreitet. Dabei dürfte es immer wichtiger werden, eine „Entspannungskultur" aufzubauen. Dies spricht etwa der bekannte Gestaltpädagoge *Hilarion G. Petzold*

an: „Entspannungsübungen … sollten wie Lesen, Schreiben oder Rechnen ein Grundelement des Lehrplans bilden."[9] Im Bereich der Schule sollte es eine Selbstverständlichkeit werden, „Entspannungspausen" einzuschieben und so einen natürlichen Wechsel zwischen „Aktion und Kontemplation" zu ermöglichen. Der *Lehrplan* der österreichischen Volksschule unterstützt dies in den didaktischen Grundsätzen: „Jeder Unterrichtstag soll inhaltlich und zeitlich so ausgewogen gestaltet sein, daß Arbeit und Spiel, Anstrengung und Entspannung einander ergänzen und durchdringen."[10]

Klaus W. Vopel fordert in diesem Zusammenhang in seiner überaus ansprechenden Buchserie „Kinder ohne Streß" eine wirksame *pädagogische Prävention*: „Wir wenden uns lieber an den Intellekt der Kinder und übersehen leicht ihren Körper und ihre Seele. Wir können uns nur schwer auf den langsa-

men Reifungsprozeß der Kinder einstellen und verlangen zum falschen Zeitpunkt unangebrachte Leistungen. Pädagogische Prävention heißt …, die
Kinder so früh wie möglich lernen zu lassen, das
gesamte Spektrum ihres Organismus möglichst harmonisch zu benutzen und ihren eigenen Rhythmus
von Spiel und Arbeit, Lachen und Ernst, Konzentration und Tatendrang immer wieder neu zu
finden. Denn nur die Kinder, die ihrer inneren
Stimme folgen und aus dem eigenen Zentrum
leben, bleiben ein Leben lang lernbereit,
schöpferisch und freundlich."[11]

Entspannungsgeschichten

Bei den angesprochenen Techniken und Methoden
zu Streßabbau und Entspannung brauchen wir
nicht sofort an formalisierte „Entspannungsübungen" denken, wie sie für Erwachsene angeboten
werden. Es geht zunächst um die Pflege so einfacher Traditionen wie der „Einschlafgeschichten",
die Eltern ihren Kindern erzählen. In diesen
Geschichten wirkt nicht nur der Inhalt beruhigend
und entspannend, sondern auch die gesamte Situation der liebevollen Zuwendung, die Stimme und
die dazugehörige Stimmung, das Ritual des Zubett-
gehens insgesamt.
Von *Else Müller* stammen etwa ganz einfache Entspannungsübungen in Form von „Vorlesegeschichten", die Kinder besonders ansprechen und sie
gleichsam auf natürliche Weise in einen entspannten Zustand bringen:
„… Jeden Tag macht der Bär seine Wanderungen
durch den Wald. Er besucht jeden Tag einen Fluß
oder einen See … Nach seinen Wanderungen geht
er zufrieden in seine Höhle zurück. *Er ist dann
rechtschaffen müde und will nur noch ruhen. Er
liebt seine Schläfchen sehr.* Seine Höhle ist mit
Moos ausgepolstert, das ist nicht nur schön weich,
sondern es duftet auch angenehm und erinnert ihn
an seinen Wald, den er sehr liebt. *So legt er sich
eines Tages wieder zur Ruhe und schläft friedlich
ein.*

*Er schläft lange. Sein Atem geht ganz ruhig, er
atmet ruhig ein und aus. Spürst du, wie dein Atem
auch so ruhig ein- und ausgeht?*
*Er liegt ganz schwer in seinem Moosbett, er sinkt
immer tiefer hinein.*
*Auch du fühlst dich angenehm schwer und ganz
entspannt …"*[12]

„Entspannungsworte"

Eltern, Lehrer oder Erzieher können derartige
Geschichten natürlich auch während des Tages
vorlesen und den Kindern dadurch *Entspannung*
und gleichzeitig *Zuwendung* schenken (allerdings
dann am Ende mit einer Rückführung: Arme beugen und strecken, tief einatmen, Augen öffnen …)
Zur Vertiefung des Entspannungszustandes werden
in diesen Geschichten ganz bestimmte „Entspannungsworte" gebraucht. Sie stammen meist
aus dem Bereich des Autogenen Trainings, wo
Schwere-, Wärme-, Atem- und Ruheübungen verwendet werden.[13] Solche entspannenden und beruhigenden Formeln bewirken nach einiger Übung
ganz automatisch eine physiologische Reaktion, die
sich günstig in Richtung auf Entspannung auswirkt:
– *du bist etwas müde, deine Glieder sind
    schwer …*
– *du spürst Wärme auf deiner Haut …*
– *du spürst deinen Atem, ruhig und gleich-
    mäßig …*
– *Ruhe durchströmt dich …*

Es ist auch möglich, bestimmte „Entspannungsworte" gleichsam als „Signale" einzutrainieren, um Entspannung automatisch abzurufen. Wenn etwa das Wort *„loslassen"* mehrfach in entspanntem Zustand innerlich vorgesagt wird, verstärkt sich seine Wirkung, sodaß nach einiger Zeit das Wort allein eine Entspannungsreaktion bewirkt.

Sie können dies auch für sich selbst erproben. Versuchen Sie herauszufinden, welches der folgenden Wörter Sie besonders „anspricht":
– *loslassen ...*   – *Ruhe ...*
– *entspannen ...*   – *Gelassenheit ...*
– *ausruhen ...*   – *Harmonie ...*

Wählen Sie nun eines dieser Entspannungsworte (oder ein eigenes) und sagen Sie es bei jedem Ausatmen innerlich vor ...
Schließen Sie dann die Augen und genießen Sie die wohltuende Wirkung Ihres Entspannungswortes einige Atemzüge lang ...

Entspannungsbilder

In ganz besonderer Weise wirken auch *Vorstellungsbilder* von entspannten Situationen auf unseren Spannungszustand. Wenn wir uns intensive Bilder von *entspannten Situationen* vorstellen, kann dies tatsächlich physiologisch meßbare Entspannung bewirken. In diesem Kapitel geht es in erster Linie um *Phantasiebilder*, die Kinder und Jugendliche körperlich und auch geistig entspannen. Neben dem Nachlassen der Muskelspannung tritt dabei auch eine *geistige Beruhigung* ein, in der beunruhigende Gedanken, Ängste und Sorgen losgelassen werden. Es sind vor allem Bilder mit Szenen aus der Natur, die Ruhe und Stille vermitteln. In „Entspannungsgeschichten" oder Phantasiereisen zur Entspannung ist es daher günstig, solche Vorstellungen einzubauen, mit denen die meisten Menschen auch Entspannung verbinden, etwa:
– *am Strand liegen;*
– *sich nach einer Wanderung ausruhen;*
– *sich an einen Lieblingsplatz erinnern;*
– *sich wie ein Kätzchen ausruhen ...*

Sehr oft werden in diesen Entspannungsphantasien auch Metaphern verwendet, die ein *Gefühl von Leichtigkeit* vermitteln, etwa das *Schweben* auf einer Wolke oder mit einem Ballon. In der Einleitung haben wir in einer „Regenbogen-Reise" auch die *Spektralfarben* als Mittel zur Entspannung benutzt. Bei diesen „Farbmeditationen" führt die Vorstellung vom anregenden Rot die Farbskala hinunter über Orange, Gelb, Grün, Blau zum beruhigenden Violett. Manchmal wird in diesen Entspannungsbildern auch die *Zentrierung nach innen* sowie das Gefühl von *Freude, Glück oder Geborgenheit* angesprochen. Die Verbindung zu den Phantasiereisen aus dem Bereich der Persönlichkeitsentwicklung wird dabei deutlich.

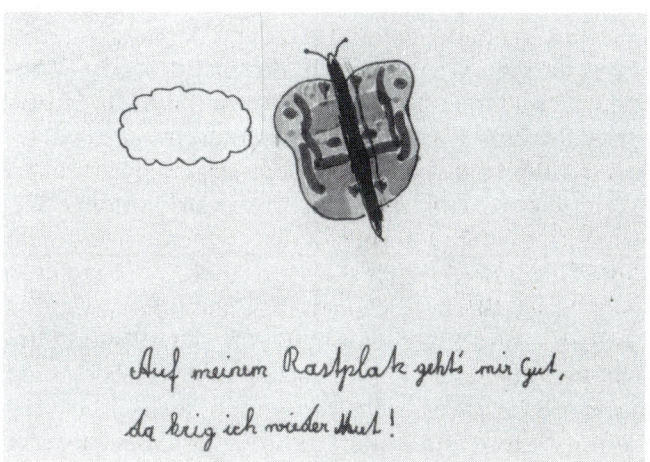

Auf meinem Rastplatz geht's mir gut, da krieg ich wieder Mut!

Auch hier wird wieder durch häufigeres Einüben eines Entspannungsbildes gleichsam ein „Anker" eingebaut, der uns wie von selbst an einen entspannten Zustand bindet (z. B. das Bild vom persönlich bedeutsamen „Ruheplatz"). Das Bild kann dann bei Bedarf - etwa vor einer stressenden Leistungssituation - als Entspannungshilfe abgerufen werden. Wenn dies in ein „magisches Ritual" eingebunden wird, vertieft sich auch hier die suggestive Wirkung dieses Bildes (z. B. daß man diesen Ort geheimhalten soll).

Schenken Sie sich auch selbst ein solches Ruhebild, das Sie immer wieder als „Anker" für Entspannung benützen können ...

Machen Sie es sich dazu bequem …, lassen Sie das Bild eines „Ruheplatzes" auftauchen, das Sie spürbar entspannt …, z. B. eine Urlaubssituation … Betrachten Sie Einzelheiten des Bildes, achten Sie auf mögliche Geräusche oder Gerüche … Spüren Sie auch, wie Sie bei dieser Vorstellung freier atmen …, ruhiger werden …
Verbinden Sie ein positives Gefühl mit diesem Ort, etwa Freude …, Geborgenheit …, Gelassenheit … Lassen Sie dieses Gefühl in sich ausbreiten …

Atemphantasien

Kaum eine andere Körperfunktion steht in so engem Zusammenhang mit unserer physischen und psychischen Gesundheit wie das Atmen. Atem bedeutet Leben, wenn uns der „Atem ausgeht", dann müssen wir aufgeben. Streßsituationen „nehmen uns die Luft weg", und wir werden „kurzatmig", wenn wir uns zu viel zumuten.

Die häufigste Fehlhaltung liegt darin, daß wir zu flach atmen, nur in den Brustraum hinein. Wir schneiden uns dabei von unseren eigenen Gefühlen - z. B. Ärger - ab (oft auch, weil wir ihm „nicht Luft machen können"). Wer hingegen einen „langen Atem hat", das heißt, in den Bauchraum hineinatmet, der kann auch entsprechend lang durchhalten. Wer sich von einer seelischen Last befreit, kann „aufatmen" oder „einen Seufzer der Erleichterung" tun.

Im Zusammenhang mit unserem Thema sind „Atemphantasien" eine wirksame Hilfe zum Streßabbau und zur körperlichen wie seelischen Regenerierung. Man stellt sich dabei in der Phantasie eine Situation vor, die unsere natürliche Atemfunktion anregt, eine vertiefte Bauchatmung bewirkt und besonders das Ausatmen betont.

Schließen Sie die Augen und stellen Sie sich vor, Sie müßten die Glut eines Kaminfeuers mit Ihrem Atem anfachen. Zunächst sind Sie dabei sehr vorsichtig …, die Glut soll auch nicht ausgehen … Sie spitzen ihre Lippen … blasen hinein …, lassen dann den Atem von selbst kommen und blasen nochmals in die Glut …

Wichtig ist bei diesen Atemphantasien, daß die natürliche Tendenz des Organismus zum Atemholen angeregt und das Ausatmen betont wird. Spezielle Atemtechniken zu vermitteln würde entsprechende Schulung voraussetzen.[15] Für Kinder und Jugendliche sind besonders die Atemphantasien geeignet, die *Klaus Vopel* in seiner Sammlung „Reise mit dem Atem" beschreibt.[16]

Gönnen Sie sich selbst eine „Verschnaufpause": Lehnen Sie sich entspannt zurück …, lassen Sie das Buch sinken …, zufrieden darüber, daß Sie so intensiv gelesen haben … Lassen Sie einen „Seufzer der Erleichterung" los …, dehnen und räkeln Sie sich wie ein Kätzchen … Genießen Sie das spontane Luftholen und das intensive Ausatmen …

Zentrierung nach innen

Wenn Erzieher lernen, auf ihren eigenen Spannungszustand zu achten, werden sie wahrscheinlich auch sensibler dafür werden, wann die ihnen anvertrauten Kinder eine Entspannung brauchen. Wer den Wert von Entspannungsübungen für sich erkannt hat, wird öfter nach Möglichkeiten suchen, anderen auch Entspannung zu gönnen.

Äußere und innere Beruhigung durch Phantasiereisen sollte ja nicht nur deswegen eingesetzt werden, um mehr *Ruhe* erzeugen (etwa wenn Kinder in der Schule „aufgekratzt" sind) oder um ihre *Leistungsfähigkeit* zu steigern (worüber im nächsten Kapitel noch mehr zu sagen ist). Dies sind recht vordergründige Ziele. Phantasiereisen werden dann *funktionalisiert*, dienen dem besseren „Funktionieren" von Kindern und Jugendlichen.

Uns geht es aber in erster Linie darum, daß den Entspannungsübungen auch ein *Eigenwert* zugestanden wird. *Entspannung, Ruhe, Muße und Zentrierung nach innen* stellen einen wesentlichen Teil im menschlichen Dasein dar, der nicht vernachlässigt werden soll. In diesem Sinne sind Phantasiereisen zur Entspannung ein Beitrag zu einer ganzheitlichen Erziehung, die auch meditative Erfahrungen ermöglichen will.

Anleitungstexte

Du schwebst wie eine Wolke

▱ Diese Anleitung ist auf der Kassette zum Buch enthalten.
Der Inhalt der Übung ist in der Einleitung zu diesem Kapitel angeführt.

Mein Ruheplatz

▱ Diese Anleitung ist auf der Kassette zum Buch enthalten.
Der Inhalt der Übung ist im Textteil dieses Kapitels im Abschnitt „Entspannungsbilder" angeführt.

Zauberwort

Ziele: Durch ein „Entspannungswort" eine Entspannungsreaktion verankern.
Eignung: ab etwa 8 Jahren.
Hinweis: Vorher mehrfach eine Phantasiereise zum persönlichen „Ruheplatz" durchführen, später auch die Übung „Zauberwort" wiederholen.

Anleitung:
Manche Wörter können uns helfen, daß wir uns rasch entspannen und uns wieder besser fühlen. Solche Wörter sind zum Beispiel: „entspannen", „loslassen" oder „ruhen". Manchen Menschen helfen auch die Wörter „Ruhe", „Entspannung" oder „Freiheit". Du kannst heute ein passendes „Entspannungswort" für dich suchen.
Setze oder lege dich dazu hin … Schließe deine Augen … Mache es dir noch ein wenig bequemer …
Geh nun in deiner Phantasie an deinen Ruheplatz. Du kennst diesen Platz bereits gut …, du weißt, was es dort zu sehen und zu hören gibt …, wie du

dich dort entspannt fühlst …, angenehm …, gelöst …, gelassen …, ruhig …, sicher …
Vielleicht kannst du dieses schöne Gefühl in ein einziges Wort zusammenfassen …, ein Wort, das für dieses schöne Gefühl von Entspannung an deinem Ruheplatz paßt … Laß dir Zeit und spüre nach …, welches Wort für dich stimmt …
Wenn du ein Wort gefunden hast.., dann kannst du es zu deinem „Entspannungs-Zauberwort" machen … Immer wenn du dir dieses Wort vorsagst, erinnerst du dich an die Entspannung, Ruhe und Sicherheit an deinem Ruheplatz …
Laß dieses Bild von deinem Ruheplatz auftauchen und sprich bei jedem Ausatmen dein neues „Zauberwort" …
Und nun kommst du langsam …, in deinem Tempo …, wieder hierher zurück … Du bewegst deine Finger …, atmest etwas tiefer ein und aus … Du dehnst und räkelst dich … und öffnest deine Augen …

Rastplatz

Ziele: Bilder von Erholung, Ruhe und Stille auf innere Ruhe übertragen.
Eignung: ab etwa 6 Jahren.

Anleitung:
Wenn wir einige Zeit wandern, freuen wir uns auf eine Rastpause. In dieser Phantasiereise kannst du Erholung, Ruhe und Stille nach einer langen Wanderung genießen …
Setze oder lege dich dazu entspannt hin … Schließe deine Augen … Mache es dir noch ein wenig bequemer …
Stell dir vor, du du bist auf einer langen Wanderung … Eine wunderschöne Gegend …, der Weg führt noch weit hinauf … Du spürst deine Müdigkeit …, deine Glieder sind schwer … Du suchst dir einen schönen Rastplatz … setzt oder legst dich hin …, ruhst dich aus …
Du fühlst den Boden unter dir …, entspannst dich …, läßt alles los … Ruhe und Stille umgibt

dich …, in der Ferne das leise Plätschern eines Baches …

Du blickst in den tiefblauen Himmel …, deine Augen ruhen sich aus … Hoch oben am Himmel ein großer Vogel mit ausgebreiteten Flügeln …, ganz ruhig zieht er seine Kreise …

Eine kleine, weiße Wolke schwebt langsam über den Himmel … Du schaust ihr nach … Rings um dich herum Ruhe und Stille …

Nun kommst du langsam …, in deinem Tempo …, wieder hierher zurück … Du bewegst deine Finger …, atmest etwas tiefer ein und aus … Du dehnst und räkelst dich … und öffnest deine Augen … Du fühlst dich erfrischt und ausgeruht, als wärest du gerade aufgewacht …

Am Strand

Ziele: Durch ein harmonisches Bild innere Ruhe, Entspannung und Zufriedenheit auslösen.
Eignung: ab etwa 6 Jahren.

Anleitung:

Vielleicht bist du schon einmal am Meer gewesen, und du kannst dich erinnern, wie beruhigend es sein kann, am Strand zu liegen und sich zu entspannen. In dieser Phantasiereise möchte ich dich zu einem wunderschönen Meeresstrand begleiten …

Setze oder lege dich dazu entspannt hin … Schließe deine Augen … Mache es dir noch ein wenig bequemer …

Stelle dir vor, du gehst am Meerestrand spazieren … Ein wunderschöner Tag …, blauer Himmel …, glitzerndes Wasser …, die Sonne scheint warm auf deine Haut …

Du suchst dir ein angenehmes Plätzchen …, setzt oder legst dich entspannt hin … Du hörst das Rauschen der Wellen …, riechst das Salz des Wassers … spürst den sanften Wind in deinen Haaren …Die Sonne versinkt langsam am Horizont …, tiefer …, immer tiefer …, ein prächtiges Farbenspiel … Du bist ruhig …, zufrieden …, glücklich …

Nun kommst du langsam …, in deinem Tempo …, wieder hierher zurück … Du bewegst deine Finger …, atmest etwas tiefer ein und aus … Du dehnst und räkelst dich … und öffnest deine Augen … Du fühlst dich erfrischt und ausgeruht, als wärest du gerade aufgewacht …

Im Boot

Ziele: Durch intensive Vorstellungsbilder von Natur und sanft schaukelnder Bewegung sich entspannen und beruhigen.
Eignung: ab etwa 6 Jahren.

Anleitung:

Bist du schon einmal in einem Ruderboot gesessen? Nun, in deiner Phantasie kannst du das heute (wieder) tun.

Setze oder lege dich dazu hin … Schließe deine Augen … Mache es dir noch ein wenig bequemer …

Während du hier so sitzt oder liegst, taucht ein inneres Bild auf … Du bist an einem wunderschönen See … Bäume wiegen sich sanft im Wind … Vor dir das glitzernde Wasser … Ruhe und Frieden geht von diesem Bild aus …

Du siehst ein kleines Ruderboot, angebunden an einem Steg -. Du steigst ein …, machst es dir bequem … Du spürst das sanfte Schaukeln des Bootes …, auf und ab … Dein Atem geht ruhig und gleichmäßig …, ein und aus …, ein und aus …

Die Sonne scheint angenehm warm auf deine Haut … Du hörst die Wellen, wie sie leicht am Ufer anschlagen … riechst die würzige Luft … Du bist ganz entspannt, gelöst, ruhig … Der Wind umspielt sanft deine Haare … Du fühlst dich wohl … Du blickst in den strahlend blauen Himmel … Eine kleine Wolke zieht am Horizont entlang …

Dein Atem geht ruhig und gleichmäßig … … Mit jedem Atemzug strömt Frische und Energie in dich ein … Du spürst deutlich, wie du hier sitzt oder liegst …, und gleichzeitig nimmst du diese Frische und Energie auf …

Nun kommst du langsam …, in deinem Tempo …, wieder zurück … Du bewegst deine Finger …, atmest etwas tiefer ein und aus … Du dehnst und räkelst dich … und öffnest deine Augen … Du fühlst dich erfrischt und ausgeruht, als wärest du gerade aufgewacht …

Ein stiller Teich

Ziele: Ruhe und Stille des Wasser als Metapher für innere Ruhe und Zentrierung genießen.
Eignung: ab etwa 6 Jahren.

Anleitung:
Vielleicht bist du schon einmal an einem kleinen Teich gesessen und hast in das ruhige Wasser geblickt. Diese Phantasiereise kann dir helfen, Ruhe und Stille eines Teiches zu erleben …
Setze oder lege dich dazu entspannt hin … Schließe deine Augen … Mache es dir noch ein wenig bequemer …
Stelle dir vor, du sitzt am Ufer eines kleinen Teiches … Ein schöner Tag …, Sonnenstrahlen spiegeln sich im Wasser …, Bienen summen …, es riecht nach frischem Gras … Du blickst auf das Wasser …, ruhig …, still … liegt es da … Nichts rührt sich mehr … Du nimmst einen kleinen Kieselstein …, wirfst ihn ins Wasser … hörst das Plätschern … Kleine Wellen breiten sich aus …, ziehen Kreise …, immer weiter … und verschwinden …
Der Teich ist wieder ganz ruhig …, glatt …, still … Und vielleicht sind in deinem Kopf noch störende Gedanken … Du kannst sie gehen lassen, so wie die Wellen am Teich … einfach ausklingen lassen …
Vielleicht möchtest du noch weitere Kieselsteine ins Wasser werfen …, die Wellen beobachten … , wie sie Kreise ziehen …, weiter … und weiter …, dann verschwinden …
Nun kommst du langsam …, in deinem Tempo …, wieder hierher zurück … Du bewegst deine Finger …, atmest etwas tiefer ein und aus … Du dehnst und räkelst dich … und öffnest deine

Augen … Du fühlst dich erfrischt und ausgeruht, als wärest du gerade aufgewacht …

Ein schöner Tag

Ziele: Aus der Erinnerung eines schönen Tages das Gefühl von Zufriedenheit und Entspannung gewinnen und mit anderen teilen.
Eignung: ab etwa 6 Jahren.
Hinweis: Raum zum körperlichen Ausdrücken des „Einrollens im Bett" geben.

Anleitung:
Manchmal gibt es Tage, an denen wir ganz glücklich sind. Wir freuen uns und sind rundherum zufrieden. Du kannst dich in dieser Phantasiereise an solche glücklichen Tage erinnern und ein wenig dein Glück mit anderen Menschen teilen …
Lege dich dazu entspannt hin … Schließe deine Augen … Mache es dir noch ein wenig bequemer …
Stell dir vor, du liegst in deinem Bett …, kuschelst dich in das weiche Kissen … Und du machst das auch wirklich … und rollst dich in die weiche Decke … Du atmest ganz tief ein …, vielleicht seufzt du sogar ein paarmal, weil es so schön ist …
Ein wunderschöner Tag ist zu Ende gegangen …, ein Tag, an dem du sehr glücklich warst … Und du denkst zurück …, denkst an all das, was du erlebt hast …, was dich glücklich gemacht hat …, und zufrieden …
Du genießt dieses Gefühl von Glücklichsein …, und denkst an die Menschen in deiner Nähe … Und du schenkst ihnen etwas von deinem Glücklichsein …, du strahlst es aus … und gibst ihnen auch ein wenig von deinem Glücksgefühl … …
Nun kommst du langsam …, in deinem Tempo …, wieder hierher zurück … Du bewegst deine Finger …, atmest etwas tiefer ein und aus … Du dehnst und räkelst dich … und öffnest deine Augen … Du fühlst dich erfrischt und ausgeruht, als wärest du gerade aufgewacht …

Ein Regentag

Ziele: Die heimelige Atmosphäre eines Regentages als Entspannungsbild nützen.
Eignung: ab etwa 6 Jahren.

Anleitung:

Sicher hast du schon einmal einen richtigen Regentag erlebt. Da ist es dann angenehm, zu Hause im warmen Zimmer zu sein.
Setze oder lege dich zu dieser Phantasiereise entspannt hin …, schließe deine Augen und mache es dir noch ein wenig bequemer …
Stell dir vor, draußen ist ein düsterer Regentag …, während du gemütlich in einem Zimmer liegst und vor dich hinträumst … Die Regentropfen klatschen an die Scheiben …, der Wind pfeift … Du liegst ganz entspannt im Zimmer und siehst den Regentropfen zu, wie sie langsam am Fenster herunterrinnen …
Du spürst die Wärme des Zimmers auf deiner Haut und wirst allmählich müde …, vielleicht schläfst du sogar ein …, beginnst zu träumen … Im Traum siehst du deutlich, wie du glücklich bist …, glücklich und zufrieden …
Und nun kommst du langsam …, in deinem Tempo …, wieder hierher zurück … Du bewegst deine Finger …, atmest etwas tiefer ein und aus … Du dehnst und räkelst dich … und öffnest deine Augen … Du fühlst dich erfrischt und ausgeruht, als wärest du gerade aufgewacht …

In der Hängematte

Ziele: Durch ein Ruhebild das Gefühl des „Getragenseins" und des wiegenden Schaukelns vertiefen.
Eignung: ab etwa 6 Jahren.

Anleitung:

Vielleicht bist du schon einmal in einer Hängematte gelegen und hast dich dort entspannt. In der folgenden Phantasiereise kanst du das nochmals erleben.

Setze oder lege dich bequem hin …, schließe dann deine Augen … Stell dir nun vor, du liegst an einem sonnigen, warmen Tag in einer Hängematte … Sie ist fest an zwei Bäumen angebunden … Du machst es dir richtig bequem … Du dehnst und räkelst dich …, und du kannst das jetzt tatsächlich tun …
Spüre nun, wie du dich ganz entspannt in die Hängematte einsinken läßt …, den leichten Druck am Rücken … Die Hängematte trägt dich …, sanft schaukelt sie hin und her …, hin und her … Ein sanfter Luftzug entsteht …
Du genießt dieses angenehme Gefühl der Entspannung … blickst hinauf in den blauen Himmel … Vögel zwitschern …, es riecht nach frischem Gras …, die Sonne scheint warm auf dich … Du beginnst zu träumen …, träumst, wie du glücklich bist …, glücklich und zufrieden …
Nun kommst du langsam …, in deinem Tempo …, wieder hierher zurück … Du bewegst deine Finger …, atmest etwas tiefer ein und aus … Du dehnst und räkelst dich … und öffnest deine Augen … Du fühlst dich erfrischt und ausgeruht, als wärest du gerade aufgewacht …

Licht

Ziele: Durch das Vorstellungsbild von Licht sich entspannen und neue Kraft und Energie bekommen.
Eignung: ab etwa 6 Jahren.

Anleitung:

Licht brauchen wir zum Leben, es gibt uns Kraft und macht uns gesund. Du kannst das in dieser Phantasiereise spüren.
Setze dich gerade hin, beide Beine auf den Boden … Schließe deine Augen … Fühle deine Zehen …, und stell dir nun vor, ein geheimnisvolles, sanftes Licht umhüllt deine Zehen …, sie gehen ganz in diesem Licht auf …
Und fühle jetzt deine beiden Füße …, wie sie in diesem Licht aufgehen …, nur mehr dieses sanfte, angenehme Licht …

Fühle deine Beine in diesem Licht aufgehen …, laß es heraufwandern bis in deinen Bauchraum …, alles voll Licht …, angenehm …, entspannend …
Fühle nun, wie dein Oberkörper im Licht aufgeht …, die Brust …, die Schultern …, das Licht macht dich ganz frei … Fühle nun, wie deine Arme im Licht aufgehen …, und auch deine Hände …
Und nun fühle, wie das Licht den Hals und dann den Kopf hinaufwandert …, wie alles in Licht aufgeht …, Mund …, Wangen …, Augen …, Stirn …
Du bist ganz Licht …, strahlst das Licht aus und du genießt diesen Zustand … ganz entspannt …, ganz ruhig …
Und nun kommst du langsam …, in deinem Tempo …, wieder hierher zurück … Das Licht zieht sich zurück … Du bewegst deine Finger …, atmest etwas tiefer ein und aus … Du dehnst und räkelst dich … und öffnest deine Augen … Du fühlst dich erfrischt und ausgeruht, als wärest du gerade aufgewacht …

Das Licht ging durch meinen Körper.
Ich bin strahlend geworden.
Ich schenke ein bißchen liebe,
und bin glücklich.

Im Wasser

Ziele: Das Gefühl von Leichtigkeit und Beweglichkeit vermitteln; sich in der „eigenen Haut wohlfühlen".
Eignung: ab etwa 8 Jahren.

Anleitung:
Manchmal fühlen wir uns so wohl wie ein Fisch im Wasser. Du kannst diesem Gefühl in der folgenden Phantasiereise ein wenig nachspüren …

Setze oder lege dich dazu entspannt hin … Schließe deine Augen … Mache es dir noch ein wenig bequemer …
Stelle dir vor, du lebst im Meer …, im warmen, hellen Wasser … Du kannst auch hinuntertauchen, dort atmen und dich so wohl fühlen wie ein Fisch im Wasser … Hier gibt es viel zu sehen … bunte Farben …, Wasserpflanzen …, Fische in allen Formen …, alles ist schön und friedlich … Du bewegst dich ganz frei im Wasser …, frei und schwerelos … Du spürst dieses angenehme Gefühl von Schweben … Ruhe und Stille ringsherum … Du genießt deine Bewegungen … und diese Ruhe … und diese Farbenpracht …
Nun kommst du langsam …, in deinem Tempo …, wieder hierher zurück … Du bewegst deine Finger …, atmest etwas tiefer ein und aus … Du dehnst und räkelst dich … und öffnest deine Augen … Du fühlst dich erfrischt und ausgeruht, als wärest du gerade aufgewacht …

Weltraumfahrt

Ziele: Die Vorstellung von Schwerelosigkeit im Weltraum als Entspannungsgefühl nützen.
Eignung: ab etwa 8 Jahren.

Anleitung:
Hast du schon einmal im Fernsehen Astronauten in ihrer Raumkapsel gesehen? Sie schweben völlig schwerelos, alles geht ganz leicht. Du kannst heute eine Phantasiereise in das Weltall unternehmen.
Setze oder lege dich dazu entspannt hin … Schließe deine Augen … Mache es dir noch ein wenig bequemer …
Stell dir vor, du sitzt in einer Raumkapsel, gut angeschnallt in deinem Sitz …, viele Schalter und Knöpfe … Du merkst jetzt deutlich, daß du im Weltraum bist …, Ruhe und Stille rund um dich …
Du öffnest deinen Sicherheitsgurt …, und beginnst zu schweben … Ganz von selbst …, du brauchst nichts tun … Schwerelos schwebst du in deiner Raumkapsel herum …, wie von selbst …

Du spürst dieses Gefühl …, ganz leicht …, ganz schwerelos … und du genießt dieses Gefühl … Du probierst aus, was du in diesem Zustand alles tun kannst …

Und nun kommst du langsam …, in deinem Tempo vom Ausflug im Weltall wieder hierher zurück auf die Erde … Du bewegst deine Finger …, atmest etwas tiefer ein und aus … Du dehnst und räkelst dich … und öffnest deine Augen … Du fühlst dich erfrischt und ausgeruht, als wärest du gerade aufgewacht …

Schneeflocken

Ziele: Das Schweben einer Schneeflocke (oder auch einer Feder) als Metapher für Leichtigkeit und Entspannung nützen.

Eignung: ab etwa 6 Jahren.

Anleitung:

Hast du auch schon einmal dem Tanz der Schneeflocken zugesehen, wenn sie ganz leicht und sanft zur Erde schweben? In deiner Phantasie kannst du dich in eine Schneeflocke verwandeln.

Setze oder lege dich dazu entspannt hin … Schließe deine Augen … Mache es dir noch ein wenig bequemer … Stell dir vor, du bist eine Schneeflocke …, ganz klein …, und leicht … Und du schwebst sanft in der Luft …, mit vielen anderen Schneeflocken …, ganz leicht und sanft herab vom Himmel …, immer tiefer …

Und dann kommt ein sanfter Windstoß …, hebt dich wieder empor in die Luft …, und trägt dich nach oben …, und du schwebst wieder herab …, ein lustiges Spiel …, schweben …, steigen … und sinken …, wie ein Tanz …

Und nun kommst du langsam …, in deinem Tempo …, wieder hierher zurück … Du bewegst deine Finger …, atmest etwas tiefer ein und aus … Du dehnst und räkelst dich … und öffnest deine Augen … Du fühlst dich erfrischt und ausgeruht, als wärest du gerade aufgewacht …

Ballonfahrt

Ziele: Das Bild des Schwebens als Entspannungsgefühl nützen; Neugier und Mut unterstützen.

Eignung: ab etwa 8 Jahren.

Hinweis: Die Variation am Ende kann auch als Vorbereitung für eine Phantasiegeschichte dienen.

Anleitung:

Sicher kennst du diese großen, bunten Heißluftballons, die manchmal am Himmel schweben. Es muß ein tolles Gefühl sein, mit einem solchen Ballon mitzufahren …

Setze oder lege dich dazu entspannt hin … Schließe deine Augen … Mach es dir noch ein wenig bequemer …

Vor deinen inneren Augen taucht eine Wiese auf …, und mittendrinnen …, ein riesengroßer Heißluftballon …, in bunten Farben … unten mit einem Korb für die Ballonfahrer. Noch ist der Korb am Boden …, mit einem dicken Seil am Boden festgebunden … Du bist neugierig …, gehst näher …

Da ruft dir jemand aus dem Korb zu …, winkt dir freundlich und lädt dich zum Mitfahren ein …

Du zögerst ein wenig …, dann kletterst du in den Korb … siehst dich ein wenig um … Die heiße Luft einer Gasflamme strömt in den Ballon … füllt ihn prall … Die Leinen werden losgelassen …, sanft schwebt der Ballon empor … Du spürst, wie du nach oben getragen wirst …, ganz sanft … höher …, immer höher … Ein angenehmes Gefühl … Unter dir wird alles kleiner …, die Menschen …, die Häuser …, die Autos …

Ruhig und lautlos schwebt der Ballon dahin … immer weiter …, in den blauen Himmel hinauf … Du atmest die frische Luft hier heroben …, atmest ganz frei … und spürst diese Leichtigkeit des Schwebens … Und unter dir tauchen immer neue Landschaften auf …

Variation 1:

Nun ist die Reise bald zu Ende …, ihr kehrt wieder zurück …, der Ballon sinkt hinab …, langsam …, tiefer ..., immer tiefer ... die Erde nähert sich ..., ganz langsam ..., und mit einem kleinen Ruck setzt der Ballon auf der Wiese auf ... Du steigst aus ..., hast wieder festen Boden unter deinen Füßen ...

Variation 2:

Ihr fliegt weit ..., und immer weiter ..., bis in eine ferne Gegend ... Der Ballon sinkt hinunter ..., immer tiefer ... Ihr sucht euch einen geeigneten Landeplatz ... und setzt auf ...
Du bist neugierig, wo du gelandet bist ... du beginnst diese neue Gegend zu erforschen ... Wo bist du.., was siehst du ..., was hörst du ..., was tust du ...?

Du kommst langsam ..., in deinem Tempo ..., wieder hierher zurück ... Du bewegst deine Finger ..., atmest etwas tiefer ein und aus ... Du dehnst und räkelst dich ... und öffnest deine Augen ... Du fühlst dich erfrischt und ausgeruht, als wärest du gerade aufgewacht ...

Elfentanz

Ziele: Die Vorstellung des Schwebens mit einem Gefühl von Entspannung und „Leichtigkeit des Seins" verbinden.
Eignung: ab etwa 6 Jahren.
Hinweis: Die Phantasiereise kann einfach abgeschlossen werden, die angebotenen Variationen sind für Kinder eine reizvolle Gelegenheit, etwas für sich selbst zu tun.

Anleitung:

Du hast sicher schon einmal von den Elfen im Märchen gehört. Hast du ein Bild von ihnen? Du kannst die Elfen heute in der Phantasie besuchen.
Setze oder lege dich dazu hin ... Schließe deine Augen ... Mache es dir noch ein wenig bequemer ..., atme etwas tiefer ein und aus ...
Stell dir vor, du sitzt so ganz entspannt auf einer Bank am Waldesrand ..., spürst die warmen Sonnenstrahlen auf deiner Haut ... Du siehst den Wol-

ken zu ..., und träumst vor dich hin ..., läßt es dir gut gehen ...
Und wie du so dasitzt und vor dich hinträumst ..., bemerkst du weiter drüben am Waldrand eine Bewegung ... Du siehst genauer hin, es sind tanzende Elfen ... Neugierig gehst du näher ..., beobachtest diese zarten ..., duftigen Wesen, wie sie tanzen ..., so als ob sie schweben würden ..., ganz leicht ... und locker ..., wunderschön in ihren Bewegungen ...
Nun kommt eine Elfe freundlich zu dir ..., sie lädt dich zum Tanzen ein ... Du berührst ihre Hand ..., und sogleich spürst du ..., wie du selbst ganz leicht und locker wirst ..., so wie die Elfen ... Du spürst dieses Schweben in deinem ganzen Körper ...
Du beginnst zu schweben ..., bewegst dich ganz gelöst ..., ein angenehmes Gefühl ..., mit den Elfen zu tanzen ..., so leicht ..., so sicher ..., so schön ... Du spürst, wie du schwebst ..., dein ganzer Körper wird leicht ...

Variation 1:

Eine Elfe sagt etwas Freundliches zu dir ..., du freust dich darüber sehr ...

Variation 2:

Eine Elfe schenkt dir etwas ..., etwas, das du dir schon lange wünscht ...

Und nun kommst du langsam ..., in deinem Tempo ..., wieder hierher zurück ... Du bewegst deine Finger ..., atmest etwas tiefer ein und aus ... Du dehnst und räkelst dich ... und öffnest deine Augen ... Du fühlst dich erfrischt und ausgeruht, als wärest du gerade aufgewacht ...

„Pusteblume"

Ziele: Durch die Phantasievorstellung vertieft ein- und ausatmen, dadurch neue Energie gewinnen.
Eignung: ab etwa 6 Jahren.
Hinweis: Die Bewegung des Wegblasens mit gespitzten Lippen deutlich mitvollziehen lassen.

Anleitung:

Kennst du eine „Pusteblume", die Samen des Löwenzahns mit den kleinen „Fallschirmen"? Heute kannst du sie in der Phantasie wegblasen.

Stell dir vor, du pflückst eine „Pusteblume", und du tust das jetzt, nimmst sie in die Hand und versuchst mit aller Vorsicht die Fallschirme wegzublasen ..., mit spitzem Mund, sodaß sie lange in der Luft bleiben ... Magst du es nochmals versuchen ...?

Blumenduft

Ziele: Durch das Riechen den Atem vertiefen und Geruchsvorstellungen intensivieren.

Eignung: ab etwa 6 Jahren.

Hinweis: Die Bewegung des Riechens körperlich ausführen. Durch einen deutlichen Ton das Ausatmen unterstützen.

Anleitung:

Was sind deine Lieblingsblumen? Weißt du auch, wie sie duften? Stell dir vor, du hast einen Strauß mit deinen Lieblingsblumen in der Hand ... du siehst sie genau an ..., die Farben ..., die Formen ... Du bekommst Lust, an ihnen zu riechen ... Du führst den Strauß an deine Nase ..., riechst intensiv ..., nimmst den Duft wahr ..., und sagst dann voll Entzücken: Ohhhhhh ...

Wenn du Lust hast, versuchst du es nochmals ...

Lieblingsfarbe

Ziele: Durch eine Atemphantasie in eine entspannte Stimmung kommen.

Eignung: ab etwa 6 Jahren.

Anleitung:

Was ist deine Lieblingsfarbe? Heute kannst du diese Farbe in der Phantasie einatmen und dich dann locker und entspannt fühlen.

Setze oder lege dich dazu bequem hin ... Schließe deine Augen ... Beobachte deinen Atem, wie er von selbst kommt ... und geht ... Und jedesmal, wenn du nun einatmest, spürst du, wie du deine Lieblingsfarbe in deinen Körper hineinatmest ...

Deine Lieblingsfarbe breitet sich mit jedem Atemzug ein wenig mehr in deinem Körper aus ..., überall hin ..., in die Brust ... und auch in den Kopf ..., die Arme ..., die Hände ... Und allmählich bekommen auch Bauch und Beine diese angenehme Lieblingsfarbe ... Vielleicht kannst du spüren ..., wie sie dir Ruhe gibt ..., Ruhe und Entspannung ...

Du bist jetzt ganz eingehüllt von deiner Lieblingsfarbe ..., und du genießt dieses angenehme Gefühl ..., ganz locker ..., warm ..., weich ..., entspannt ...

Und nun ziehen sich die Farben zurück ..., du kommst langsam ..., in deinem Tempo ..., wieder hierher ... Du bewegst deine Finger ..., atmest etwas tiefer ein und aus ... Du dehnst und räkelst dich ... und öffnest deine Augen ... Du fühlst dich erfrischt und ausgeruht, als wärest du gerade aufgewacht ...

Mit dem ganzen Körper atmen

Ziele: Vertieft einatmen, dabei den ganzen Körper durchspüren und entspannen.

Eignung: ab etwa 8 Jahren.

Anleitung:

Natürlich atmen wir normalerweise mit unserer Nase oder mit dem Mund. In der Phantasie kannst du aber mit jedem Körperteil atmen.

Lege dich dazu bequem hin ... Schließe deine Augen ... Mache es dir noch ein wenig bequemer ...

Stell dir vor, du kannst heute mit deinen Füßen atmen. Du atmest mit deinen Füßen und Beinen ein.., ganz tief ein und auch ganz tief durch Beine und Füße aus ... Und du merkst, wie sich deine Füße und Beine mit jedem Atemzug entspannen ... Und jetzt atmest du mit dem Bauch ein.., der Atem strömt durch den Bauch hinein ... und wieder hinaus … Dein ganzer Bauchraum wird ent-spannt …

Atme nun mit der Brust ein … und auch wieder aus … und dann mit beiden Armen und Händen atmen … … ein und aus … Dein ganzer Oberkör-per ist entspannt … Nun atme noch mit dem Kopf ein … und wieder mit dem Kopf aus …, sodaß er frei und klar wird …

Genieße noch einige Zeit dieses Gefühl … und komme nun langsam …, in deinem Tempo …, wieder hierher zurück … Du bewegst deine Finger …, atmest etwas tiefer ein und aus … Du dehnst und räkelst dich … und öffnest deine Augen … Du fühlst dich erfrischt und ausgeruht, als wärest du gerade aufgewacht …

Ein kleines Kätzchen

Ziele: Innerlich zur Ruhe kommen und sich regenerieren.
Eignung: ab etwa 6 Jahren.
Hinweis: Die Haltung der Katze auch körperlich ausführen lassen.

Anleitung:
Manchmal ist es gut, wenn wir ein wenig zur Ruhe kommen und neue Kraft schöpfen. Du kannst das von den kleinen Katzen lernen, die ihr Leben rich-tig genießen.

Lege dich dazu entspannt hin … Schließe deine Augen … Mache es dir noch ein wenig beque-mer …

Stell dir vor, du bist ein kleines Kätzchen … Du liegst an einem gemütlichen Plätzchen …, ange-nehm warm …, wohlig …, weich … Du machst es dir als Kätzchen noch ein wenig bequemer …, rollst dich noch ein wenig ein …, in dein weiches, dichtes Fell …, fühlst dich richtig gut …, sicher …, geborgen … Du genießt diesen Ruheplatz und bist ganz zufrieden …, während du hier so liegst …, und schläfst … Vielleicht träumst du auch etwas Schönes …

Nun kommst du langsam …, in deinem Tempo …,

wieder hierher zurück … Du bewegst deine Fin-ger …, atmest etwas tiefer ein und aus … Du dehnst und räkelst dich, so wie ein Kätzchen, wenn es aufsteht … und du öffnest deine Augen … Du fühlst dich erfrischt und ausgeruht, als wärest du gerade aufgewacht …

Schneemann

Ziele: Das Schmelzen eines Schneemannes als Metapher für Loslassen und Entspannung aus-drücken.
Eignung: ab etwa 6 Jahren.
Hinweis: Das Schmelzen als körperliche Darstel-lung ausführen, dabei für genügend Raum sorgen. Die Verwandlung in eine Wolke bietet sich als net-te Variation an.

Anleitung:
Erinnerst du dich an einen Schneemann aus dem letzten Winter? Heute kannst du in deiner Phantasie ein Schneemann werden.

Stell dich dazu hin …, achte darauf, daß du genü-gend Platz für dich hast …

Stell dir nun vor, du selbst bist ein Schneemann … Wie siehst du aus …, was hast du auf dem Kopf …, wie dick bist du …? Schließe nun deine Augen und werde ganz zu diesem Schneemann …, fühle dich als Schneemann, wie er fest in der Winterlandschaft steht …

Nun beginnt die Sonne zu scheinen …, kräftig strahlt sie auf dich …, auf den Schneemann … Du beginnst zu schmelzen …, du spürst selbst, wie du Stück für Stück leichter wirst … Du sinkst als Schneemann langsam ein …, mehr und mehr …, wirst leichter und leichter … Du bist nur mehr ein kleines Häufchen Schnee, das am Boden liegt …, und auch das sinkt noch zusammen …, wird immer leichter …

Variation:
Nur eine kleine Wasserpfütze ist übriggeblieben … Die Sonne hebt sie auf …, trägt sie in den Him-

mel …, sie wird eine richtige Wolke …, schwebt über der Erde …, ganz leicht …, duftig …

Und nun kommst du langsam …, in deinem Tempo …, wieder hierher zurück … Du bewegst deine Finger …, atmest etwas tiefer ein und aus … Du dehnst und räkelst dich … und öffnest deine Augen … Du fühlst dich erfrischt und ausgeruht, als wärest du gerade aufgewacht …

Phantasieländer

Ziele: Verschiedene Phantasiebilder durch Bewegung ausdrücken und sich dadurch entspannen.
Eignung: ab etwa 6 Jahren.
Hinweis: Genügend Raum für die körperliche Darstellung bereitstellen.

Anleitung:
Kannst du dir vorstellen, in Honig zu gehen? Wie sieht das aus? Wenn du in das Phantasieland willst, mußt du zuerst durch Honig waten …
Und nun müssen wir eine Wüste durchqueren …, der Sand ist glühend heiß …
Jetzt kommt eine Abkühlung durch einen See …, das Wasser geht uns bis zum Hals …
Nun kommt ein Urwald, überall Schlingpflanzen …, du bahnst dir einen Weg …
Der Weg führt über den Nordpol …, es ist eisig kalt …
Nun kommst du ins Land der Zwerge …, begrüße jeden einzelnen mit leiser Zwergenstimme …
Jetzt müssen wir noch das Land der Stille durchqueren …, kein Laut ist hier zu hören …
Jetzt bist du bald im Phantasieland … Du siehst es schon in der Ferne … Glücklich gehst du hinein …, freudestrahlend wanderst du herum …

4. „*Du schaffst es spielend …*"
Phantasiereisen zur Lernförderung

Zu Beginn dieses Kapitels möchten wir Ihnen wieder eine kleine Phantasiereise anbieten, um Sie auf das Thema einzustimmen. Machen Sie es sich dazu bequem …,

entspannen Sie sich …, atmen Sie einige Male bewußt ein und aus …
Denken Sie an eine Fähigkeit, die Sie erlernen oder verbessern wollen …, vielleicht den Aufschlag beim Tennis … freies Sprechen in einer Fremdsprache … oder an ein anderes Lernziel …
Stellen Sie sich nun deutlich vor, wie Sie ihr Ziel erreichen … In Ihrer Phantasie machen Sie alles bereits richtig … Lassen Sie in Ihrer Vorstellung zu, daß alles spielend leicht geht …, daß Sie deutlich spüren …, in Ihrem Atem …, in Ihrer Körperhaltung …:
„In der Phantasie gelingt mir alles …, so schaffe ich es spielend …"

Wenn Sie sich die Zeit für diese kurze Phantasiereise gegönnt haben, konnten Sie vermutlich spüren, wie Lernen in der Phantasie leicht fallen kann. Wir

sollten diese positiven Bilder nicht vorschnell als „Hirngespinste" abtun. Lernen muß uns nicht „schwer fallen", es kann auch „kinderleicht" sein. Zumindest haben wir als Kinder so gedacht und etwa die komplizierten Strukturen unserer Muttersprache „spielend gelernt".

In diesem Kapitel möchten wir zeigen, wie Phantasiereisen und Vorstellungsübungen diese ursprüngliche Lernfreude und den „spielerischen" Aspekt des Lernens (wieder) erschließen und einen lebendigen Zugang zu einem Thema schaffen können.

Bedeutungsvolles Lernen

Der Begriff „Lernförderung" kann unterschiedlich interpretiert werden. Manchmal wird er im Sinne von „Verbesserung" oder „Optimierung" der Lernleistung verwendet. Der „quantitative" Aspekt des Lernens steht dann im Vordergrund: „Mehr" und „besser" in „kürzerer Zeit" lernen. Im Sinne des *personzentrierten Ansatzes von Lernen* geht es nach *Carl R. Rogers* jedoch um eine bestimmte „Qualität" von Lernprozessen. Hier wird nach der *Bedeutung* des Lernprozesses für den Lernenden gefragt, nicht nach der Menge der erreichten (und „abgehakten") Lernziele.

Wir können generell *zwei Arten von Lernen* unterscheiden: Die eine Art ordnet *Erich Fromm* der „Habenorientierung" zu: „Der ‚Haben-Typus' sammelt Wissen, notiert und hütet es sorgsam. Aber Inhalt und Lernender „bleiben einander fremd".[1] *Ruth Cohn* bezeichnet es daher auch als „totes Lernen", weil es keinen Bezug zur Person selbst hat und sie letztlich unberührt läßt.[2] *Carl R. Rogers* spricht hier von „bedeutungslosem Lernen", vergleichbar mit dem Einprägen sinnloser Silben in psychologischen Gedächtnisexperimenten: „Lernen dieser Art betrifft nur den Intellekt. Es ist Lernen, das ‚vom Hals aufwärts' stattfindet. Es schließt Gefühl und persönliche Bedeutungszusammenhänge nicht ein; es hat keine Relevanz für den ganzen Menschen."[3]

Rogers ist vielmehr an *bedeutungsvollem Lernen* interessiert, in dem das Engagement der ganzen Person enthalten ist, mit ihren kognitiven wie gefühlsmäßigen Aspekten. Es ist ein Lernen, das den Menschen durchdringt, sogar verändert und von ihm als sinnvoll bewertet wird. *Erich Fromm* ordnet dieses aktive, produktive und schöpferische Lernen der „*Seinsorientierung*" zu. Lernende im Seinsmodus beschreibt er so: „Statt passives Auffangbecken für Worte und Gedanken zu sein, hören sie zu und hören nicht bloß; sie empfangen und reagieren auf aktive und produktive Weise. Was sie hören, regt ihre eigenen Denkprozesse an; Fragen formulieren sich, neue Ideen resultieren, neue Perspektiven zeichnen sich ab …".[4] *Ruth Cohn* nennt das „*lebendiges Lernen*", bei dem nicht nur das Denken allein eine Rolle spielt, sondern der Mensch als ganzheitliches, gefühlsbetontes und sinnliches Wesen einbezogen wird.

Phantasiereisen sehen wir in diesem Zusammenhang als eine wesentliche Möglichkeit, *persönlich bedeutsame Lernerfahrungen anzuregen*. Sie bringen die Lernenden in lebendigen Kontakt mit ihren Wünschen und Zielen, Wertvorstellungen und Gefühlen.

Ein schönes Beispiel für die Verbindung von fachlich wie persönlich bedeutsamen Lernprozessen zeigt eine Lehrerin, die das Thema „Unsichtbar" nach einer Anleitung von *Klaus Vopel* („Im Wunderland der Phantasie") im Aufsatzunterricht bearbeiten ließ:[5]

> *„Stell dir vor, daß du eine Tarnkappe gefunden hast. Wenn du sie aufsetzt, bist du ganz und gar unsichtbar… Was würdest du tun, wenn du durch deine Tarnkappe unsichtbar bist?"*

Vopel gibt als Ziel dieser Phantasiereise an: „Diese Vorstellung schaltet einen manchmal überaus starken Streßfaktor aus, die soziale Kontrolle. Betont

wird das Recht des Kindes, eigene Wünsche und Erfahrungen zu haben, die nicht von Erwachsenen geprägt und kontrolliert werden."[6] Ein 10jähriges Mädchen schreibt dazu unter dem Titel „Spaß mit der Tarnkappe":

> Einmal spielte ich sogar der Lehrerin aus der ersten Klasse einen Streich. Ich ging in die 1a und half den Kindern bei der Ansage. Als die Lehrerin am nächsten Tag die Ansagenhefte austeilte, sagte sie ganz verblüfft: „Also meine lieben Kinder, wer hat für diese Ansage geübt?" Da zeigten nur Sieben von 27 Kindern auf. „Dann wundert es mich aber, daß ihr alle (null) Fehler habt. Ich kann nur hoffen, daß ihr immer so supper eure Ansager schreibt." Da freuten sich die Kleinen, doch ich konnte nicht bei jeder Ansage, die sie hatten, heimlich helfen. Eines Tages so verlor ich die Tarnkappe und fand sie nie wieder. Nun war es aus mit den schönen Streichen.

Wie das Beispiel zeigt, hat diese Schülerin ihre Geschichte sprachlich sehr lebendig beschrieben, was nach Aussagen der Lehrerin durch die Phantasiegeschichten beträchtlich gefördert wurde.[7] Aber es geht bei Phantasiereisen nicht in erster Linie darum, mehr an traditioneller Lernleistung zu erreichen. Im Vordergrund stehen in einem schülerzentrierten Konzept die für die Lernenden *bedeutungsvollen Erfahrungen*. Diese liegen im Beispiel besonders in der persönlichen Auseinandersetzung mit eigenen Wünschen und (verborgenen) Ängsten. Das Kind darf hier offen über Erfahrungen mit „Ansagen" schreiben (bei denen es möglichst um *null* Fehler geht) und wird als Person akzeptiert (auch wenn „geschwindelt" wird).

Die Gefahr der *Instrumentalisierung* von Phantasiereisen ist im Bereich des Lernens besonders groß. Sie können auch als Instrumente dienen, um aus Kindern „mehr herauszuholen". Schlagworte wie „Superlearning"[8] oder „Megateaching"[9] suggerieren vielleicht, daß man damit „Wundermethoden" in der Hand hätte, um herkömmliches Lernen zu „optimieren". Die Grundorientierung am Konzept des „bedeutungsvollen Lernens" halten wir daher für unumgänglich notwendig, wenn Phantasiereisen sinnvoll verwendet werden sollen.

Erinnern Sie sich an Szenen, in denen Sie das Gefühl von „bedeutungsvollem Lernen" hatten ..., etwa beim Lesen eines Buches ..., bei einem Vortrag ..., einer Begegnung mit einer Person ..., in einer Unterrichtsstunde ...

Wenn Sie eine Situation deutlich vor ihren Augen haben, dann spüren Sie nach, wie Sie die Beschreibung von „bedeutungsvollem Lernen" nach Rogers anmutet:[10]

– *ich bin im Lernprozeß persönlich engagiert ...*
– *es berührt meine ganze Person, meine Gedanken und Gefühle ...*
– *ich habe ein Gefühl des Entdeckens, des Hinausgreifens, Ergreifens und Begreifens von innen ...*
– *es durchdringt mich ganz, verändert mich in meinen Einstellungen oder in meiner Persönlichkeit ...*
– *ich bewerte es selbst als bedeutsam für mich ...*
– *ich sehe Sinn in der gesamten Lernerfahrung ...*

Selbstbestimmtes Lernen

Im personzentrierten Ansatz des Lernens steht nicht der Lehrer oder der Lernstoff im Vordergrund, sondern der Lernende als Person. Es geht um die Schaffung eines *förderlichen Lernklimas*, in dem die in jeder Person angelegten *Möglichkeiten voll entfaltet* werden. Ausgangspunkt ist das Grundvertrauen in das *konstruktive Wachstumspotential* der Lernenden. Diese Grundhaltung ermöglicht es Erziehern, eine *Beziehung* zu Kindern und Jugendlichen einzugehen, in der sie sich als ganze Person angenommen fühlen, sich frei entfalten und sich mit ihren Lernerfahrungen offen auseinandersetzen können. Jeder wirklich bedeutsame Lernprozeß bewirkt ja eine Veränderung der eigenen Person und stellt bisherige Erfahrungen in Frage, was auch bedrohlich sein kann. Je entspannter die Lernsituation erlebt wird, um so weniger wird dem Lernprozeß ein Widerstand entgegengesetzt und umso bedeutungsvoller kann die Lernerfahrung dann auch werden. In einem Klima der Bedrohung „macht man hingegen zu", „geht nicht aus sich heraus", „entwickelt" man sich nicht.

Eine positive Beziehung ist durch die genannten *personzentrierten Haltungen* „Wertschätzung", „einfühlendes Verstehen" und „Echtheit" gekennzeichnet. Erst in der konkreten Erfahrung des Angenommenseins werden Schüler ermutigt, sich auf neue Erfahrungen einzulassen und sich offen mit diesen Erfahrungen auseinanderzusetzen: Das berührt mich; das beunruhigt mich; damit stimme ich überein; darüber möchte ich unbedingt mehr wissen ...

Das Beispiel der „Tarnkappe" kann das verdeutlichen: In einem Klima der Bedrohung würden sich die Kinder kaum offen mit ihren inneren Wünschen auseinandersetzen und daher eher stereotype Bilder verwenden, um sich allgemein akzeptierten Wertvorstellungen anzupassen. Ihr Lernen wäre dann aber für sie selbst weniger bedeutungsvoll.

Aus dieser personzentrierten Haltung heraus werden Lehrer oder Erzieher auch viele Angebote für *selbstbestimmtes Lernen* machen (und weniger vorschreiben, was und wie genau die Schüler lernen sollen). *Reinhard* und *Annemarie Tausch* haben dies in ihrer „Erziehungspsychologie" als *förderndnichtdirigierende Einzeltätigkeiten* bezeichnet:[11] Lehrer und Erzieher sind als Lernförderer nicht passiv, sondern setzen zahlreiche *lernfördernde Aktivitäten*, die weder lenkend noch gängelnd, sondern *nicht-direktiv* sind.

Im Bereich der Schule bedeutet dies beispielsweise Formen des „offenen Lernens" auszubauen und den Lernort als anregende Umgebung zu gestalten, in der die Schüler selbständig Lernerfahrungen machen können:
- *Materialien zur eigenständigen Informationsbeschaffung zur Verfügung stellen (etwa Sachbücher, verständliche Texte, Experimentierkästen etc.);*
- *Übungsmaterialien mit Selbstkontrollen zur eigenständigen Festigung von Lernstoffen bereitstellen;*
- *die Zusammenarbeit in Lerngruppen unterstützen u. v. a. m.*[12]

Phantasiereisen zählen nach unserer Auffassung ebenfalls zu diesen „fördernd nicht-dirigierenden Einzeltätigkeiten". Sie sind Lernangebote, die in hohem Maße *persönliches* wie *fachliches Lernen* von Kindern und Jugendlichen unterstützen können.[13] In einem personzentrierten Rahmen können die Lernenden über diese *Angebote selbstbestimmt* entscheiden und auch ablehnen, ohne Sanktionen befürchten zu müssen. Phantasiereisen sollen auch nicht in eine ganz bestimmte Richtung drängen, sondern so *offen gestaltet* sein, daß die Lernenden sich ihre persönlichen Phantasievorstellungen bilden können. Entscheidend ist auch, daß die Erfahrungen aus Phantasiereisen in *Gesprächen* offen mitgeteilt werden können und die Erwachsenen dabei die Gefühle und Wertvorstellungen der Kinder und Jugendlichen respektieren und einfühlsam zu verstehen versuchen.

Ganzheitliches Lernen

Personzentriertes Lernen bezieht sich immer auf den ganzen Menschen. Es ist ein *ganzheitliches Lernen*, das gleichermaßen *intellektuelle, gefühlsmäßige und körperliche Aspekte* im Lernprozeß berücksichtig. In schulischen Lehrplänen wird diese Frage meist mit dem didaktischen Grundsatz „Konzentration der Bildung" angesprochen: „Die

Schulerziehung hat den ganzen Menschen zu bilden und darf keinen Seinsbereich, vom Körperlichen bis zum Seelisch-Geistigen, vernachlässigen."[14]

Allerdings neigt die Schulpraxis dazu, die Ganzheitlichkeit durch Fächerdenken aufzuspalten. Die „Hauptfächer" sind dann für das Intellektuelle „zuständig", das Emotionale wird als „Nebensache" in die häufig als „Nebenfächer" bezeichneten Gegenstände Musik, Bildnerische Erziehung oder Religion „abgeschoben"; der Körper soll in der Leibeserziehung „versorgt" werden.[15]

Ganzheitliches Lernen meint jedoch, in jedem Lernprozeß den *ganzen Menschen* wichtig zu nehmen. Es geht um *ganzheitliche Lernerfahrungen*, die neben der logisch-rationalen Auseinandersetzung mit Sachverhalten eine *intuitive, gefühlsmäßige und körperlich-sinnliche Sachbegegnung* ermöglichen sowie Raum für *persönliche Begegnung* lassen. Das Beispiel „Bäume unserer Umgebung" kann vielleicht verdeutlichen, welche Art von Lernen hier angeregt wird und welche Auswirkungen dies für die Einstellung zum Lernen wie für das gesamte „Weltbild" haben könnte:

O eher logisch- *rationale* *Sachbegegnung*	O eher intuitiv- *ganzheitliche* *Sachbegegnung*
– Baumarten in der Umgebung benennen;	– mit dem „Lieblingsbaum" im Schulhof „sprechen";
– Teile von Bäumen aufzählen können;	– ein Phantasiebaum sein, Wurzeln, Stamm und Äste spüren …
– einen Merktext über Bäume schreiben;	– ein „Baumgedicht" schreiben und vortragen;
– Blätter skizzieren;	– Herbstblätter malen;
– den Jahreskreis im Leben eines Baumes beschreiben …	– einen „Phantasiebaum" in den vier Jahreszeiten vorstellen;
– Merkmale verschiedener Bäume benennen …	– einen Baum „begreifen" (tasten, fühlen, riechen, …)

Um die Bedeutung des Wortes „Bruder Baum" wirklich zu verstehen, genügt es nicht, Bäume rational und analytisch zu betrachten. Dazu gehören vor allem gefühlsmäßige Erfahrungen und auch die Möglichkeit, sich in das Wesen des Baumes einzufühlen. Phantasiereisen stellen hier sehr günstige Methoden dar, wie in diesen Beispielen zu sehen ist.

Stell dir vor, du bist ein Baum … Spüre deine Wurzeln …, deinen Stamm … Deine Äste greifen weit aus …, deine Blätter bewegen sich sanft im Wind … Wie erlebst du es, ein Baum zu sein … Was möchtest du den Menschen als Baum sagen …

„Gehirngerechtes" Lernen

Als theoretische Grundlage für ganzheitliches Lernen wird meist die unterschiedliche Arbeitsweise der beiden Gehirnhälften (Hemisphären) herangezogen. In populärwissenschaftlicher Vereinfachung ist danach die *linke Hemisphäre* für die logisch-rationale Bewältigung der Welt zuständig. Sie wird als „verbal", „analytisch" oder „intellektuell" beschrieben. Die *rechte Hemisphäre* ermöglicht einen Zugang zum Weltverständnis über Bilder, Phantasie, Kreativität, Intuition und sinnliche Wahrnehmung. Noch schlagwortartiger: Im Gehirn stehen sich der „Analytiker" und der „Künstler" gegenüber.[16]

Natürlich ist auch an diesen Vereinfachungen etwas Wahres dran. Schon der Volksmund sagt: „Du bist nur mit dem halben Hirn dabei!" Dies ist ein Vorwurf an jemanden, der vor sich hinträumt. Darin zeigt sich auch, daß in unserer Kultur diese Art der Weltbetrachtung weniger geschätzt wird. Logisch-rationales Denken steht im Vordergrund und wird in der Schule bis zur „Einseitigkeit" betrieben. In den letzten Jahren wurde daher auch der Ruf nach vermehrter Beachtung der rechten Gehirnhälfte mit ihrer mehr „ganzheitlichen" Sichtweise laut. Neben der Verbindung der linken und rechten Gehirnhälfte (über den sogenannten „Balken") sollen auch tiefergelegene Hirnschichten angesprochen werden (besonders im limbischen System, das für unsere Emotionen zuständig ist).

Es gibt heute bereits sehr gut ausgearbeitete didaktische Programme, die sich auf die unterschiedlichen Arbeitsweisen des Gehirns berufen und die auch in der praktischen Anwendung sehr überzeugend wirken. Wir verweisen etwa auf die Bücher „Garantiert zeichnen lernen" von *Betty Edwards* oder „Garantiert schreiben lernen" von *Gabriele Rico*.[17] Deutsch- und Zeichenlehrer können daraus wertvolle Impulse für ihren Unterricht erhalten. Den „Boom" an Literatur zum ganzheitlichen, „gehirngerechten" Lernen muß man jedoch mit Vorsicht betrachten.[18] *Springer/Deutsch* stellen nach einer sehr sorgfältigen Analyse fest, daß diese Programme zwar „funktionieren", die gehirntheoretischen Erklärungen aber eher problematisch zu betrachten sind und sich andere lerntheoretische Erklärungen oft besser anbieten."[19]

Neuere Forschungen verweisen darauf, daß eine starre Trennung in zwei unterschiedlich arbeitende Hemisphären den Sachverhalt nicht angemessen beschreibt. Unser Gehirn ist eher als ein äußerst komplexes System zu sehen, bei dem es darum geht, möglichst viele *Vernetzungen* der einzelnen Teile und ihrer unterschiedlichen Arbeitsweisen herzustellen. Manche Forscher sehen das Gehirn heute als eine Art „Hologramm", bei dem jeder Teil mit den anderen in Verbindung steht und die gesamte Information jeweils gespeichert hat.[20] Robert Ornstein, einer der Hauptverbreiter der vereinfachenden Hemisphärentheorie, spricht heute von *„Multimind"*, das heißt von vielen verschiedenen Arbeitsweisen unseres Geistes.[21] (Sehr anregende Hinweise gibt dazu *Rebecca Wild* in ihren Büchern „Erziehung zum Sein" und „Sein zum Erziehen"). *„Gehirngerechtes"* Lernen kann daher unseres Erachtens nur als eine Metapher gesehen werden, über neue Lernformen verschiedenste Regionen und Arbeitsweisen des Gehirns anzusprechen. Einseitigkeiten sollen vermieden und die Spannungen zwischen den Polen unterschiedlichster Lernerfahrungen konstruktiv geübt werden.

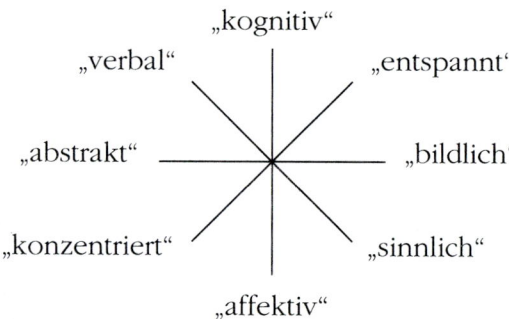

Frederic Vester weist auch auf die *ethische Dimension* eines *„neuen Denkens"* hin. Eine einseitig logische-rationale Betrachtung reicht seiner Meinung nach nicht zu vollem Verständnis von Welt aus. Sie führt letztlich - wie sich heutzutage zeigt - zu einer zunehmenden Zerstörung unserer Lebensgrundlagen: „ …Deshalb müssen wir, nachdem wir jenen kognitiven Bereich und seine Logik so großartig entwickelt haben, auch die anderen, mehr unbewußten Gehirnpartien der Mustererkennung, der bildhaft und analog arbeitenden Bereiche, der emotionalen und intuitiven Vorgänge und damit den Gesamtorganismus wieder in unser Denken und Handeln einbeziehen."[22]

Phantasiereisen gehören zu neuen Lernmethoden, die besonders die „Bilderwelt" der rechten Gehirnhälfte anregen. Sie ermöglichen auf diese Weise neue „Einblicke" in einen Sachverhalt und schaffen durch die Beachtung gefühlsmäßiger Erfahrungen auch Zugang zu tieferen Gehirnschichten. Auf diese Weise werden Informationen vielfältiger im Gehirn vernetzt und mit positiven Gefühlen verbunden. *Jean Houston* zeigt sogar spezielle Phantasiereisen, in denen man sich die Arbeitsweise des Gehirns vorstellt. Derartige Übungen bringen nach ihren Aussagen viele Tätigkeiten des Gehirns zusammen (ohne allerdings eine spezielle Schulung beider Gehirnhälften zu bewirken):

„Auf der linken Seite Ihres Gehirns stellen Sie sich die Zahl 1 vor … und auf der rechten den Buchstaben A …
Auf der linken geht die Sonne auf … Auf der rechten geht die Sonne unter …

Auf der linken hören Sie jetzt das Geräusch eines startenden Motors …. Auf der rechten singt jemand mit sehr hoher Stimme …"[23]

Bildliches Lernen

Phantasiereisen und Vorstellungsübungen unterstützen vor allem *bildliches Lernen*: „Ein Bild sagt mehr als tausend Worte". Diese Alltagsweisheit lehrt uns bereits, daß Bilder meist wirksamer sind als verbale Erläuterungen. Wir sprechen ja auch davon, daß wir etwas „durchschauen" oder den „Durchblick" haben, wenn wir uns in einer Sache gut auskennen. Mit Hilfe bildlichen Denkens und Speicherns können wir eine Unzahl von Informationen gleichzeitig verarbeiten.

Blicken Sie einmal kurz von Ihrer Lektüre auf und schließen Sie dann wieder die Augen. Zählen Sie auf, was Sie alles sehen konnten und beschreiben Sie, wie dies aussah …

Die Aussage, „das kann ich mir nicht vorstellen", zeigt offensichtlich auf, daß wir ohne (bildliche) Vorstellungen keine „Einsicht" gewinnen können. Auch komplizierte Sachverhalte werden verständlicher, wenn wir sie in die Bildersprache und Metaphern übersetzen. So haben viele Forscher die Lösung ihrer Probleme nicht einfach nur „logisch" erdacht, sondern vorher erst in Bildern gesehen. Sehr bekannt ist das Beispiel von *August Kékule*, dem die Formel für den Benzolring im Traum als Schlange erschien, die sich selbst in den Schwanz biß. Mit bildlichem Denken haben wir sozusagen „Superzeichen" zur Verfügung, mit denen wir umfangreiche Informationen „auf einen Blick" erfassen und „durchschauen" können.

Jean Houston kritisiert in diesem Zusammenhang die Vernachlässigung oder gar Unterdrückung von bildlichem Lernen in der Erziehung: „Viele Kinder haben eine natürliche Gabe zu visualisieren. Das visuelle Denken ist bei ihnen oft viel deutlicher ausgeprägt als das verbale. Durch unser Erziehungssystem und die von ihm auferlegten verballinearen Prozesse werden viele Kinder von ihrer

Fähigkeit bildhaften Denkens abgeschnitten. Die Folge davon sind: Verschlechterung in der Schule und Minderwertigkeitsgefühle."[24]

Empirisch abgesicherte Ergebnisse zeigen, daß bereits kleine Kinder von gelenkten Phantasiereisen profitieren. So referiert *Margarita Wittoch* eine Untersuchung, daß bei 4-6jährigen Kindern die Kreativitätsfaktoren Flüssigkeit, Beweglichkeit sowie Originalität und die Ausarbeitung von Ideen nach sieben Einheiten mit gelenkten Tagträumen deutlich zugenommen hatten.[25] Die bekannte Kindertherapeutin *Violet Oaklander* berichtet von zahlreichen Untersuchungen, nach denen phantasiereiche Kinder einen höheren IQ haben und Probleme besser bewältigen können. Sie verweist auch darauf, daß man die Fähigkeit eines Kindes zu lernen und Probleme zu meistern verbessern kann, wenn man sie zur Phantasie ermutigt.[26]

Bildhaftes Lernen wird auch im Konzept des *„imagery-learning"* angesprochen. Darunter versteht man die Verbindung von abstrakten Inhalten mit *Vorstellungsbildern*. Häufig wird imagery-learning für das Lernen von Vokabeln oder das Merken der Rechtschreibung einzelner Wörtern eingesetzt. *Die Schüler können sich etwa die beiden „aa" im Wort „Turnsaal" besser merken, wenn sie sich dazu ein Bild einfallen lassen. Je mehr man solche Bilder zu „Vorstellungs-Comics" ausschmückt, desto nachhaltiger werden sie eingeprägt.*[27]

Bildliches Lernen läßt sich beispielsweise auch zum Einprägen eines Gedichtes oder eines Diktat-Textes einsetzen. Die Schüler sollen dabei den Handlungsablauf wie einen Film innerlich ablaufen lassen. Auf diese Weise werden die Inhalte leichter im Gedächtnis behalten.[28]

Dies können Sie bereits bei Ihrem nächsten Einkauf erproben. Wenn Sie sich ihre Einkaufsliste merken wollen, dann stellen Sie sich dazu deutlich das Geschäft vor, in dem Sie einkaufen werden. Gehen Sie in ihrer Vorstellung durch das Geschäft und sehen Sie sich, wie Sie alle Waren an der richtigen Stelle holen …

Im „Neurolinquistischen Programmieren" (NLP) wird empfohlen, einzelne Wörter auf den vorgestellten Hintergrund eines Lieblingsgegenstandes zu projizieren (z. B. das schwierige Wort „Rhythmus" auf das Fell des Lieblingstieres). Durch den positiven Bezug zu diesem Gegenstand (der hier als „Ressourcen-Anker" fungiert) werden positive Erinnerungen geweckt, die das schwierige Wort „freundlicher" und damit „lernbarer" machen. Die Augen können bei dieser Vorstellungsübung offen bleiben. Typisch ist, daß die meisten Schüler dabei nach oben blicken, da sie auf diese Weise vorgestellt Bilder deutlicher wahrnehmen. Dies gilt es auch bei Prüfungen zu beachten: Schüler schauen bei einer Frage häufig nach oben, also wollten sie dort die Antwort ablesen. Und in der Tat: Sie holen sich von dort ihre Erinnerungsbilder! Lehrer verhindern das Abrufen der Information, wenn sie etwa sagen: „Da oben steht es aber nicht. Schau mich an, wenn du antwortest."

Prüfen Sie dies gleich einmal. Bitten Sie jemanden, er möge sich an etwas erinnern, z. B. an die Einrichtung seines Kinderzimmers. In der Regel wird diese Information als bildliche Vorstellung abgerufen und mit einem Blick nach oben hergeholt.

Bildliches Lernen kann mit zahlreichen *fachlichen Inhalten* verbunden werden, etwa in *Geschichte* oder *Geographie*. Dabei werden zu plastischen

(3) An Markttagen ging es lebhaft zu.
Der Marktplatz war der wichtigste Platz der Stadt. Er war gesäumt von den schönsten Häusern, die reichen Bürgern oder Zünften gehörten. Den Mittelpunkt bildete das Rathaus. Hier herrschte an Markttagen ein buntes Treiben. Schon zeitig am Morgen kamen die Bauern mit Fuhrwerken, andere mit Handkarren, Kraxen oder Körben. Rinder, Ziegen und Schafe wurden in die Stadt getrieben. Dann wieder sah man Pferde, die vornehm gekleidete Reiter trugen oder vor Kutschen gespannt waren.
An der Stadtmauer boten die Bauern ihre Erzeugnisse zum Kauf an. Am Marktplatz selbst, der den Bürgern der Stadt vorbehalten war, wetteiferten verschiedene Gruppen von Händlern miteinander: Fleischhauer, Bäcker und Fischer boten schreiend ihre frischen Waren an. Sattler, Riemer und Beutler zeigten Lederwaren in vielerlei Formen. Schmiede, Scherenschleifer und Schwertfeger hämmerten und feilten.

Erzählungen von Lernstoffen innere Bilder produziert, die einen lebendigen Bezug zum Lernstoff schaffen. Der hier abgebildete Ausschnitt aus einem Geschichte-Buch kann etwa Schülern in entspanntem Zustand und bei geschlossenen Augen langsam vorgelesen werden, wobei sie entsprechende Bilder auftauchen lassen sollen.

Sinnliches Lernen

„Alles allen Sinnen" hat schon *Johann Amos Comenius* vor mehr als dreihundert Jahren für das Lehren und Lernen empfohlen. Auch die Alltagssprache zeigt, daß mit jedem Sinneskanal ganz bestimmte positive (und auch negative) Lernerfahrungen verbunden werden:

So kann man etwas „einsehen", oder es fehlt einem „der Durchblick" (visuell). Um gut zu lernen, sollte man die „Ohren spitzen", sonst geht es „bei einem Ohr hinein, beim anderen heraus" (auditiv). Wir „begreifen" eine Sache besser, wenn wir sie auch begreifen können, andernfalls werden wir uns beim Lernen „schwer tun" (kinästhetisch). Wenn wir in ein Lerngebiet „hineinschnuppern" können wir „auf den Geschmack kommen", es kann uns allerdings auch „anstinken", wenn wir einen Lernstoff „nicht verdaut" haben (olfaktorisch und gustatorisch).

„Multisensorisches Lernen" versucht möglichst viele Sinne und Lernweisen gleichzeitig anzusprechen. Viele Lernschwierigkeiten resultieren daraus, daß das vorherrschende verbale Lernen nicht entwicklungsgemäß ist und auch nicht jedem *Lerntyp* entspricht. Es ist daher wichtig, bei Lernprozessen möglichst viele *sinnliche Zugänge* zu schaffen. Neben dem bildlichen Lernen ist besonders *handelndes Lernen* von Bedeutung. Kinder und Jugendliche sollen immer möglichst konkret mit einem Lerngegenstand etwas tun dürfen (z. B. mit Mengenplättchen rechnen, im Garten Gemüse anpflanzen, zu einem Thema jemanden interviewen).

Phantasiereisen aktivieren nicht nur visuelle Vorstellungen, sondern regen Erfahrungen in allen Sinnesbereichen an. Damit *vernetzen* sie die verschiedensten Regionen im Gehirn, was einen sehr nachhaltigen Lerneffekt hat. Im obigen Text über die mittelalterliche Stadt kann man die Erfahrung wesentlich vertiefen, wenn man in einer Phantasiereise einzelne Sinnessysteme gezielt anspricht.

Du steigst nun selbst in dieses Bild der mittelalterlichen Stadt ein ..., verwandelst dich in eine Person, ein Tier oder eine Sache ... Du erlebst diesen Markttag ganz deutlich ..., dieses bunte Treiben ... Du achtest darauf, was du alles siehst ..., und hörst ... Wie fühlt es sich an, hier inmitten der vielen Leute zu sein ...? Was kannst du riechen ... oder schmecken ...?

In einer kleinen Untersuchung von *Margit Schiller* wurde auch festgestellt, daß sich Schüler bei derartigen Phantasiereisen zur Stoffwiederholung mindestens so viel merken wie bei herkömmlichen Methoden des Einprägens, und dabei mehr Lernspaß empfinden. Vor allem schwächere Schüler profitieren davon besonders.[29]

Zum Thema „Ritterburg" bot eine Lehrerin den Kindern eine Phantasiereise in einer Zeitmaschine an: „ ...Du bist auf einer Burg gelandet ... Viele Leute rufen dir zu, sie haben schon lange auf dich gewartet - die Burg gehört dir ... Sieh dich an ..., welche Kleider trägst du? Fühle den Stoff deiner Kleider ... Wie sehen die Leute aus ... Nun spazierst du in deiner Burg ... Was gefällt dir an deiner Burg besonders ...?"
Ein Kind schreibt zur Zeichnung seiner Burg:
„Das ist eine Riesenburg.
Sie ist rund und schön.
Sie schützt mich vor Gefahren.
Du bist mein Lieblingsplatz. "

Kinder verbinden viele Eindrücke noch sehr ganzheitlich mit all ihren Sinnen. Wir merken das beispielsweise daran, wie sehr ein vertrauter Geruch Erinnerungen an frühere Tage wecken kann (etwa der Geruch in der Wohnung der Großmutter). Wir sollten beim Lernen immer wieder sinnesspezifische Assoziationen schaffen und damit alle Lerntypen ansprechen.
- *Wie sieht das für dich aus (visuell)?*
- *Wie klingt das für dich (auditiv)?*
- *Wie fühlt sich das für dich an (kinästhetisch)?*

Phantasiereisen, in denen verschiedene Sinne gleichzeitig angesprochen werden, scheinen ein echtes Gehirntraining zu sein. Sie lassen uns aus „eingefahrenen Bahnen" springen und schaffen neue Vernetzungen im Gehirn.

„Musik ist Geschmackssache". Wie schmeckt für Sie Mozart? Vielleicht „fruchtig" oder wie „stilles Rot "...?
Wie fühlt sich der Pythagoräische Lehrsatz an? Vielleicht „kantig" oder „harmonisch" ...?
Wie soll ein guter Vortrag sein? „Würzig" und „spritzig"?
Wie klingt all das hier für Sie?

Körperliches Lernen

Man kann bei vielen Lerngelegenheiten auch anregen, ein Thema im wahrsten Sinn des Wortes zu „verkörpern", damit es „in Fleisch und Blut" übergeht. Das geschieht im Fremdsprachenunterricht etwa bei Rollenspielen zu Alltagsszenen (z. B. ein Hotel buchen). In anderen Bereichen ist dies aber noch nicht so geläufig. Hier einige Beispiele einer Verbindung von Vorstellungsübungen mit körperlichen Handlungen:
- *Thema „Sterne" im Sprachunterricht der Grundschule: Schüler spielen „Stern" und zeigen mit Bewegungen der Arme und Hände die unterschiedlichen „Leuchtqualitäten": leuchten, strahlen, funkeln, glitzern ...*
- *Thema „Samenkorn": Sich als Samenkorn in der Erde erleben, in der Phantasie nach oben wachsen und dies dann auch körperlich darstellen ...*
- *Thema „Eigenschaftswörter": Eine Eigenschaft aussuchen, sich in der Phantasie mit dieser Eigenschaft erleben und sie auch körperlich darstellen ...*

Wenn Sie selbst ein eher kinästhetischer Typ sind, werden Sie „mit Händen und Füßen reden". Vielfach wird das nicht als gut angesehen. Wenn wir uns aber nicht körperlich „ausdrücken" dürfen, schneiden wir uns auch von wichtigen Lernmöglichkeiten ab oder behindern uns beim Lernen.

Versuchen Sie, das Wort „Wendeltreppe" jemandem zu erklären und dabei die Hände zu verschränken. Die Erklärung wird nicht nur unanschaulich, oft sogar unmöglich, wenn die Unterstützung der Körpersprache entzogen wird.

Klaus W. Vopel schreibt über das Lernen von Kindern bis zu zehn Jahren, „daß es in dieser Zeit vor allem zwei wichtige Lernmedien für das Kind gibt, nämlich seine Imagionationskraft und seinen Körper. Wenn das Kind diese beiden Medien benutzen kann, dann kann es Erkenntnisse bilden und Urteile entwickeln, Wertvorstellungen speichern und langsam beginnen, auf einer abstrakteren geistigen Ebene zu funktionieren."[30] In seinem neuesten Buch „Denken wie ein Berg, fühlen wie ein Fluß" bietet *Vopel* dazu zahlreiche Phantasiereisen in Verbindung mit körperlichen Ausdrucksmöglichkeiten zu naturkundlichen Themen an. Hier ein gekürztes Beispiel zum Thema „Vulkan":

„Nun steht bitte auf, und verteilt euch im Raum. Zeigt mir bitte, wie das ist, wenn die heiße Lava aus dem Vulkan fließt … Bewegt euch wie der Lavastrom …
Nun zeigt mir, wie der Rauch aus dem Krater aufsteigt, zeigt mir, ob euer Vulkan gleichmäßige Rauchsignale sendet oder in irgendeinem Rhythmus … Und nun zeigt mir, wie der Vulkan Gesteinsbrocken in die Höhe schleudert …"[31]

Affektives Lernen

Ganzheitliche Methoden werden besonders in der *Gestaltpädagogik* betont, die sich bei uns in den 70iger Jahren entwickelt hat. Hier wird ein *integratives Lernkonzept* vertreten, das die Verbindung von *Intellekt, Gefühl und Körperlichkeit* im alltäglichen Unterrichtsgeschehen in vielfältiger Weise wahrnimmt.[32] Dazu schreiben *Burow* u.a.: „Wir gehen von der Voraussetzung aus, daß jeder uns umgebende Sachverhalt, jede Information, jedes Problem, jeder Konflikt auch immer eine gefühlsmäßige Ladung hat, eine irgendwie geartete persönliche Bedeutsamkeit. Sehr oft ist uns dies nicht bewußt, und die Sachverhalte bleiben für uns äußerlich, sie berühren uns nicht. Dadurch verkommt Lernen zur Aneinanderreihung von Fakten, zur reinen Gedächtnisleistung …"[33]
Phantasiereisen sind in der Gestaltpädagogik eine häufig verwendete Methode. Sie dienen hier in erster Linie dazu, die *Identifikation* mit einem Sachverhalt zu unterstützen und einen gefühlsmäßigen Bezug zum Lernthema aufzubauen. Vorstellungsbilder sollen eine *„affektive Aufladung"* bewirken und die Lernenden damit besser in *Kontakt* mit dem Thema bringen.

Hier ein kurzes Beispiel aus einer Physikstunde zum Thema „Kraft", in der vor der sachlichen Bearbeitung des Themas ein persönlicher Bezug durch eine Phantasiereise hergestellt wird:
„Achte nun darauf, was mit dir passiert, wenn du das Wort ‚Kraft' hörst! Welche Gedankenassoziationen löst es bei dir aus, welche Gefühle? Welche Bilder siehst du?" - Pause - „Versuche nun, alle deine Vorstellungen von Kraft in einem einzigen Bild zu konzentrieren und betrachte dieses Bild genau" - Pause - „Löse dich nun von deinem Bild und komme in dem Tempo, das gut für dich ist, wieder zurück in diesen Raum …"[34]

Die Einsatzmöglichkeiten von Phantasiereisen im Bereich des Lernens sind also äußerst vielfältig. Fast bei jedem Thema können Vorstellungsbilder die Erfahrungen vertiefen und eine gefühlsmäßige Verbindung zum Lerngegenstand herstellen. Im Bereich des Unterrichts sind sie in allen Phasen möglich, zu Beginn als *Einstieg*, bei der *Erarbeitung* eines Themas oder zur abschließenden *Vertiefung*.

Vielleicht kann jemand die „Liebe zur Mathematik" entdecken, wenn er in diesem Fach auch etwas persönlich Bedeutungsvolles erfahren kann. Die meisten Menschen haben etwa eine „Lieblingszahl", die sie mit ganz bestimmten inneren Bildern verbinden.
Wie fühlt sich Ihre Lieblingszahl an …? Stellen Sie sich nun die Nachbarn ihrer Lieblingszahl vor …

und spüren Sie in sich hinein, welche Qualität diese Zahlen für Sie haben ...

Wir möchten allerdings auch hier wieder betonen, daß sich die Gestaltpädagogik nicht als bloßes „Methodenkonzept" versteht. Ausgangspunkt ist ein *positives Menschenbild*, das die Grundlage für erzieherisches Handeln darstellt. Das Hauptanliegen der Gestaltpädagogik liegt in der *Entfaltung des gesamten menschlichen Potentials*. Es geht um eine *Humanisierung des Lernens*, der Mensch soll (wieder) zum Maß der Erziehung werden, vor jeder einseitigen Wissenschafts- und Leistungsorientierung. *Burow/Scherpp* sprechen daher auch vom „*Lernziel Menschlichkeit*" als Grundanliegen der Gestaltpädagogik.[35]

Phantasiereisen zielen auf „menschenwürdige" Lernprozesse. Sie dienen der Entfaltung des menschlichen Potentials und einer ganzheitlichen Persönlichkeitsentwicklung. Es geht nicht darum, wenig bedeutsame Lerninhalte „schmackhafter" zu machen oder bloß die Lerneffizienz zu steigern. Diese Gefahr muß allerdings gesehen werden. Vielfach werden nämlich Phantasiereisen oder ähnliche Übungen nur äußerlich als Methoden zum Abbau von schulischem Streß und zum leichteren Einprägen von Lernstoffen eingesetzt. Dies kann aber leicht zu einer bloß äußerlichen „Symptombekämpfung" führen, an den streßerzeugenden Lernbedingungen oder den unbedeutsamen Lernthemen wird nichts geändert.[36]

„Sanftes Lernen"

Viele Kinder, Jugendliche und auch Erwachsene verbinden mit dem Wort „Lernen" keine positiven Erfahrungen mehr. Zu oft haben sie - besonders in der Schule - erlebt, daß „Lernen" etwas mit Druck, Angst, schlechten Noten und negativen Konsequenzen zu tun hat. In den letzten Jahren wurden nun Methoden entwickelt, die „sanftes Lernen" durch Entspannung fördern wollen und bei denen man im wahrsten Sinn des Wortes „spielend" lernt.

Hier ist in erster Linie „Superlearning" zu nennen, das sich aus der Suggestologie und Suggestopädie des Bulgaren *Georgi Lozanov* entwickelt hat.[37] *Sylvia Pelke* schreibt dazu beinahe überschwenglich: „Die Suggestologie revolutionierte unsere Auffassung vom bewußten Lernen und entwickelte Methoden, wie wir uns die 90 Prozent ungenutzter Hirnkapazität erschließen können, die durch Anstrengung, Pauken, Mühsal, ‚Schweiß' blockiert werden, sich jedoch eröffnen, wenn wir uns in gegenteilige Zustände versetzen: Entspannung, Gelöstheit, Wohlbefinden. Entscheidend beim Lernen sind Freude, Begeisterung, Faszination, Vertrauen in die eigenen Fähigkeiten. Das Geheimnis des Lernerfolges ist das Zulassen von Phantasie und Gefühlen beim Aufnehmen und Denken. Der Lernprozeß muß gleichzeitig logisches Denken, Vorstellungskraft, Emotionen und Motivation im Zusammenspiel fördern. Prozesse auf der logischen Ebene und der emotionalen Ebene laufen nicht nacheinander ab, sondern gleichzeitig."[38]

Eine zentrale Rolle spielt beim Superlearning die *„Suggestion"* auf der bewußten wie unbewußten Ebene. Mit Suggestion ist hier nicht „Manipulation" gemeint, sondern der Aufbau einer angenehmen, lernfördernden Atmosphäre. Auf der bewußt verbalen Ebene geschieht dies etwa durch zuversichtliche Äußerungen wie: „Du kannst hier leicht und spielerisch lernen." Auf der eher unbewußten Ebene wird eine *positive Lerneinstellung* durch positive zwischenmenschliche Beziehungen, Erfolgszuversicht und positive Erwartungen der Lehrer oder Erzieher vermittelt. Soferne Erzieher diese positive, optimistische Grundeinstellung echt leben und nicht „spielen", entspricht dies einer lernfördernden Haltung.

Beim „Superlearning" werden auch *Lernbarrieren* aus früheren negativen Lernerfahrungen bewußt gemacht (z. B. negative Sätze wie: „Mathematik war nie meine Stärke"). Man versucht nun, solche ungünstigen Lerneinstellungen nach Möglichkeit aufzulösen (z. B. indem ein solcher negativer Satz auf ein Blatt Papier aufgeschrieben und dann bewußt abgelegt wird).

Insgesamt geht es darum, die im Laufe der (Schul-) Zeit angesammelten negativen Vorstellungen darüber aufzugeben, daß Lernen vorwiegend „schwierig", „langwierig" und „langweilig" ist. Sehr häufig werden dazu Phantasiereisen mit positiven Bildern von Lernsituationen angeboten. Wenn wir uns nämlich daran erinnern, wie wir als Kinder in vielfältigster Weise und fast mühelos gelernt haben, kann daraus eine neue Einstellung zum Lernen erwachsen.

Klaus Vopel bietet etwa als Hilfe bei Lernschwierigkeiten und Lernblockaden das Bild des „Fahrradfahrens" an:

„ ... Stell dir vor, daß du ganz ruhig und zuversichtlich fährst auf deinem starken Fahrrad. Und nun kannst du sehen, wie du in eine andere Straße abbiegst, nach links oder nach rechts, sanft und sicher ... Und du kommst auf einen großen, leeren Platz und fährst dort einen großen Kreis ... Nun fährst du eine Acht ... Und du machst das so gut ... Und nun fährst du den Weg zurück, so zufrieden mit dir .... Bremse und steige vom Fahrrad, langsam und sicher ...

Und manchmal können wir lernen, etwas zu tun, wenn wir uns vorstellen, wie das geht.

Wenn du bereit bist, kannst du zurückkommen und wieder die Augen öffnen. Erinnere dich an das Gefühl, daß du es geschafft hast, daß du viele neue Dinge lernen kannst, wenn du es möchtest und dir Zeit dafür gibst ... " [39]

Zu diesen suggestiven Methoden sind etwa auch jene Phantasiereisen zu rechnen, die Vorstellungen vom effektiven Arbeiten des eigenen Gehirns anregen und auf diese Weise das Vertrauen in die eigenen Kräfte vermitteln wollen. Auch Phantasie-Anleitungen, in denen man spielerisch mit Lernblockaden, Lernschwierigkeiten und Fehlern umgehen lernt, beruhen auf dem Prinzip, eine generell positive Haltung zum Lernen zu unterstützen und falschen Perfektionszwang abzubauen.

Vielleicht können Sie die Vorstellung zulassen, daß gerade jetzt Ihr Gehirn ganz außergewöhnlich gut arbeitet, während Sie dies hier lesen. Sie können vielleicht auch erahnen, wie Millionen von Nervenzellen laufend in Ihrem Gehirn tätig sind, wie sich neue Verknüpfungen ergeben und wie dies alles auf ganz wunderbare Weise ganz von selbst geschieht, mühelos, sicher ...

Und vielleicht kann dieses Vorstellungsbild Sie bestärken, Ihren Lernprozessen zu vertrauen, und - ganz mühelos - das Gelesene auf kreative Weise umzusetzen ...

Entspanntes Lernen

Superlearning wurde in besonderem Maß als *Lernen im entspannten Zustand* bekannt. Bereits in der „Vorbereitungsphase" werden hier *Entspannungsübungen* eingebaut. Sie sollen Streß abbauen und die Schüler für das Lernen „aufwärmen" - ähnlich wie sich Sportler vor einer Leistungssituation aufwärmen. Durch *geistige (mentale) Entspannungsformen* werden die Lernenden von ihren momentanen Problemen gelöst und für den Lehrstoff aufnahmebereit gemacht. Hier kommen auch Phantasiereisen zum Einsatz, wie sie im vorigen Kapitel zur Entspannung vorgestellt wurden (z. B.: „Stell dir vor, du schwebst auf einer Wolke ...")

In ähnlicher Weise wird beim sogenannten „Wiener Unterrichtsmodell" Entspannung *vor* dem eigentlichen Lernprozeß angeregt. Hier geht es um ein *optimales Aktivierungsniveau* im Gehirn. Am besten lernt man nach diesen Untersuchungen in einem Zustand *mittlerer Aktiviertheit*, also wenn man weder zu „schlaff" noch zu „aufgekratzt" ist.[40] In diesen Schulversuchen wurden auch kurze *Phantasiereisen zur Steuerung des optimalen Aktivierungsniveaus* am Beginn einer Lernphase eingesetzt.

Hebung des Aktivierungsniveaus:
Bewegungsspiele und aktivierende Musik (z. B. Bewegungsphantasien wie: „Dehne und räkle dich wie ein Kätzchen ...")

Senkung des Aktivierungsniveaus:
Beruhigende Musik; Ruheübungen im Sinne des

Autogenen Trainings (Ich bin ruhig und entspannt, mein Körper wird ganz schwer ...); innerliches Mitzählen der Atemzüge in entspannter Haltung und die Erweckung angenehmer Vorstellungsbilder (z. B. an einem Fluß sitzen und sich ausruhen).

Am bekanntesten wurde Superlearning durch seine (passiven) *„Lernkonzerte"*. Dabei werden die Lerninhalte in entspannter Haltung - man ruht in bequemen Sesseln - bei barocker Musik wiederholt und fast mühelos aufgenommen.
Eine Erklärung dafür liefert das *Streßmodell*. Streß bewirkt eine *Denkblockade!* Die Streßhormone beeinträchtigten die Leitungsfähigkeit der Gehirnzellen, sodaß Informationen nicht mehr optimal transportiert und verarbeitet werden können. *Entspannung* verhindert nun Streß, harmonisiert unsere Gehirnwellen und schafft somit „geistige Beruhigung". Man spricht hier auch vom *„Alpha-Zustand"*, das heißt einer Zunahme der langsameren Alpha-Wellen im Gehirn, was - zumindest nach Aussage einiger Lerntheoretiker - eine günstige Basis für das Lernen (besonders bei schwierigeren Aufgaben) darstellt.
Angestrebt wird ein Zustand von *entspannter Aufmerksamkeit*. Für das Lernen ist also nicht angespannte Konzentration günstig, sondern eher innere „Sammlung". Dabei werden in den Lernkonzerten des Superlearning häufig auch bildliche Vorstellungen angesprochen, die zusätzlich das Merken erleichtern.
Hier ein Beispiel eines passiven Lernkonzerts zur Wiederholung des Themas „Streichinstrumente":

„Schließe nun Deine Augen und sitze ganz still. Du bist jetzt ganz ruhig. Der Violinenfachmann Herr Guarnerius ist bei Dir. Schau ihn Dir an! Du hörst seine Stimme - wie er zu Dir spricht. Du hörst genau, was er zu Dir sagt ... Die Violine gehört zur Familie der Streichinstrumente. Zu dieser Familie gehören außerdem ... die Bratsche ... das Cello ... der Kontrabaß ... Ein Streichquartett besteht aus 2 Violinen, 1 Bratsche und einem Cello.

Die wesentlichsten Teile einer Violine heißen Schnecke, ... Wirbel, ... Hals ..."[41]
Über den Stellenwert dieses eher reproduzierenden Lernens kann man sicher diskutieren. Wo Inhalte aber eingespeichert und gemerkt werden sollen, scheinen uns derartige „Lernphantasien" als eine sinnvolle Abwechslung und Bereicherung in traditionellen Lehrsituationen. Zumindest schaffen sie eine günstigere Gesamtatmosphäre, die wahrscheinlich am meisten zur Lernförderung beiträgt.

Positives Denken

Das Erinnern von positiven Lernerlebnissen wird auch im *„Neurolinguistischen Programmieren"* (NLP) als eine wichtige Hilfe für das Lernen angesehen. Positive Lernvorstellungen führen nach dieser Theorie zu unseren *„Ressourcen"*, also an die inneren Kraftquellen. Vorstellungsbilder einer früheren (Lern-) Erfahrung - etwa als wir uns einmal etwas Besonderes zugetraut haben - wirken im wahrsten Sinn des Wortes „aufbauend": Die inneren Bilder führen dazu, daß wir unsere äußere Haltung aufrichten und damit auch eine neue „Ein-Stellung" bekommen.

Versuchen Sie dies gleich einmal selbst. Lassen Sie eine Situation auftauchen, in der Sie erfolgreich waren, sich gut gefühlt haben, einfach „gut drauf waren" ...
Sehen Sie sich diese Szene in ihrer Vorstellung genau an ... Achten Sie auch darauf, was Sie in dieser Situation hören und spüren ...
Nehmen Sie wahr, wie Sie atmen, wenn Sie „gut drauf" sind ... wie sich Ihre Körperhaltung verändert, wie sie schauen und damit einen anderen „Durchblick" bekommen ...

Solche *positiven Ressourcenzustände* können auch körperlich „verankert" werden. Das bedeutet, daß man im Zustand der vollsten Erinnerung eines positiven (Lern-) Bildes eine beliebige Stelle am Körper drückt (z. B. am Handgelenk). Dieser Punkt dient gleichsam als *„Anker"* für diese Situation. Drückt man später wieder auf diesen „Zauberpunkt" (siehe die diesbezügliche Übung auf der Kassette zum Buch), dann tauchen die Erinnerungen, positiven Gefühle und Haltungen von damals wieder auf. Sie geben uns Kraft, die gegenwärtige Situation besser zu meistern.[42]

Auch die vorhin angesprochene Körperhaltung kann als ein solcher „Anker" wirken. Wenn Sie Ihre „Erfolgshaltung" wieder einnehmen, wird sich vermutlich auch die Situation mit dem positiven Gefühl wieder einstellen. Versuchen Sie dies gleich wieder zu erproben ...

Stellen Sie sich dann nochmals deutlich die positive Situation vor ..., spüren Sie Ihre Körperhaltung ..., und nehmen Sie das Gefühl des Erfolges deutlich wahr ... Drücken Sie dazu einen persönlichen „Ankerpunkt", vielleicht am Handgelenk ..., „verankern" Sie dieses positive Gefühl in diesem Punkt ...

Als Erzieher sollten wir keine negativen Bilder verwenden, wie: „Reiß dich zusammen". Dies betont eher eine hemmende körperliche Haltung. (Sie können es versuchen). Wenn wir hingegen unseren Blick auf offene, positive Haltungen richten - etwa wenn ein Schüler Freude über eine gelungene Rechnung ausdrückt -, können wir Kinder und Jugendliche auf ihre Ressourcen aufmerksam machen: „Du freust dich jetzt richtig, weil dir die Rechnung gelungen ist ..." Wenn ein Schüler dann ein Problem hat - etwa vor einer Schularbeit -, hilft die Erinnerung an diese Situation, um an die inneren Ressourcen zu kommen und die Situation besser zu meistern: „Erinnerst du dich noch an damals, als dir die Rechnung gelungen ist ..."

Lehrer können etwa die Übung „Ort der Kraft" anbieten, bei der sich das Kind einen ganz speziellen Platz in der Klasse sucht, um sich dort Energie zu holen. Ein 9jähriger Schüler schreibt dazu:
„Ich habe gespürt, daß ich Kraft bekommen habe. Daß das mein Ort ist. Mein Ort, wo ich die Kraft finde. Wärme habe ich gespürt. Das ist mein Platz, kein anderer kann ihn ersetzen. Das Gefühl war wunderbar. Diesen Platz vergesse ich nie. Mir war warm ums Herz. Es war wie ein Traum. Es war wie

ein ungefährlicher Wirbelsturm. Es war wie ein großes Erlebnis."

Generell kann alles als „Anker" wirken und positive wie negative Gefühle auslösen. Bei vielen Schülern bewirkt oft schon der Eintritt in die Klasse negative Vorstellungsbilder. Es ist daher günstig, eine positive Atmosphäre beim Lernen auch durch die *Raumgestaltung* zu schaffen: Blumen, Poster, angenehme Musik und freundliche Umgangsformen sind etwa „Anker" für positive Lernhaltungen. Auch der *häusliche Lernplatz* sollte gut „geankert" sein.

Nach der Phantasiereise „Idealer Lernort" schrieb der 9jährige Stefan:
„Ich setze mich in mein Zimmer zum Tisch, drehe die Lampe auf und lerne. Der Platz ist bequem und die Lampe leuchtet zu meinem Lernplatz. Ich schreibe und rechne und niemand stört mich. Es ist wunderschön, so allein im Zimmer zu sitzen."

Mentales Training

Vorstellungsbilder werden auch dazu benützt, sich bestimmte *Ziele* zu verdeutlichen und sie auf diese Weise leichter zu erreichen. Dies ist vor allem aus dem Sport als „Mentales Training" bekannt. Sportler trainieren nicht nur im Freien oder in der Halle, sondern auch geistig (mental). Sie entspannen sich dazu und stellen sich selbst in „Idealform" vor. Sie gehen dabei einzelne Bewegungen - etwa beim 100m-Lauf - in ihrer Phantasie durch: wie sie losstarten, jede Bewegung optimal ausführen und wie sie ihr Ziel erreichen.[43]

Stellen Sie sich intensiv ihre Lieblingssportart vor ... Führen Sie in der Vorstellung alle Bewegungen ganz ideal aus ... Genießen Sie diese Bilder und spüren Sie die Lust an der Bewegung ...
Beobachten Sie sich selbst, wie Sie atmen ..., den Rhythmus ..., den Bewegungsablauf ..., wie Sie alles optimal ausführen ...

Mentales Training kann nicht nur im Sport, sondern auch bei anderen *psychomotorischen Lernzielen* verwendet werden, etwa beim Schreiben, Maschinschreiben, Klavierspielen oder auch Singen. Die Lernenden werden zuerst mit der richtigen Körperhaltung und den entsprechenden Bewegungsabläufen in der Realität vertraut gemacht. Anschließend üben sie die Bewegungsabläufe dann in ihrer Vorstellung durch.

Stell dir vor, wie du ganz locker und sicher schreibst ... Du sitzt aufrecht ..., mit beiden Beinen am Boden ..., ganz entspannt ... Die Arme sind etwas abgewinkelt ..., die Schultern ganz gelöst ... Du atmest ruhig ein ... und aus ... Du beginnst deinen Text zu schreiben ... Locker und sicher hältst du deine Finger ..., bewegst die Hand gleichmäßig ..., bringst jedes Wort zügig und fehlerfrei zu Papier ... Du bist ganz aufmerksam und auch entspannt ...

Phantasiereisen, in denen ein imaginärer Meister einen Rat für richtiges Handeln in der Realität gibt, schaffen eine zusätzliche Verbindung zu unbewußten Kräften. Manche Leser mögen dies als unnötigen „Zauber" abtun. Wir selbst finden, daß wir - mit ein wenig Augenzwinkern - etwas mehr „Magie" beim Lernen einführen können, wenn es dazu beiträgt, „spielend zu lernen". Wenn es bei Suggestion nicht um Manipulation geht, sondern um die Aktivierung persönlicher Kräfte, sollten wir sie nicht ungenützt lassen. Auch Ärzte und ihre Patienten müssen auf die inneren Heilkräfte vertrauen, nicht nur auf die Wirkung von Medikamenten (das beweisen zumindest die Placebo-Forschungen, bei denen harmlose Traubenzucker-Tabletten oft auch zu Heilerfolgen führen).

Stellen Sie sich vor, Sie würden zu einem gütigen und weisen Einsiedler in die Berge gehen ... Sie sehen ihn vor seiner Höhle sitzen ..., begrüßen ihn ... Welchen Rat gibt er Ihnen für Ihr gegenwärtiges Leben ...? Was sollen Sie lernen ...?
Wenn Sie seinen Rat befolgen, was würden Sie dann tun ... Wie würden Sie dabei aussehen ..., was sagen ..., wie sich bewegen und atmen ...?

Im Bereich des (schulischen) Lernens können sich Kinder und Jugendliche auch Bilder von erfolgreichen *Leistungssituationen* vorstellen, die in entspanntem Zustand „durchgespielt" werden können.

Schüler sehen sich etwa in einer Phantasiereise, wie sie sicher und gelassen eine Prüfung ablegen und dabei alles „spielend" schaffen - wenn sie vorher gelernt haben!

Gunda Lang schreibt über „Mentaltraining für Kinder und Jugendliche" unter anderem zum Thema „Referate halten":

> „ *…die ausschlaggebende Schwierigkeit eines gut vorbereiteten und gut gelernten Referates ist der souveräne Vortrag vor so vielen kritischen Ohren und auch - nicht zu vergessen - Augen. Aufregung und Stottern können das gesamte Referat in der Endwertung herabmindern. Und das kann man durch Mentaltraining beeinflussen. Übe zwei bis drei Wochen vor dem Referatstermin folgendermaßen:*

Bild: *Du stehst vor deiner Klasse völlig souverän und selbstbewußt. Alle schauen interessiert und anerkennend auf dich. Du hältst dein Referat. Alle applaudieren. Der Lehrer lobt dich und schreibt eine Eins in sein Buch.*

Suggestion: Ich bin ruhig und gelassen. Ich kann mich an alles erinnern, was ich für das Referat gelernt habe. Ich spreche langsam und deutlich. Ich stehe über den Dingen. " [44]

Dieses Beispiel zeigt die vielfältige Einsatzmöglichkeit von Vorstellungsübungen in Lernsituationen auf. Kinder und Jugendliche sollten unseres Erachtens solche neuen „Lerntechniken" erwerben, um Lernziele leichter und spielerischer zu erreichen. Gleichzeitig werden hier auch die Grenzen sichtbar. Es ist immer kritisch zu hinterfragen, ob die Leistungsanforderungen - hier etwa beim Referat - überhaupt sinnvoll sind. Und weiter, ob das Lernklima - hier etwa mit den „kritischen Ohren und Augen" beschrieben - nicht von vornherein lernhemmend ist. Phantasiereisen zur Lernförderung sollten nicht im Dienst entfremdender Leistungsforderungen stehen, sondern zur Förderung der Ziele der Lernenden und zur Entwicklung ihrer gesamten Person beitragen.

Anleitungstexte:

Du schaffst es spielend

▪▪ Diese Anleitung ist auf der Kassette zum Buch enthalten.
Der Inhalt der Übung ist in der Einleitung zu diesem Kapitel angeführt.

Lernfreude

Ziele: Aus der Erinnerung an eine bedeutungsvolle Lernsituation wieder neue Kraft schöpfen.
Eignung: ab etwa 10 Jahren.

Anleitung:
Kannst du dich an die Begeisterung und Freude erinnern, mit der du als kleines Kind gelernt hast? Alles war damals neu und interessant für dich. Du hast voll Stolz deine Fähigkeiten gezeigt. Die Erinnerung an diese positiven Lernerlebnisse kann dir helfen, das Lernen mit Freude zu verbinden.
Setze oder lege dich dazu hin … Schließe deine Augen … Mache es dir noch ein wenig bequemer …
In deiner Phantasie siehst du Bilder von dir selbst …, als du etwas Neues und Interessantes gelernt hast …, Bilder aus deiner Erinnerung …, Bilder von angenehmen und freudigen Lernerlebnissen … Vielleicht damals, als du ein richtiges Erfolgsgefühl hattest …, als du etwas voll Stolz zeigen konntest …, als dir etwas Wichtiges klar wurde …
Du siehst ein Bild genauer an … es wird klarer und deutlicher … Achte darauf, was du siehst und was du selbst dabei tust …, wer noch bei dir ist …, was du hören kannst … Du siehst dich ganz deutlich …, und du spürst, daß du alles gut und richtig machst …
Genieße dieses Gefühl, daß du etwas gelernt hast …, daß du etwas kannst … Es ist vielleicht ein

Gefühl von Freude …, Kraft …, Selbstvertrauen … Alles gelingt ganz leicht und natürlich … Du bist stolz auf dich, daß du etwas gelernt hast und etwas kannst …

Du spürst ganz deutlich dieses positive Gefühl von damals …, nimmst es heute wieder wahr, während du hier sitzt oder liegst … Du kannst diese positive Lernerinnerung hierher in diesen Raum mitnehmen … Sie kann dir auch heute Kraft und Energie für das Lernen geben …

Und nun kehrst du von diesem Ausflug in deine Vergangenheit zurück … kommst langsam …, in deinem Tempo …, wieder hierher … Du bewegst deine Finger …, atmest etwas tiefer ein und aus … Du dehnst und räkelst dich … und öffnest deine Augen … Du fühlst dich erfrischt und ausgeruht, als wärest du gerade aufgewacht …

Zauberpunkt

Diese Anleitung ist auf der Kassette zum Buch enthalten.
Der Inhalt der Übung ist im Abschnitt „Positives Denken" in diesem Kapitel angeführt.

Positive Lernhaltung

Ziele: Eine geistige Haltung als körperliche Haltung bewußt machen und verankern.
Eignung: ab etwa 10 Jahren.
Hinweis: Diese Übung kann für ein ganz bestimmtes Fach oder Lernverhalten abgeändert werden …

Anleitung:
Wenn du erfolgreich lernen willst, brauchst du die richtige Einstellung zum Lernen. Und das Wort „Ein-Stellung" hat mit deiner „Haltung" etwas zu tun … Wir werden gleich eine Phantasiereise machen, bei der du diese gute Haltung üben kannst …
Setze dich entspannt auf deinen Platz …(jeweils fünf bis zehn Sekunden Pause …). Schließe deine

Augen … Mache es dir noch ein wenig bequemer … …

Dein Atem geht ruhig und gleichmäßig … Du spürst, wie du hier sitzt … und wie du dich dabei entspannen kannst … Du erinnerst dich daran, wie du einmal erfolgreich gelernt hast …, vielleicht damals, als dir beim Rechnen etwas gelungen ist …, oder beim Schreiben …, vielleicht auch, als du ganz konzentriert warst …, ganz bei der Sache …, aufmerksam …

Du erlebst all das noch einmal ganz deutlich …, siehst, wo du sitzt oder stehst …, vielleicht hörst du etwas …, und du spürst dieses Gefühl, daß du richtig lernst … Dein Atem geht ruhig und gleichmäßig …

Und nun achtest du darauf, wie du in deiner Phantasie sitzt, stehst oder dich bewegst …, und du nimmst diese ideale Körperhaltung jetzt auch in der Wirklichkeit an … Setze dich so auf deinen Platz, daß du spüren kannst: So halte ich meinen Körper, wenn ich richtig und erfolgreich lerne … Vielleicht mußt du deine Körperhaltung noch ein wenig verändern …, sodaß du deine ideale Lernhaltung findest …

Genieße dieses Gefühl …, und spüre, wie du atmest …, aufmerksam und entspannt bist … und dabei sicher und erfolgreich lernst …

Nun kommst du langsam …, in deinem Tempo …, wieder hierher zurück … Du bewegst deine Finger …, atmest etwas tiefer ein und aus … Du dehnst und räkelst dich … und öffnest deine Augen … Du fühlst dich erfrischt und ausgeruht, als wärest du gerade aufgewacht …

Ort der Kraft

Ziele: Sich Energie aus der Vorstellung eines „Kraftplatzes" holen.
Eignung: ab etwa 8 Jahren.
Hinweis: Den gefundenen Ort öfter aufsuchen lassen, ihn für jedes Kind als seinen persönlichen Ort gelten lassen, den es immer wieder aufsuchen kann (z. B. auch in Schulklassen).

Anleitung:

Von den Indianern wissen wir, daß sie sich Kraft und Stärke aus der Erde holen konnten. Sie haben sich in der Natur einen Platz gesucht, an dem Sie spüren konnten: Hier bekomme ich Kraft. Wenn du selbst Kraft tanken willst, kannst du hier in diesem Raum für dich einen „Ort der Kraft" suchen …

Suche dir zuerst einmal einen Platz in diesem Raum, an dem du dich besonders wohl fühlst. Es kann am Boden sein oder auch auf einem Sessel, ganz wie du es am liebsten hast. Wähle diesen Platz mit Sorgfalt aus … Versuche zu spüren, ob dieser Platz für dich jetzt gerade „stimmt" …

Setze dich auf diesem Platz gerade hin …, schließe deine Augen …, mache es dir noch ein wenig bequemer … Dein Atem geht ruhig und gleichmäßig …

Stelle dir nun vor, daß du an diesem Platz Kraft und Stärke der Erde spüren kannst … Vielleicht siehst du diese Kraft als sanftes Licht oder kannst sie als ein Summen hören, möglicherweise als Wärme spüren … …

Diese Kraft beginnt nun in deine Füße zu strömen …, angenehm …, warm … Diese Kraft fließt weiter durch deine Beine …, in Unterschenkel …, Oberschenkel … Du nimmst diese Kraft der Erde auf und läßt sie deinen Bauch ausfüllen …, dann weiter hinaufsteigen …, über den Rücken und die Brust …, bis hinauf in den Kopf … Du spürst, wie dich diese Kraft sicher und gelassen macht, dir neue Energie gibt …

Du spürst deutlich dieses Gefühl von Kraft …, und du kannst es dir immer wieder holen, wenn du an deinen Ort der Kraft denkst …

Nun kommst du langsam …, in deinem Tempo …, wieder hierher zurück … Du bewegst deine Finger …, atmest etwas tiefer ein und aus … Du dehnst und räkelst dich … und öffnest deine Augen … Du fühlst dich erfrischt und ausgeruht, als wärest du gerade aufgewacht …

Variation:

Einen solchen „Ort der Kraft" auch in der freien Natur aufsuchen.

Idealer Lernort

Ziele: Sich einen idealen Lernort zu Hause oder in der Schule vorstellen und konkrete Verbesserungen der Lernsituation anstreben.

Eignung: ab etwa 8 Jahren.

Hinweis: Die Anleitung speziell auf häusliche oder schulische Lernsituationen abstimmen. Im Anschluß daran konkrete Veränderungsmöglichkeiten besprechen.

Anleitung:

Menschen arbeiten besser, wenn sie sich an ihrem Arbeitsplatz wohlfühlen. Auch geistige Arbeiter brauchen einen Platz zum Arbeiten und Lernen. Du kannst einen solchen Arbeitsplatz heute in deiner Phantasie ansehen …

Setze oder lege dich dazu hin … Schließe deine Augen … Mache es dir noch ein wenig bequemer … Beobachte deinen Atem, wie er von selbst kommt … und geht …

Stell dir nun deinen Platz zum Lernen (zu Hause bzw. in der Schule) vor … Wo ist er …? Wie sieht er aus …? Ist er groß genug …? Hast du genug Platz …?

Was ist alles auf dem Lernplatz zu sehen …? Wie ist das Licht dort …?

Ist es dort ruhig …, oder laut …? Was kannst du riechen …? Kannst du dort gut sitzen …? Wie fühlst du dich an diesem Platz …? Was freut dich …, was stört dich …?

Und nun verändere alles in deiner Phantasie … Erfinde einen ganz neuen Lernplatz, an dem du dich wohlfühlst …, wo du gerne geistig arbeitest … Was kann man dort sehen …, hören …, riechen oder schmecken …? Was tust du an diesem idealen Ort …? Kannst du spüren, daß du hier gut arbeiten und lernen kannst …? Was wünscht du dir noch, damit du dich beim Lernen und Arbeiten wohlfühlst …?

Und nun kommst du langsam …, in deinem Tempo …, wieder hierher zurück … Du bewegst deine Finger …, atmest etwas tiefer ein und aus … Du dehnst und räkelst dich … und öffnest deine

Augen … Du fühlst dich erfrischt und ausgeruht, als wärest du gerade aufgewacht …

Traumschule

Ziele: Das Lernen in der Schule mit positiven Gedanken verbinden. Ideen zur Veränderung der Lernsituation sammeln.
Eignung: ab etwa 8 Jahren.
Hinweis: Im Anschluß daran mit den Kindern und Jugendlichen eine Veränderung schulischer Lernsituationen überlegen.

Anleitung:
Was erlebst du an der Schule unangenehm? Was macht dir Freude? Heute kannst du einmal einen idealen Schultag erleben …
Setze oder lege dich dazu hin … Schließe deine Augen … Mache es dir noch ein wenig bequemer … Beobachte deinen Atem, wie er von selbst kommt …, und geht …
Stell dir vor, du kommst am Morgen zur Schule …, und du reibst dir die Augen …, sie steht heute an einem ganz anderen Platz … Eine ganz neue, eine richtige „Traumschule" … Wunderbar … Schau einmal hin …, wo sie nun ist …, wie die Umgebung aussieht …, wie die Traumschule aussieht … Du siehst deine Mitschüler …, auch sie sind heute anders … und auch die Lehrer … Du gehst in das Schulgebäude hinein …, siehst dich auf den Gängen um …, es riecht hier auch anders als sonst …, alles klingt anders …
Du kommst in deine Klasse … Sie ist traumhaft eingerichtet …, so wie du es dir wünscht … Du erforschst deine neue Lernumgebung … Es ist vieles da, was dich neugierig macht …, was dich interessiert …
Und heute macht dein Lehrer (deine Lehrerin) auch den Unterricht ganz anders … Du kannst so lernen, wie du es dir schon immer gewünscht hast … Und du spürst, daß es für dich gut ist, auf diese Weise zu lernen …
Und nun kommst du langsam …, in deinem

Tempo …, wieder hierher zurück … Du bewegst deine Finger …, atmest etwas tiefer ein und aus … Du dehnst und räkelst dich … und öffnest deine Augen … Du fühlst dich erfrischt und ausgeruht, als wärest du gerade aufgewacht …

Gedächtnisspeicher

Ziele: Über das Wunderwerk des eigenen Gehirns staunen; eine optimistische, vertrauensvolle Einstellung zum eigenen Organismus und den eigenen Fähigkeiten bekommen; den Kopf frei und klar machen; verschiedene Sinnessysteme aktivieren.
Eignung: ab etwa 8 Jahren.
Hinweis: Die Übung kann auch zweigeteilt werden; Teil 1: Erinnerung, Teil 2: Spannung abbauen.

Anleitung:
Unser Gehirn ist ein wunderbares Organ. Milliarden Nervenzellen speichern alles, was wir sehen, hören, fühlen oder denken. Unser Gehirn kann viel mehr als alle Computer dieser Welt.
Taste zunächst mit den Händen deinen Kopf ganz sanft ab … Versuche dir die Größe deines Gehirns vorzustellen … und richte jetzt dein Augenmerk auf die linke Hälfte des Gehirns … und jetzt auf die rechte Hälfte … Halte nun deine Hände im Abstand von etwa einem Zentimeter vom Kopf weg …, und versuche zu spüren, wie dein Gehirn auf deine Handflächen ausstrahlt …
Setze oder lege dich nun entspannt hin … Schließe deine Augen … Mache es dir noch ein wenig bequemer … Dein Atem geht ruhig und gleichmäßig …
Stelle dir dein Gehirn vor … Beobachte die vielen Windungen …, die vielen Milliarden Zellen … Stelle dir nun vor, daß hier alles auf wunderbare Weise aufbewahrt ist, was du jemals gesehen hast …, und laß dazu Bilder auftauchen … Sieh dich selbst an deinem ersten Schultag … Wie sah dein Lieblingsspielzeug aus … Laß dein Lieblingsbuch vor dir auftauchen …
Wie klingt die Stimme deiner Mutter … Erinnere

dich an dein Lieblingslied … Laß das Miauen einer Katze in deinem Ohr klingen …

Erinnere dich an das Gefühl, als du das Radfahren erlernt hast … Erinnere dich daran, als dich jemand gestreichelt hat … Spüre auf deinen Zähnen kaltes Eis …

Erinnere dich an den Geruch deines Kinderzimmers … Wie riecht angebrannte Milch …? Wie riecht es, wenn du dich an einen lieben Menschen kuschelst … Welchen Geschmack hat deine Lieblingsspeise …?

Und alle diese vielen Erinnerungen in deinem Gehirn kannst du beim Lernen nützen … Und das gelingt dir, wenn dein Kopf ganz klar und frei ist … und alle Verbindungen im Gehirn frei fließen … Und dazu läßt du nun alle Spannungen aus dem Kopf hinaus …, aus der Stirne, aus dem Gesicht …, den Wangen … den Lippen … Und auch dein Hinterkopf entspannt sich …, wird ganz locker …

Und vielleicht spürst du, daß dein Kopf nun freier ist …, daß dein Gehirn ausgezeichnet funktioniert …, daß du gut lernen … auf dein Gehirn vertrauen kannst …

Und du nimmst dieses angenehme Gefühl mit in diesen Raum …, und kommst langsam …, in deinem Tempo …, wieder hierher zurück … Du bewegst deine Finger …, atmest etwas tiefer ein und aus … Du dehnst und räkelst dich … und öffnest deine Augen … Du fühlst dich erfrischt und ausgeruht, als wärest du gerade aufgewacht …

Gehirntraining

Ziele: Sich die Möglichkeiten des Gehirns bewußt machen und dadurch Vertrauen in die eigenen Lernprozesse stärken. Kreativität und Vorstellungskraft schulen.

Eignung: ab etwa 8 Jahren.

Hinweis: Die Anleitung bei Bedarf kürzen und später fortsetzen.

Anleitung:

Weißt du, welches Wunderwerk du in deinem Kopf hast, was dein Gehirn alles kann? Heute kannst du das einmal ausprobieren und dein Gehirn trainieren.

Setze oder lege dich dazu hin … Schließe deine Augen … Mache es dir noch ein wenig bequemer … Beobachte deinen Atem, wie er von selbst kommt … und geht …

Stell dir nun einen Zirkusclown vor … Laß ihn einen Handstand machen … Höre, wie er auf der Trompete bläst … Laß nun zwei Clowns auftauchen … Laß beide nach oben schweben … Laß einen Clown neben dich hinsetzen … Laß den anderen auf einem Löwen reiten … Rieche die Zirkusluft …

Geh jetzt in deiner Phantasie in eine Winterlandschaft … Spüre die Kälte des Winters … Forme mit bloßen Händen einen Schneeball …, wirf ihn weit weg …

Laß einen warmen Sommertag auftauchen …, spüre die Wärme auf der Haut …, höre einem Vogel zu, wie er singt … Kaufe dir dein Lieblingseis …, rieche zuerst daran …, koste und spüre den Geschmack …

Stell dir vor, du streichelst eine Katze …, höre, wie sie leise schnurrt …, rieche ihr Fell …, verfärbe das Fell rosarot …, wie riecht es jetzt …? Fühle dich selbst wie eine kleine Katze …

Stell dir nun auf der linken Seite die Zahl 1 vor …, auf der rechten Seite den Buchstaben A … Links siehst du einen grünen Urwald …, rechts einen schneebedeckten Berg …

Links hörst du das Geräusch eines startenden Autos …, und rechts singt jemand mit hoher Stimme …

Links hast du das Gefühl, daß du gestreichelt wirst … und rechts das Gefühl, daß du mit dem Rad fährst …

Links riecht es nach Benzin …, rechts der Duft von frisch gebackenem Brot …

Links schmeckst du eine Zitrone …, rechts den Geschmack von Nüssen …

Welche Farbe ist schneller, blau oder weiß …? Welche Farbe ist schwerer, orange oder blau …? Was riecht schärfer, gelb oder grün …? Schmeckt ein blauer oder ein roter Bleistift besser …?

Spüre den Geschmack deines Lieblingsbuches …? Welche Farbe hat die Musik deines Lieblingssängers …? Wie klingt die Farbe „rot" …? Wie riecht Mathematik …? Welche Farbe hat das Wort „Friede" …?

Mache jetzt in deiner Phantasie etwas, was dir richtig Spaß macht …, und rieche, schmecke, höre, fühle dabei alles ganz deutlich …

Was riechst du hier in diesem Raum …? Was kannst du jetzt gerade hören …? Wo spürst du deine Hände …? Bewege Sie ein wenig …? Dehne und räkle dich.., und spüre dabei dieses angenehme Gefühl … Was wirst du sehen, wenn du die Augen aufmachst …? Stimmt es …? Bist du nun wieder hellwach …? Was denkst du jetzt über dein Gehirn …?

Mehrspuriges Denken

Ziele: Das Gehirn durch Bewegungen und Vorstellungen aktivieren und verschiedene Funktionen integrieren.

Eignung: ab etwa 10 Jahren.

Hinweis: Für entsprechenden Raum zum Bewegen sorgen.

Anleitung:

Heute zeige ich dir einige lustige Spiele als Training für das Gehirn. Stelle dich dazu hin …, prüfe mit gestreckten Armen, ob du genügend Platz hast … Wenn du willst, kannst du auch die Augen schließen …

Dreh deinen Kopf nach links …, dann wieder in die Mitte … Stelle dir jetzt vor, daß du den Kopf nach links drehst …, mache es jetzt wirklich …

Und jetzt den Kopf wirklich nach rechts drehen … und wieder in die Mitte … Nun den Kopf in der Phantasie nach rechts drehen …, du schaust in der Phantasie nach rechts und jetzt wirklich …

Laufe jetzt leicht und locker auf der Stelle … Und jetzt mach dasselbe in deiner Phantasie …, dann wieder wirklich …

Laufe jetzt wirklich auf der Stelle …, schnipse dabei mit den Fingern …, summe dazu ein einfaches Lied … und denke nun noch an einen Bienenstock, eine Wendeltreppe und eine Schüssel mit Pudding …

Ruhe dich nun ein wenig aus …

Hüpf jetzt locker auf und nieder …, mache dabei einige Boxbewegungen mit den Händen …, pfeife ein Lied … und gleichzeitig denkst du an eine Giraffe …, an das Schifahren im Winter … und an Schokoladeneis …

Ruhe dich nun aus …, und spüre, wie du jetzt dein Gehirn trainiert hast …

Fertigkeiten verbessern

Ziele: Eine bestimmte körperliche Fertigkeit (Schreiben, Radfahren, Klavierspielen, auch konzentriertes Lesen etc.) perfektionieren.

Eignung: ab etwa 10 Jahren.

Hinweis: Für eine bestimmte Fähigkeit die Bilder entsprechend anbändern. Vorher die angestrebte Fertigkeit eine Minute lang real ausführen oder zumindest körperlich in die entsprechende Haltung gehen und die Fertigkeit andeutungsweise zeigen.

Anleitung:

Wenn wir eine bestimmte Fertigkeit (z. B. Schreiben …) trainieren wollen, kann uns die Phantasie viel helfen. Du kannst dir einen „Meister" vorstellen, der dir hilft, diese Fertigkeit besonders gut zu erlernen.

Setze oder lege dich nun hin … Schließe deine Augen … Mache es dir noch ein wenig bequemer … Beobachte deinen Atem, wie er von selbst kommt … und geht …

Übe nun diese Fertigkeit eine Minute lang in der Phantasie, mache sie so perfekt, wie du kannst. Spüre dabei, wie du dich bewegst …, wie du atmest …, wie sich dein Kopf anfühlt …

Geh nun in deiner Phantasie auf eine Wiese …, stell dir einen mächtigen Baum vor …, geh auf ihn zu … Wie du näherkommst, bemerkst du eine kleine Tür an den Wurzeln …, eine Treppe führt nach unten …, und du gehst mutig hinunter …, immer weiter …, Fackeln an der Wand erleuchten deinen Weg …, bis du schließlich in einen Raum kommst, an dessen Tür steht: „Raum des Könnens". Du trittst ein, siehst dich um …, spürst diese Stimmung des Könnens …, und du merkst …, daß du hier viel dazulernen kannst …

Da siehst du in der Ecke eine freundliche Gestalt …, einen Meister dieser Fertigkeit … Er wird dir jetzt alles beibringen, was du lernen willst … Vielleicht mit Worten …, oder mit Bewegungen … oder vielleicht spürst du auch nur, was er dich lehren wird … Und du hast nun zwei Minuten Zeit. Und es ist all die Zeit, die du brauchst, um von deinem Meister zu lernen …

Bedanke dich nun bei deinem Meister …, geh langsam zurück …, schließe die Tür zum Raum des Könnps, geh die Trepppe hinauf …, und bei jedem Schritt spürst du, wie dein Können wächst …, sich in deinem Körper ausbreitet.

Und nun kommst auf die Wiese und langsam …, in deinem Tempo …, wieder hierher zurück … Du bewegst deine Finger …, atmest etwas tiefer ein und aus … Du dehnst und räkelst dich … und öffnest deine Augen … Du fühlst dich erfrischt und ausgeruht, als wärest du gerade aufgewacht …

Übe nun nochmals deine Fertigkeit eine Minute lang mit deinem Körper. Übe nun wieder eine Minute in der Phantasie. Beobachte, was du besonders beachten mußt, damit du in der Wirklichkeit auch alles besonders gut kannst.

Wechsle in der nächsten Zeit öfter zwischen der Übung in der Wirklichkeit und in der Phantasie.

Lernbilder

Ziele: Sich fachliche Lerninhalte plastisch vorstellen.

Eignung: ab etwa 8 Jahren.

Hinweis: Vorher Bilder zum Lernstoff ansehen lassen bzw. an solche erinnern. Den Text spezifischer auf bestimmte Inhalte abstimmen.

Anleitung:

Wenn du die Bilder in deinen Schulbüchern ansiehst oder dich an ein Bild aus dem Unterricht erinnerst, kann dir das beim Lernen helfen. Der Lernstoff wird nämlich im Gehirn besser verankert, wenn du ihn mit Bildern, Vorstellungen oder Gefühlen verknüpfst. In der folgenden Phantasiereise kannst du Bilder zum Lernstoff noch intensiver erleben …

Setze oder lege dich dazu entspannt hin … Schließe deine Augen … Mache es dir noch ein wenig bequemer … Dein Atem geht ruhig und gleichmäßig … Du sitzt oder liegst hier ganz entspannt …, und in dir taucht das Bild einer Schultafel auf … Auf der Tafel steht die Überschrift zu deinem heutigen Lernstoff … Nun erscheint zu diesem Lernstoff ein Bild …, undeutlich zuerst, dann immer klarer … Du siehst genau hin …, betrachtest Farben und Formen …

Du gehst näher heran …, beobachtest verschiedene Einzelheiten … Achte darauf, ob du etwas hören kannst … Vielleicht kannst du etwas riechen … Möglichwerweise bewegt sich etwas in deinem Bild, genau so wie in einem Film … Welches Gefühl taucht beim Zusehen auf …?

Wörter fallen dir ein …, Wörter oder Sätze, die zu diesem Lernstoff und zu diesen Bildern passen … Vielleicht hörst du diese Wörter, oder es erscheinen Zahlen … Zeichnungen …, Skizzen …

Wenn du Lust hast, kannst du in deiner Phantasie diese Bilder, Wörter oder Zahlen weiter verändern … Vielleicht steigst du auch mitten in ein Bild hinein …, verwandelst dich und erlebst alles ganz direkt mit …

Du merkst, daß du jetzt den Lernstoff ganz neu erlebst … Es ist interessant, das Gelernte in der Phantasie wahrzunehmen … Du spürst ganz deutlich, wie du jetzt alles besser verstehst …, wie du in den Lernstoff eindringen kannst … , wie du dir alles viel leichter merkst …Und während du noch diese Leichtigkeit des Lernens wahrnimmst, spürst du wieder, daß du hier sitzt oder liegst …

Du kommst langsam …, in deinem Tempo …, wieder hierher in diesen Raum … Du bewegst deine

Finger …, atmest etwas tiefer ein und aus … Du dehnst und räkelst dich … und öffnest deine Augen … Du fühlst dich erfrischt und ausgeruht, als wärest du gerade aufgewacht …

Identifizieren

Ziele: Sich mit einem Lerninhalt identifzieren und dadurch einen affektiven Bezug bekommen.
Eignung: ab etwa 8 Jahren
Hinweis: Hier wird als beispielhaft das Thema „Baum" (jeweils in Klammern) vorgegeben. Für einen anderen Inhalt das Thema vorher deutlich nennen bzw. Aspekte daraus bei Bedarf besprechen. Die Anleitung entsprechend abändern.

Anleitung:
Wenn wir uns ganz intensiv in eine Person, in eine Sache oder in einen Gegenstand hineindenken, lernen wir ihn auf ganz neue Weise verstehen. Du kannst dich in deiner Phantasie heute (… in einen Baum …) verwandeln …
Setze oder lege dich dazu hin … Schließe deine Augen … Mache es dir noch ein wenig bequemer … Beobachte deinen Atem, wie er von selbst kommt … und geht … Stell dir vor, du verwandelst dich langsam … und wirst allmählich zu … (…einem Baum …) Du erlebst dich ganz als … (…Baum …), mit (… Wurzeln …, Stamm …, Ästen …, Blättern …)
Du schaust, wo du jetzt bist …, betrachtest deine Umgebung … Du horchst auf Geräusche, … achtest auf Bewegungen …, und vielleicht bewegst du dich selbst … Kannst du als … (…Baum …) etwas riechen oder schmecken …? Wie ist es, ein … (… Baum …) zu sein …? Was fühlst du …? Was denkst du …? Vielleicht möchtest du etwas Bestimmtes sagen …, eine Botschaft mitgeben …
Bleib jetzt noch eine Weile verwandelt …, nimmt dir noch Zeit, alles in deiner Phantasie zu tun, was du jetzt für gut findest …
Und nun verwandelst du dich wieder zurück …, wirst wieder du selbst …, spürst deinen Körper …

und kommst langsam …, in deinem Tempo …, wieder hierher zurück … Du bewegst deine Finger …, atmest etwas tiefer ein und aus … Du dehnst und räkelst dich … und öffnest deine Augen … Du fühlst dich erfrischt und ausgeruht, als wärest du gerade aufgewacht …

Phantasiegeschichten

Ziele: In der Phantasie eine Reise mit einem Phantasiefahrzeug unternehmen und darüber berichten (z. B. auch als Vorbereitung für einen Phantasieaufsatz oder eine Zeichnung). In verschiedenen Variationen (siehe Texthinweise) auch für Geschichte, Geographie, Biologie etc. einsetzbar.
Eignung: ab etwa 6 Jahren.

Anleitung:
Setze oder lege dich bequem hin …, schließe deine Augen, mache es dir bequem …
Du kannst heute eine Reise mit einem Phantasiefahrzeug machen. Es ist ein merkwürdiges Fahrzeug: Es kann fahren, fliegen, schwimmen und tauchen … Du siehst das Fahrzeug vor dir stehen und betrachtest es staunend … Du gehst näher heran …, siehst eine offene Tür und steigst neugierig ein …
Du siehst dich im Fahrzeug um … Du bekommst Lust, mit dem Fahrzeug zu fahren … Du setzt dich hin und startest es … Ganz langsam bewegt es sich vorwärts. Du wirst immer sicherer und fährst nun fort … Du hast jetzt genügend Zeit, die Reise zu genießen … Achte auf alles, was du sehen, hören oder sonst empfinden kannst …

Variationen:
Das Fahrzeug landen …, sanft zum Stehen bringen …, vorsichtig aussteigen …, sich vielleicht unsichtbar machen …, alles erforschen: Umgebung, Landschaft, Tier- und Pflanzenwelt, Menschen und ihre Tätigkeiten, Bräuche, Gesetze, Schulen …
Von dort Botschaften mitbringen …

Beispiele:
- Landung in einem fremden Land … (z. B. in Geographie)
- Landung in einer früheren Epoche … (z. B. in Geschichte)
- Landung in der Zukunft (z. B. in Physik)
- Landung auf einem Planeten (z. B. in Zeichnen) …

Nun wird es allmählich Zeit zum Umkehren … Verabschiede dich von dem Ort, an dem du gerade bist …, tritt nun die Heimreise an … Du kannst bereits den Platz sehen, von dem aus du gestartet bist … Das Fahrzeug wird langsamer … Du bringst es zum Stehen …, steigst aus …, betrachtest es noch einmal …
Nun verabschiedest du dich von deinem Phantasiefahrzeug …, und kommst langsam …, in deinem Tempo …, wieder hierher zurück …
Du bewegst deine Finger …, deine Arme …, die Beine. Du atmest etwas tiefer ein und aus …, öffnest deine Augen.., bist wieder ganz hellwach.

In einem anderen Land

Ziele: Sich in der Phantasie in einem (vorher vereinbarten) Land bewegen, dabei Kenntnisse von Landschaftsbildern, Gebräuchen, Sprache etc. anwenden (etwa im Fremdsprachenunterricht, in Geographie, Geschichte …)
Eignung: ab etwa 10 Jahren.

Anleitung:

In der Phantasie können wir rasch überall hinreisen, Land und Leute studieren. Heute geht es nach … (Land nennen)
Setze oder lege dich dazu hin … Schließe deine Augen … Mache es dir noch ein wenig bequemer … Beobachte deinen Atem, wie er von selbst kommt …, und geht …
Stell dir nun vor, du sitzt in einem Flugzeug …, lehnst dich bequem in deinem Sessel zurück …, spürst das sanfte Brummen der Motoren … Du blickst aus dem Fenster …, siehst unter dir schon die Umrisse unseres Landes … Das Flugzeug sinkt hinunter …, setzt mit einem Ruck auf der Piste auf … Du bist am Flughafen …
Gleich siehst du die Aufschrift des Flughafens in der fremden Sprache … Hörst die Menschen um dich in dieser Sprache sprechen … Ein Bus bringt dich in die Hauptstadt … Vorbei an den Wahrzeichen der Stadt … Du steigst aus … Du schlenderst durch die Hauptstadt … Du sprichst jemanden in seiner Sprache an …, fragst etwas … und hörst die Antwort …
Du besuchst einige Sehenswürdigkeiten … und während du weitergehst …, zieht dir der Duft von typischen Speisen dieses Landes durch die Nase …
Du bemerkst ein kleines Lokal …, gehst hinein …, setzt dich an einen Tisch …
Du wählst eine typische Speise dieses Landes …, das Wasser läuft dir schon im Mund zusammen …, du kostest davon …
Es setzen sich Einheimische zu dir …, sie laden dich freundlich ein …, und weil du nichts zu tun hast, fährst du mit ihnen durch das Land … Nimm dir all die Zeit, die du brauchst, dieses Land kennenzulernen …
Und nun kommst du langsam …, in deinem Tempo …, wieder hierher zurück … Du bewegst deine Finger …, atmest etwas tiefer ein und aus … Du dehnst und räkelst dich … und öffnest deine Augen … Du fühlst dich erfrischt und ausgeruht, als wärest du gerade aufgewacht …

In der Pyramide

Ziele: Das Innere einer Pyramide erforschen und dabei das Volumen erleben (Mathematik) oder Kenntnisse auf reizvolle Weise wiederholen (z. B. in Geographie, Geschichte …)
Eignung: ab etwa 12 Jahren.

Anleitung:

Wir haben die Pyramide nun schon auf verschiedenste Weise kennengelernt; auf Bildern, an einem

Modell … Heute kannst du sie auch in der Phantasie erleben …

Setze dich dazu entspannt hin …, schließe deine Augen … und stell dir eine Pyramide vor, wie du sie aus dem alten Ägypten kennst …, mitten in den Sand der Wüste gebaut …, riesig in den Ausmaßen …

Du bestaunst dieses Bauwerk von der Ferne …, gehst langsam näher … und entdeckst einen schmalen Eingang … Du gehst näher …, bist vielleicht etwas ängstlich … und gleichzeitig auch ein wenig neugierig … Du wagst einen ersten vorsichtigen Schritt hinein … Merkwürdig …, diese Pyramide hat einen riesigen Innenraum … unten quadratisch …, die Wände laufen nach oben hin zusammen …, bilden eine Spitze … Du kannst alles in einem eigenartig schimmernden Licht sehen …

Du wagst dich vor …, stellst dich genau in die Mitte … Du spürst die Wirkung dieses Innenraums auf dich … den gleichen Abstand zu den Bodenkanten …, links und rechts …, vorne und hinten … Du nimmst die Höhe wahr, die genau vom Mittelpunkt durch dich hindurch bis zur Spitze geht … dieser ganze Innenraum ist das Volumen der Pyramide … Vielleicht kannst du auch die Kraft spüren, die diese Pyramide ausstrahlt …, wie diese Kraft vielleicht auch auf dich übergeht … Es ist die Kraft der Zahlen, die in dieser Pyramide steckt … Und vielleicht kannst du bereits spüren, wie die Formel für das Volumen in diesem riesigen Innenraum verborgen ist … und vielleicht bist du auch neugierig, sie zu erfahren … und zu erforschen … Und mit dieser Frage gehst du aus der Pyramide hinaus …, kommst nun langsam wieder zurück … hierher in diesen Raum … Du dehnst und räkelst dich …, und öffnest deine Augen … Du fühlst dich erfrischt und ausgeruht, als wärest du gerade aufgewacht.

Variation für Geographie oder Geschichte:
Den Bau der Pyramide erleben, in das Innere einer Grabkammer eindringen …

Hinter dem Tor

Ziele: Das Bild des Tores als Eintritt in eine andere Welt nehmen. Sich Vorstellungen von dieser anderen Welt machen.

Eignung: ab etwa 12 Jahren.

Hinweis: Hinter dem Tor können verschiedenste „Welten" liegen, etwa im Fach Geschichte ein „Staat mit idealer Verfassung", im Fach Biologie ein „Bewohner des Regenwaldes".

Wird die Reise mit Zukunftsvorstellungen (z. B. die Welt in 20 Jahren) vorgegeben, dann zeigt sich, daß Kinder und Jugendliche heute in hohem Maße eine negative Zukunft hinter dem Tor sehen. Es ist dann wichtig, ihre Ängste nicht zu verdrängen, sondern zu besprechen oder auch andere Formen der Verarbeitung zu wählen. Wie dies bei der folgenden Phantasiereise gemacht wurde, zeigt Ulrike Unterbrunner in ihrem Buch „Umweltangst-Umwelterziehung" (1991) auf (siehe dazu ausführlicher Kapitel 5).

Anleitung:

Setze oder lege dich dazu hin … Schließe deine Augen … Mache es dir noch ein wenig bequemer … Beobachte deinen Atem, wie er von selbst kommt … und geht …

Du bist auf einem Weg, den du einfach entlang gehst. Plötzlich entdeckst du in der Ferne ein Tor. Du gehst auf dieses Tor zu … Nun stehst du vor dem Tor. Schau es dir an: Woraus besteht es? Welche Farbe hat es? Wie kannst du es öffnen? … Und während du so dastehst und schaust, weißt du plötzlich, daß hinter diesem Tor die Zeit eine andere ist. 20 Jahre sind dort schon vergangen. 20 Jahre ist die Zeit hinter dem Tor schon voraus … Öffne nun das Tor und geh hinein in diese Welt … Schau dich da nun einfach um. Vielleicht begegnest du Menschen oder vielleicht auch nicht. Vielleicht kannst du auch etwas hören oder riechen … (2 Minuten Stille) …

Denke nun allmählich wieder ans Zurückkehren, aber laß dir Zeit … Geh zum Tor zurück, schau dich noch einmal um. Dann geh durch das Tor durch und schließe es fest hinter dir zu. Wenn die Welt angenehm war, die du gesehen hast, kannst du jederzeit wieder zurück. Wenn dir diese Welt unangenehm war, bleibt das Tor ganz verschlossen …

Und dann geh' den Weg, den du gekommen bist, wieder zurück … und du kommst langsam …, in deinem Tempo …, wieder hierher … Du bewegst deine Finger …, atmest etwas tiefer ein und aus … Du dehnst und räkelst dich … und öffnest deine Augen … Du fühlst dich erfrischt und ausgeruht, als wärest du gerade aufgewacht …

Fehler auslöschen

Ziele: Sich selbst entlasten lernen; sich auch mit seinen unvollständigen Seiten akzeptieren;
Eignung: ab etwa 10 Jahren.

Anleitung:

Jeder von uns macht beim Lernen seine Fehler. Manchmal klappt es nicht ganz, wie wir das wollen. Wir sollten uns dann aber nicht selbst beschimpfen oder unnötig über unsere Fehler grübeln. „Aus Fehlern wird man klug", sagt ein Sprichwort. In dieser Phantasiereise kannst du üben, nach einem Fehler wieder neu zu beginnen …

Setze oder lege dich dazu entspannt hin … Schließe deine Augen … Mache es dir noch ein wenig bequemer … Dein Atem geht ruhig und gleichmäßig … Bei jedem Ausatmen breitet sich die Entspannung aus …

Erinnere dich nun zurück an eine Begebenheit, wo du einen Fehler gemacht hast …, wo dir etwas nicht so gelungen ist, wie du möchtest … Vielleicht ist dir eine Aufgabe nicht geglückt …, oder du hast eine schlechte Note bekommen … Du denkst an diesen Fehler …, spürst vielleicht deine Enttäuschung … Und nun kannst du diesen Fehler auslöschen … Du nimmst einen großen Schwamm und löschst den Fehler aus …, gerade so, wie du die Tafel löschst … Und du beobachtest ganz

genau …, mit jedem Wischen geht der Fehler weg …, verschwindet …

Du atmest erleichtert auf …, und sagst zu dir selbst: „Ich habe einen Fehler gemacht, aber ich selbst bin in Ordnung und liebenswert" … Du kannst vielleicht spüren, wie dir dieser Satz hilft …, wie du wieder frei atmen kannst …

Du nimmst dich selbst liebevoll in den Arm …, und dabei spürst du, daß du nicht perfekt sein mußt …

Und vielleicht merkst du auch, wie Selbstvertrauen und Energie zunehmen, und daß dir das auch helfen wird, unnötige Fehler zu vermeiden …

Nun kommst du langsam …, in deinem Tempo …, wieder hierher zurück … Du bewegst deine Finger …, atmest etwas tiefer ein und aus … Du dehnst und räkelst dich … und öffnest deine Augen … Du fühlst dich erfrischt und ausgeruht, als wärest du gerade aufgewacht …

Beobachtungslernen

Ziele: Sich an Modellen orientieren; eine positive, optimistische Lerneinstellung bekommen;
Eignung: ab etwa 10 Jahren.
Hinweis: Die Abstimmung auf eine ganz bestimmte Fähigkeit ist sinnvoll.

Anleitung:

Wenn wir etwas Neues lernen, gelingt es uns nicht immer auf Anhieb. Kennst du solche Schwierigkeiten, vielleicht beim beim Lesen oder Schreiben, beim Rechnen oder auch beim Turnen? Suche dir heute etwas, was du noch besser lernen möchtest …

Du kannst dir nun in der Phantasie vorstellen, daß dir alles leicht und mühelos gelingt. Diese Vorstellungsbilder können dir auch in der Wirklichkeit helfen, die Lernschwierigkeiten zu meistern.

Setze oder lege dich dazu entspannt hin … Schließe deine Augen … Mache es dir noch ein wenig bequemer …

Stelle dir jemanden vor, der das bereits gut kann, was du heute lernen möchtest …, vielleicht ist es ein Mitschüler …, eine erwachsene Person …, jemand den du kennst …, oder eine fremde Person …

Schau ganz genau hin, wie diese Person genau das tut, was du noch lernen oder verbessern möchtest … Beobachte genau, wie sich diese Person bewegt …, was sie sagt oder denkt …, vielleicht kannst du tatsächlich etwas hören …

Und nun verwandelt sich das Bild …, du machst selbst alles genau so nach, wie du es gesehen hast … Und in deiner Phantasie gelingt dir einfach alles … Du spürst, wie du dich bewegst …, siehst alles um dich herum ganz deutlich …, vielleicht hörst du auch etwas … du machst alles ganz leicht und mühelos … Du freust dich über dich selbst …, du strahlst richtig, weil dir alles wie von selbst gelingt …

Nun kommst du langsam …, in deinem Tempo …, wieder hierher zurück … Und du nimmst dieses Gefühl hierher mit in diesen Raum …, das Gefühl, daß du es geschafft hast …, daß du etwas dazugelernt hast … Du bewegst deine Finger …, atmest etwas tiefer ein und aus …, während das Erfolgsgefühl in dir weiter lebendig bleibt … Du dehnst und räkelst dich … und öffnest deine Augen … Du fühlst dich erfrischt und ausgeruht, als wärest du gerade aufgewacht …

Positive Prüfung

Ziele: Sich vor einer Prüfung entspannen, positive Gedanken und Gefühle als Ressourcen nutzen.
Eignung: ab etwa 10 Jahren.
Hinweis: Die Abstimmung auf eine spezifische Prüfungssituation ist sinnvoll.

Anleitung:

Wenn du dich vor dieser Prüfung gut entspannst, wirst du sie erfolgreich schaffen.
Setze dich dazu hin … Schließe deine Augen … Mache es dir noch ein wenig bequemer … Beobachte deinen Atem, wie er von selbst kommt … und geht …

Laß nun alle Sorgen oder negativen Gedanken vorbeiziehen …, lege sie irgendwo im Raum ab … Erlaube dir, ganz entspannt, ruhig und aufmerksam zu sein … Dein Kopf wird frei und klar. Alles, was du dir vorbereitet hast, ist in deinem Gehirn vorhanden … Du wirst alles finden, wenn du dich entspannst …

Stelle dir vor, wie du die Prüfung machst …, wie du „gut drauf" bist … wie du ruhig und gezielt arbeitest … Genieße es richtig, wie du erfolgreich arbeitest …, wie du deine Arbeit abgibst …, und spüre das Selbstvertrauen …, und deinen Stolz …, diese positiven Gefühle …, und nimm sie jetzt mit in diesen Raum …, komm langsam …, in deinem Tempo …, wieder hierher zurück … Du bewegst deine Finger … und öffnest deine Augen … Du fühlst dich erfrischt und ausgeruht und kannst mit einem positiven Gefühl diese Prüfung beginnen …

5. „*Du verwandelst dich …*"
Phantasiereisen zur Persönlichkeitsentwicklung

Zur Einführung in dieses Kapitel möchten wir wieder eine Phantasiereise anbieten und dabei den Gedanken der *Persönlichkeitsentwicklung* in der Metapher „Schmetterling" aufzeigen. Während Sie dies hier lesen, können Sie sich entspannen, es sich bequem machen …

„und sich vorstellen, eingehüllt in einem Kokon zu sein …, geschützt …, geborgen …, ganz ruhig und still …
Und nach einiger Zeit merkst du, wie du dich da drinnen verwandelst …, wie du von innen her lebendig wirst …, völlig anders …, völlig neu … Du kannst spüren, wie es dich nach außen drängt …, wie du dich ausdehnen und entfalten möchtest … Du kriechst aus deiner Umhüllung …, und fühlst die Freiheit …, die Frische des Tages …, die Weite …, wie neugeboren …
Du bist verwandelt …, in einen bunten Schmetterling …, wunderbar anzuschauen … Du entfaltest deine Flügel … Die Sonne scheint auf dich …, du bewegst dich …, spürst deine Lebendigkeit …. Glücklich beginnst du zu fliegen …

Erwachsen werden bedeutet „wachsen", die bergende Umgebung verlassen, sich „entwickeln" und „entfalten". Diese Orientierung nach außen erfordert allerdings auch, daß wir in *Kontakt mit uns selbst* bleiben, uns nicht selbst „verlieren". Ziel der Persönlichkeitsentwicklung ist es, *„das Selbst zu sein, das man in Wahrheit ist"*[1], meint *Carl R. Rogers*.
Dieser Satz weist darauf hin, daß es um *Selbstfindung* geht, und zwar nicht nur bei Kindern und Jugendlichen, sondern auch bei uns Erziehern. „Wer bin ich eigentlich?". „Woran soll ich mich orientieren?" „Was sind meine Ziele?". Diese Fragen beginnen spätestens mit der Pubertät aufzubrechen

und bewegen Menschen ihr Leben lang. Die Botschaft der humanistischen Psychologie ist dazu sehr eindeutig: Wenn die menschlichen *Grundbedürfnisse* nach Nahrung, Sicherheit, Geborgenheit und Liebe gesichert sind, so tendieren Menschen hin zu *Selbstentfaltung und Selbstverwirklichung*. Unseren Weg finden wir selbst, wenn wir in Kontakt mit unserer „inneren Weisheit" bleiben.
Diese Gedanken haben wir auch in den beiden vorangegangenen Kapitel immer im Auge gehabt: Bei den Phantasiereisen zur *Entspannung* geht es nicht nur um äußere Beruhigung, sondern darum, den natürlichen Rhythmus von Aktivität und Ruhe zu unterstützen und neben der Außenorientierung Raum für die Innenwelt zu schaffen. Die Phantasiereisen zur *Lernförderung* dienen nicht nur vordergründig einer Verbesserung der Lernleistung, sondern letztlich dazu, das gesamte Lernpotential zu entfalten, persönlich bedeutsame Lernprozesse anzuregen und eine offene Auseinandersetzung mit den Erfahrungen zu fördern.
In diesem Kapitel möchten wir nun einige spezifische *Aspekte der Persönlichkeitsentwicklung*

ansprechen. Die nachfolgenden Phantasiereisen regen vor allem an, *„nach innen zu gehen"*, von dort heraus *„den eigenen Weg zu finden"*, und mit sich und der Welt *„in Einklang zu kommen"*.

„Nach innen gehen …"

Phantasiereisen sind ein möglicher Zugang zu unserer Innenwelt, und wir können Kindern diesen „not-wendigen" Weg eröffnen oder offen halten. In unserer Zeit dominiert allerdings zunehmend mehr die Außenwelt. Noch im Jahre 1979 forderte der Lehrplan der österreichischen Volksschule, „bei aller Außenweltverbundenheit eine altersgemäße Innenweltvertiefung zu fördern …" sowie dem Schüler zu helfen, „ein persönliches Wertzentrum, seine Lebensmitte zu finden."[2] In den gegenwärtigen Lehrplänen ist diese Passage nicht mehr zu finden.[3]

Man kann sich fragen, welches Paradigma, welches Denkmuster bezüglich Erziehung hier die Oberhand gewinnen wird. *Merylin Ferguson* stellt den „Leitsätzen des alten Paradigmas" diejenigen eines „neuen Zeitalters" entgegen, in dem ihrer Ansicht nach die „Entwicklung des Bewußtseins" als wesentliches Element des „neuen Lehrplans" enthalten sein wird. Hier ein Ausschnitt aus ihrer Gegenüberstellung, in dem sie sich auch auf Vorstellungsübungen als Merkmal des *Lernens in einem „neuen Paradigma"* bezieht:

Lernen im alten Paradigma	Lernen im neuen Paradigma
„Betonung liegt auf der äußeren Welt. Die innere Erfahrung wird in der Schule oft als ungeeignet angesehen …	Innere Erfahrung wird als Zusammenhang für das Lernen angesehen. Der Gebrauch der Vorstellungskraft, des Geschichtenerzählens, von Traumtagebüchern, von Übungen, ‚die Mitte zu finden' und die Erforschung von Gefühlen wird gefördert …"[4]

Kinder und Jugendliche brauchen Personen, die sie auf ihrem Weg begleiten, ihn aber nicht vorschreiben. Als Leitlinie gilt auch hier eine *personzentrierte Haltung*, die *Kahlil Gibran* seinen „Propheten" so ausdrücken läßt:

„Eure Kinder sind nicht eure Kinder.
Sie sind die Söhne und Töchter der Sehnsucht des Lebens nach sich selber.
Sie kommen durch euch, aber nicht von euch,
Und obwohl sie mit euch sind, gehören sie euch doch nicht.
Ihr dürft ihnen eure Liebe geben, aber nicht eure Gedanken …"[5]

Phantasiereisen erachten wir als eine Möglichkeit für uns Erwachsene, Kindern und Jugendlichen liebevolle Zuwendung zu schenken und uns gleichzeitig im Respekt vor ihrer Innenwelt und ihrer autonomen Entwicklung zu üben. In dieser Sichtweise sind Phantasiereisen für uns selbst eine Herausforderung und ein Impuls für unsere persönliche Entwicklung hin zum Vertrauen in ihre Wachstumskräfte.

„In die Mitte kommen …"

Phantasiereisen können Kindern und Jugendlichen helfen, ihre Aufmerksamkeit auf sich selbst zu richten, sich zu *zentrieren* und den inneren Vorgängen Beachtung zu schenken. Sie führen auf diese Weise in das „Vorfeld" der Meditation"[6] und halten damit den Zugang zur meditativen und auch spirituellen Dimension offen. Meditation ist Einübung in innere Ruhe, Besinnung und Konzentration, um von außen einen Weg in unsere *Mitte* zu gehen. Im tiefsten Sinn bedeutet Meditation nach Dürckheim „Verwandlung" und „Durchbruch zum Wesen".[7]

Setzen Sie sich aufrecht hin …, beide Beine auf den Boden … Richten Sie Ihre Aufmerksamkeit auf Ihren Atem, wie er von selbst kommt und geht …, ein … und aus …, ein … und aus …
Wenden Sie sich nun Ihrem Innenraum zu …
Lassen Sie eine Vorstellung auftauchen, die Ihnen das Gefühl eines „Zentrums", einer „Mitte" ver-

mittelt ... Spüren Sie dann diesem inneren Bild einige Zeit nach ...

Bei kleinen Kindern können wir noch eine ursprüngliche Konzentration beobachten, wenn sie - ohne von der Außenwelt abgelenkt zu werden - in ihrem Spiel wie selbstvergessen aufgehen. Wenn sie wieder und wieder ihre Bausteine aufschichten oder demselben Märchen gespannt zuhören, dann verwirklichen sie eine einfache Form der Meditation.[8]

Reinhard Tausch, einer der bekanntesten Vertreter des personzentrierten Ansatzes in der Erziehung schreibt dazu: „Meditation, Atemübungen, Vorstellungsübungen im entspannten Zustand können die seelische Gesundheit erheblich fördern. Sie fördern die innere Ruhe und Entspannung, lassen uns die Bedeutung von Ereignissen besser für uns selbst sehen. Wenn wir für uns selbst sorgen, werden wir dies des öfteren allein machen. Aber wir können es auch in der Familie machen, etwa eine Meditationsübung am Abend, im Urlaub oder eine Entspannungs- und Vorstellungsübung nach einer Tonkassette. Und wenn wir als Lehrer einmal am Tag oder auch in fast jeder Unterrichtsstunde 1 bis 5 Minuten lang derartige Übungen im Klassenraum mit unseren Schülern gemeinsam machen, so fördern wir die seelische Gesundheit von uns und unseren Schülern. Wir ermöglichen es den Schülern, mehr in sich selbst zentriert zu sein. Und falls die Zeit zu knapp sein sollte: Auch nur eine Minute lang das Bewußtsein auf die eigene Atmung zu zentrieren ist hilfreich.

Diese Übungen sind nicht Selbstzweck. Sie können wesentlich dazu beitragen, daß wir meditativer in unserem Alltag leben, mit einem größeren Bewußtsein für das, was wir in jedem Moment fühlen und tun. Die Auswirkungen für das seelische und soziale Klima in einer Schule würden enorm sein, wenn Lehrer in ihren Klassen kurze Zeit diese Übungen machten und selbst mehr meditativ leben würden."[9]

Setze dich aufrecht hin ..., entspanne dich ... und beobachte deinen Atem, wie er kommt und geht ...

Stell dir in deiner Mitte, ein wenig unterhalb deines Nabels ein sanftes Licht vor ..., es strahlt aus deiner Mitte in deinen ganzen Körper aus ...
Laß dieses Licht durch deinen ganzen Körper fließen und spüre, wie es dir von deiner Mitte her Kraft und Energie gibt ..., dich ruhig und gelassen macht ...

„Sich selbst spüren ..."

Wenn wir in unserer Mitte sind, werden wir uns auch „in unserer Haut wohlfühlen". Damit wollen wir hier im besonderen auf den körperlichen Aspekt der Persönlichkeitsentwicklung hinweisen, den wir bereits im Kapitel zur Entspannung angesprochen haben. Das vordringlichste Ziel ist es, mehr *Bewußtheit über den eigenen Körper* zu bekommen. Wir können etwa lernen, Verspannungen rascher wahrzunehmen und uns auch rascher zu entspannen, etwa durch beruhigende Vorstellungsbilder.

Persönlichkeitsentwicklung wird durch die *Entfremdung von unserem Körper* in unserer Kultur gefährdet. Diese Entfremdung beginnt oft bereits bei Kleinkindern, wenn sie zu wenig Körperkontakt erfahren (etwa nach der Geburt in einer Klinik) oder ohne liebevolles Streicheln und Zärtlichkeiten aufwachsen. Wenn ein Kind jedoch zu wenig körperliche Zuwendung erfährt, äußert sich dies später in Unsicherheit, mangelndem Selbstwertgefühl oder in Kontaktschwierigkeiten. Ähnliches gilt für die weit verbreitete Unterdrückung von Körpergefühlen bei Angst, Wut oder Trauer. Ermahnungen, Beschwichtigungen oder Verbote der Erzieher behindern häufig die offene Auseinandersetzung mit den eigenen Erfahrungen: „Du brauchst doch nicht zu weinen, so schlimm ist es ja nicht ..." Oder: „So ein großer Bub hat doch keine Angst ..." Jede unterdrückte Körperreaktion führt aber immer zu Anspannungen, im Laufe der Zeit auch zu Verspannungen. Langfristig gesehen führen derartige „Erziehungs"-Prozesse dazu, daß Gefühle kaum mehr wahrgenommen werden und der freie Fluß der Lebensenergie blockiert wird.

Phantasiereisen , in denen das Hineinspüren in den Körper geübt wird, tragen zur Förderung des *Körperbewußtseins* bei. Die einzelnen Körperteile werden in das Bewußtsein integriert und dadurch nicht mehr - wie auch andere innere Vorgänge - als abgespalten von der eigenen Person erlebt.

Spüre in deine Hände und versuche Unterschiede wahrzunehmen ... Ist die eine schwerer als der andere ..., oder wärmer ...? Kannst du sie als Farbe beschreiben ...? Lege die Hände auf deinen Bauch ... Stell dir vor, daß sie in deine Mitte heilende Energie ausstrahlen ...

„Sich selbst finden ..."

Selbstbewußtsein bedeutet letztlich nichts anderes, als sich seiner selbst bewußt zu sein. Selbstbewußtsein und *Selbstsicherheit* äußern sich nicht in forschem Auftreten oder äußerlichem Imponiergehabe, wie manchmal gemeint wird. Derartiges Verhalten weist eher auf eine Entfremdung von der eigenen Person hin. Echtes *Selbstvertrauen* hat, wer im Kontakt zu seiner „inneren Weisheit" lebt und seiner „inneren Stimme" vertraut. Dies können wir üben, wenn wir in uns selbst hineinhorchen und offen für uns selbst sind. Wir erachten eine solche offene *Selbstauseinandersetzung* von Erwachsenen als eine Grundvoraussetzung, um Kinder und Jugendliche auf ihrem Weg zu begleiten. *Selbsterfahrung* ist für alle Erzieher wichtig, weil sie auf diese Weise ihre eigenen Entfremdungen näher kennenlernen und diese nicht auf Kinder übertragen.

Das Kleinkind hat, so zeigt *Carl R. Rogers* auf, diesen Kontakt zu seinem inneren, ursprünglichen Wertzentrum noch. Es lächelt, wenn es sich freut und weint, wenn es Unbehagen spürt: „Es sind seine eigenen Erfahrungen, aus denen heraus sein Organismus in nichtverbalen Zeichen sendet: ‚das ist gut für mich', ‚das ist schlecht für mich', ‚das mag ich', ‚das mag ich überhaupt nicht'."[10] Im Laufe der Erziehung verändert sich dieser sichere, an der eigenen Erfahrung orientierte Wertungsprozeß hin zu einer eher starren, unsicheren Wertungsme-

thode, indem die Werturteile der Bezugspersonen verinnerlicht und als eigene Wertungen „vorgestellt" werden. Ein Kind wird etwa beschimpft, weil es sich gegenüber anderen durch Stoßen durchsetzt oder mit seinen Sexualorganen spielt. Um die Liebe und Zuwendung der Eltern und Erzieher nicht zu verlieren (was ja für Kinder lebensbedrohend ist), verleugnen sie ihre eigenen Erfahrungen (z. B. daß sie Befriedigung darüber empfinden, wenn sie sich durchsetzen oder Lust an ihrem Körper empfinden). Auf diese Weise lernen Kinder im Laufe der Zeit, ihre Gefühle abzuwerten und zu verdrängen. Gleichzeitig verlieren Sie den Kontakt zu ihrem Selbst. Sie beginnen, ihre eigenen Erfahrungen nicht mehr als Bezugspunkt zu nehmen, sondern orientieren sich an den Wertungen anderer. Die eigene, innere Erfahrung wird schließlich verzerrt. An die Stelle der ursprünglichen Erfahrung („Das war für mich befriedigend") tritt die übernommene Bewertung („Dieses Verhalten ist schlecht"). Das Kind verinnerlicht dann die Werte der Erzieher, übernimmt sie als seine eigenen. Dazu *Carl Rogers*: „Dieser fundamentale Widerspruch zwischen Vorstellungen, die jemand hat, und dem, was er tatsächlich erfährt, zwischen der intellektuellen Struktur seiner Werte und dem Wertungsprozeß, der unbemerkt in ihm abläuft, ist ein Teil der grundsätzlichen Entfremdung des modernen Menschen von sich selbst ..."[11]

Klaus Vopel schreibt in seinem ansprechenden Band „Ausflüge im Lotussitz":

"Und je häufiger ein Kind bemerkt, daß es Liebe und Unterstützung der Eltern verliert, wenn es seiner angeborenen Neugier folgt ..., desto größer werden seine Zweifel an sich selbst und an der Zuverlässigkeit sozialer Beziehungen." Als Hilfe zur Selbstfindung bietet *Vopel* etwa folgende Phantasiereise an:

„ ... Stell dir vor, daß du deine eigene Farbe hast, die dir helfen kann, ganz du selbst zu sein, zu wissen, was du willst; dich ruhig und sicher zu fühlen ... Und welche Farbe fällt dir nun ein? Welche Farbe siehst du zuerst? ... Wenn eine Farbe auftaucht, dann kannst du beim Ausatmen diese

Farbe in deinen ganzen Körper atmen. Stell dir die Farbe in deinem Kopf vor ... wie sie dann deine Arme anfüllt ... jetzt deine Brust und Bauch und Rücken ... Spüre, wie die Farbe in Beine und Füße strömt ... Und laß diese Lieblingsfarbe dich so machen, wie du wirklich bist. Diese Person, die weiß, was sie will, die entscheiden kann, die weiß, wie sie ruhig und zufrieden und stark sein kann ...[12]

„Sich selbst vertrauen ... “

Persönlichkeitsentwicklung bedeutet vor allem, sich mit der eigenen Innenwelt offen auseinanderzusetzen und Kontakt zu diesem ursprünglichen, organismischen *Wertzentrum* in uns zu finden. *Carl R. Rogers* schreibt dazu über den selbstentfalteten Menschen: „So, wie das Kind, vertraut und benutzt auch der reife Erwachsene die Weisheit seines Organismus, allerdings mit dem Unterschied, daß er fähig ist, es bewußt zu tun. Er erkennt, daß, wenn er sich selbst ganz vertrauen kann, seine Gefühle und Intuitionen vielleicht klüger sind als seine Gedanken. Er erkennt, daß er als ganze Person sensibler und adäquater handeln kann, als wenn er nur seine Gedanken zur Verfügung hat. Deshalb hat er keine Bedenken zu sagen: ‚Ich fühle, daß diese Erfahrung (oder diese Sache oder diese Richtung) gut ist. Später werde ich wahrscheinlich wissen, warum ich dieses Gefühl hatte.‘ Er hat totales Selbstvertrauen.“[13]

Phantasiereisen können unseres Erachtens diesen Prozeß der *Wertklärung* besonders unterstützen, weil sie den Kontakt zu tieferen Schichten unserer Person herstellen und zu den ursprünglichen, persönlichen Werten führen, während die angelernten Bewertungsmuster zurücktreten.

Eine einfache Wertklärungsübung für Kinder könnte z. B. sein: Was bist du eher, eine Rose oder ein Gänseblümchen? Warum? Wie fühlt sich das eine an, wie das andere? (Oder: Hund oder Katze; Bach oder See, Baum oder Strauch ...)
Wenn sich die Kinder in der Phantasie mit diesen

beiden Aspekten identifizieren, üben sie das Hineinspüren in sich selbst und halten den Kontakt mit ihrem inneren Bewertungszentrum. Sie bekommen mehr Sicherheit, ihrer eigenen Stimme zu vertrauen, und werden weniger abhängig von den Wertungen anderer. (Wenn wir ihnen ihre Gefühle nicht ausreden: „Du wirst doch nicht eine Rose sein wollen. Schau, wie bescheiden ein Gänseblümchen ist!“).[14]
Sie können diese Übung gleich selbst erproben ... Sind Sie mehr Rose oder Gänseblümchen ... Wie fühlt sich das eine an ..., wie das andere ...?

Die hier angebotenen Phantasiereisen sollen Kindern und Jugendlichen helfen, sich ihrer inneren Impulse bewußt zu werden und auf sie wieder mehr zu vertrauen, wenn sie im Laufe des Heranwachsens verlorengegangen sind. Dies werden Erzieher allerdings nur akzeptieren können, wenn sie sich selbst in ihrem Inneren als vertrauenswürdig und konstruktiv empfinden. Natürlich gibt es Destruktivität bei Kindern und Jugendlichen, doch diese scheint eher eine Folge ihrer Behandlung im Laufe der Erziehung zu sein als ihre innere Natur. *Rebeca Wild* erklärt die zunehmenden Schwierigkeiten von Kindern durch die einengende und beschneidende Behandlung der Erwachsenen. Alle Disziplinprobleme sind ihrer Ansicht nach nichts anderes als eine „Selbstverteidigung“ der Kinder, wenn sie von den Erwachsenen kontrolliert und „programmiert“ werden. Sie kritisiert vor allem, daß wir uns als Erwachsene von ihrem inneren Entwicklungsplan entfernen und „daß wir konditionieren, statt Wachstum zu ermöglichen. Unserer Erziehung ist dann mit der arbeitsaufwendigen und kunstvollen Produktion von Bonsais zu vergleichen, die sicher schöne Resultate erbringen, aber die Bedürfnisse des Lebens nicht erfüllen können ...“[15]

Wenn diese „Bedürfnisse des Lebens“ erfüllt sind, entwickelt sich der Mensch von sich aus in eine konstruktive Richtung. Dies ist auch die zentrale Hypothese des personzentrierten Ansatzes, die *Carl Rogers* unter anderem so ausdrückt:

„Menschen, die sich als Person anerkannt fühlen, treffen eine Wertauswahl, die sich nicht etwa wahllos im ganzen Bereich der Wertskala bewegt. Das ist bemerkenswert. Man beobachtet, daß in einem solchen freiheitlichen Klima der eine nicht etwa Betrug, Mord und Diebstahl als Sinn seines Lebens sieht, während der andere ein selbstaufopferndes Leben und ein dritter Geld allein vorzieht. Statt dessen scheinen die Menschen in ihrem Innersten eine fundamentale Gemeinsamkeit zu haben. Ich wage anzunehmen, daß der Mensch, der innerlich so frei ist, daß er sich an seine wirklichen Wertsetzungen hält, der Tendenz nach seine Werte auf die Objekte, Erfahrungen und Ziele setzen wird, die seinem Überleben, seinem Wachstum und seiner Entwicklung wie auch dem Überleben und der Entwicklung der anderen zuträglich sind."[16]

Diese konstruktive Entwicklung stellt sich allerdings nur dann ein, wenn wir tatsächlich *wagen*, auf die inneren Kräfte von Kindern und Jugendlichen zu vertrauen. Konkretisiert bedeutet das vor allem, sie nicht zu bevormunden und zu gängeln, sondern ihnen *Eigenverantwortlichkeit* zuzugestehen und sie auf ihrem Weg als verläßliche Partner zu begleiten. Dann wächst auch ihr *Selbstvertrauen*, ihre Sicherheit, ihre Neugier, ihre Bereitschaft, sich auf Neues einzulassen und sich zu entwickeln. Phantasiereisen können dabei Vorstellungen von Selbstvertrauen, Selbstsicherheit, Neugier, Forscherdrang oder Mut anregen und unterstützen. Phantasiereisen können allerdings nicht die positive Grundhaltung ersetzen, aus der heraus wir Kinder das Gefühl geben, daß sie „o.k." sind, so wie sie sind, daß wir sie liebenswert und bereichernd für uns selbst empfinden - auch wenn es einmal Schwierigkeiten gibt. Selbstvertrauen wächst bei Kindern, wenn ihnen die Erwachsenen *vertrauen* und auch etwas *zutrauen*.

Sagen Sie sich das Wort „Selbstvertrauen" innerlich vor ... Schließen Sie dann Ihre Augen und stellen Sie sich in Ihrer Phantasie vor, wie sie aussehen, wenn Sie voll Selbstvertrauen sind ...
Achten Sie darauf, wie Sie stehen ..., sich bewegen ..., was Sie sehen ..., hören ... und spüren ...

Lassen Sie die Vorstellung von „Selbstvertrauen" Ihren ganzen Körper durchdringen ...
Spüren Sie nach, wie Ihr eigenes Selbstvertrauen ermöglicht, Kindern und Jugendlichen Freiheit und Eigenverantwortlichkeit zu geben ..., sie nicht zu bevormunden ..., ihnen etwas zuzutrauen ...

„Ein Ziel vor Augen haben ..."

Wenn wir in unserer Entwicklung nicht „stehenbleiben" wollen, müssen wir uns „auf den Weg machen" - diese Metapher zeigt einen weiteren Aspekt der Persönlichkeitsentwicklung auf. Aus dem Kontakt mit unseren inneren Prozessen können wir neuen *Zielen* zugehen. Phantasiereisen und Vorstellungsübungen können eine wertvolle Hilfe sein, um neue Ziele zu finden und um gewählte Ziele zu erreichen. Es geht allerdings nicht um unrealistische „Phantasieziele". Sie müssen „stimmig" sind, das heißt, mit unserer inneren Entwicklung im Einklang stehen.

Wenn wir ein *persönlich bedeutsames Ziel* anstreben, so helfen uns klare Vorstellungsbilder, um es in der Realität zu erreichen. Die hier wirksamen psychischen Gesetze beschreibt *Roberto Assagioli* in seiner „Psychosynthese". Das erste Gesetz lautet: „Vorstellungen oder mentale Bilder und Ideen haben die Tendenz, die körperlichen Bedingungen und die äußeren Handlungen zu erzeugen, die diesen entsprechen."[17] Etwas einfacher ausgedrückt: Klare Vorstellungen von unseren Zielen helfen uns, das angestrebte Ziel in die Tat umzusetzen.

Diese Gesetze werden in der „Psychosynthese" auf sehr kreative Weise verwendet. So bedient man sich etwa „*evokativer Wörter*", die positive Gefühle und entsprechendes Handeln „hervorrufen" können, z. B. das evokative Wort „Mut": „Bilder oder Vorstellungen über Mut und ähnlich hohe Ziele, die geschickt benutzt werden, können zum Beispiel zu mutigem Verhalten und mutigen Taten führen."[18]

Sie können diese Erfahrung bei sich selbst erproben. Wählen Sie eines der hier angeführten Wörter, das für Sie positiv besetzt ist:

Begeisterung	*Harmonie*	*Humor*
Liebe	*Loslassen*	*Ruhe*
Stille	*Weisheit*	*Friede*
Verständnis	*Geduld*	*Kraft* …

Entspannen Sie sich nun …, lassen Sie alle Ideen und Bilder zu ihrem Wort aus ihrem Unbewußten auftauchen …, verweilen Sie so einige Minuten, ehe sie weiterlesen …

„Etwas verkörpern …"

Unsere Sprache zeigt sehr deutlich, daß wir unsere persönliche Entwicklung im wahrsten Sinn des Wortes „verkörpern": Wir können z. B. „halsstarrig" sein, anderen „warmherzig" begegnen, „überspannt" wirken oder „Weitblick haben". Wenn wir „aufrichtig" sind, werden wir dies durch eine aufrechte Haltung zeigen, die weder vor jemandem „buckelt" noch „hochnäsig" ist. Persönlichkeitsentwicklung bedeutet auch, „zu sich selbst zu stehen", „mit beiden Beinen" auf der Erde.

Den Aspekt der Körperlichkeit kann man auch konstruktiv zur Förderung der Persönlichkeitsentwicklung nützen: Körperliche Haltungen eines Zielzustandes können die entsprechenden Zielvorstellungen hervorbringen und verstärken.[19]

Versuchen Sie, die Qualität ihres vorhin gewählten „evokativen" Wortes deutlich in Ihrem Körper wahrzunehmen … Spüren Sie in in sich hinein, was dieses Wort „verkörpert" …

Versuchen Sie nun, Ihre körperliche Haltung so zu verändern, daß sich dieses Wort in Ihnen „entfalten" kann …

Gehen Sie einige Schritte und nehmen Sie dabei die Körperhaltung ein, die diesem Wort gemäß ist …, verkörpern Sie diese Haltung …

Diese kleine Übung zeigt gleich einen weiteren Aspekt auf, der bei der Arbeit mit Zielen wichtig ist: „Handeln als ob". „Diese Technik besteht darin, zu *handeln*, als ob man tatsächlich den erwünschten inneren Zustand erreicht hätte …. Die Anwendung dieser Technik *wird tatsächlich unseren emotionalen Zustand verändern*. Nach und nach - manch-

mal sogar sehr schnell - folgt der emotionale Zustand der Einstellung und dem äußeren Benehmen und gleicht sie diese an …"[20] Als eine Vorstufe des „Handelns als ob" kann die Technik des „Idealmodells" angewendet werden, bei der man sich selbst in der Phantasie so handeln sieht, wie man in Wirklichkeit handeln möchte.

Stellen Sie sich in Ihrer Phantasie vor, wie Sie die oben gewählte Eigenschaft (oder eine andere Handlung) bereits perfekt ausführen … Entspannen Sie sich dazu und lassen Sie eine Situation auftauchen, in der Sie diese Zielvorstellung ganz konkret ausführen … Was können Sie sehen …, hören …, spüren …? Wie bewegen Sie sich in ihrem Idealzustand …? Gehen Sie nun einige Schritte tatsächlich mit dem Gefühl dieses Idealzustandes …

„Positives Denken" wirkt tatsächlich positiv auf uns zurück, verschafft positive Gefühle und unterstützt zielbezogenes Handeln. Dieser Gedanke liegt auch dem *„mentalen Training"* zugrunde, über das im vorigen Kapitel bereits gesprochen wurde. Im Bereich der Persönlichkeitsentwicklung kann „mentales Training" dazu dienen, ein Zielverhalten durch Vorstellungsübungen zu unterstützen. Generell lenken wir damit in der Erziehung unsere Gedanken auf positive Bilder und weniger auf negative Maßnahmen (wie Ermahnungen, Befehle, Appelle usw.).

„Den eigenen Weg finden …"

„Positives Denken" ist allerdings nach unserer Auffassung mit Vorsicht zu betrachten. Es birgt die Gefahr, daß wir uns Ziele einreden, die nicht aus dem wirklichen Kontakt mit uns selbst kommen. Wir können auch „blinde Flecken" haben und durch positive Ziele etwas verdrängen, vermeiden oder uns selbst betäuben (etwa wenn jemand sich „Ruhe und Gelassenheit" suggeriert und auf diese Weise einem für das weitere Wachstum notwendigen Konflikt aus dem Weg geht).[21] Kinder und Jugendliche stellen beispielsweise sehr rasch Ziele in den Vordergrund, die eher den Wünschen der Erwachsenen entsprechen als ihren eigenen (z. B.: „Ich will jeden Tag fleißig lernen").

Sehr schön drückt dies *Peter Orban* in einer seiner Phantasiereisen zur Selbsterfahrung für Erwachsene aus: „Natürlich hast du eine Vorstellung darüber, wer du bist oder wer du sein könntest. Doch wie das Wort ‚Vor-Stellung' schon sagt, ist es nichts anderes als ein Bild, das du vor dich stellst. Was du bist, bleibt dahinter verborgen … Die Wahrheit über uns ist jenseits jeder Vorstellung, sie *ist* einfach und sie ist *einfach*. Du bist nicht deine Vorstellung über dich, sondern du bist ...."[22]

Vorgestellte Ziele können auch den Blick für unseren persönlichen Weg verstellen. In personzentrierter Sichtweise ist es daher wichtig, *offen für alle Erfahrungen* auf unserem Weg zu sein und notwendige Änderungen der Zielrichtung zu wagen. Darin sehen wir das größte Problem von „zielorientierten Modellen". Es wird leicht übersehen, daß Werte und Ziele aus dem engen Kontakt zu unserem „wahren Selbst" kommen müssen, zu dem wir einen entsprechenden Zugang schaffen müssen. Als Erwachsene können wir Kindern und Jugendlichen dabei vor allem durch *einfühlsames Zuhören* helfen, ihre wirklichen Wertsetzungen und Ziele zu finden, z. B. bei der Berufswahl.

Formalisierte Zielklärungen, wie sie etwa das Zielmodell des „Neurolinguistischen Programmierens" (NLP) anbietet, erachten wir aber als eine Hilfe, sich einerseits klare Zielvorstellungen zu machen und gleichzeitig auch den Kontakt zu den persönlichen, inneren Wertsetzungen aufrecht zu halten.[23] Für *einfache Zielklärungen* mit Kindern und Jugendlichen verwenden wir gerne die folgenden drei Schritte:

Das Ziel positiv formulieren:
> *Formuliere dein Ziel positiv: Was willst du erreichen?*

Das Zielverhalten konkret vorstellen:
> *Beschreibe konkret, was du tust, um dein Ziel zu erreichen. Stell dir vor, wie du das Ziel erreichst.*

Den Zielzustand verkörpern und überprüfen:
> *Wie wirst du aussehen, wenn du am Ziel bist? Welches Gefühl hast du dabei?*

Ich möchte die Aufnahmeprüfung bestehen.
Ich sitze ganz locker und ent-spannt in einem Saal.
Ich bleibe ganz ruhig und sehe mir die Übungsbeispiele noch einmal genau an.
Ich bin erleichtert und über-glücklich.

Diese drei Punkte werden in der folgenden Zielklärung einer Lehrerin mit einem 10jährigen Buben deutlich, mit dem Sie während des Tages laufend Schwierigkeiten hatte. Dabei will die Lehrerin zwar die Störung für sich beheben, das Kind soll aber seinen eigenen Weg finden:

L: Heute haben wir den ganzen Tag Schwierigkeiten miteinander gehabt. Weißt du, warum ich so verärgert war?

S: Ja, wenn ich meine Sachen nicht schreibe und die anderen dann störe und ihnen die Sachen wegnehme.

L: Genau ...

S: Ich tu's eh nicht mehr.

L: Möchtest du etwas ändern?

S: Ja, ich störe morgen nicht. (Kommentar: Negative Zielformulierung).

L: Was tust du dann?

S: Ich schreibe alles ab. (Kommentar: Das Ziel ist nun positiv formuliert).

L: *Kannst du das noch genauer sagen?*
S: *Ich bleibe auf meinem Platz und schreibe alles ab. Und wenn ich fertig bin, dann lese ich etwas oder zeichne. (Kommentar: Das Zielverhalten ist jetzt konkret formuliert).*
L: *Kannst du dir deutlich vorstellen, wie das ist, wenn du am Platz bleibst ..., fertigschreibst ... und wenn du fertig bist liest oder zeichnest ... (Kommentar: Ein Vorstellungsbild des Ziels wird angeregt).*
S: *Ja.*
L: *Wie wird das sein, wenn du das schaffst?*
S: *Super (richtet sich leicht auf ...), ich habe alles fertig und brauche es zu Hause nicht schreiben. (Kommentar: Die Zielerreichung ansprechen)*
L: *Kannst du dich so hinsetzen und spüren, ob du es so schaffst? (Kommentar: Körperlich überprüfen, ob das Ziel stimmig ist).*
S: *(Setzt sich aufrechter hin ..., schaut nach oben) Ja, so geht es ..., (zögert, schaut nach unten ...).*
L: *Brauchst du noch etwas?*
S: *Ich möchte mich hinten auf die Matratze legen und lesen.*
L: *Wenn du mit dem Schreiben fertig bist, möchtest du nach hinten gehen und dich hinlegen. Dann ist es für dich gut.*
S: *Ja ...*

Die *körperliche Darstellung* erscheint uns besonders wichtig. Wenn wir das Zielverhalten verkörpern, spüren wir deutlicher, ob es „paßt" (oder ob es vielleicht eine „Nummer zu groß" ist). Besonders hilfreich ist es dabei auch, den *Weg zum Ziel* körperlich darzustellen, um eventuelle „Stolpersteine" bewußt zu machen.

Stell dir vor, du stehst hier ..., und dort drüben ist dein Ziel ... Wo soll dein Ziel sein ...? Wie siehst du dort drüben am Ziel aus ...?
Versuche nun, ganz bewußt den Weg von hier dorthin zum Ziel zu gehen ... Nimm genau wahr, was du tun mußt, um dein Ziel zu erreichen ... Geh nun einen Schritt nach dem anderen zum Ziel ... Spüre auch noch, ob dieses Ziel stimmt ... ob der Weg dorthin führt ...

„Schwierigkeiten bewältigen ..."

Unsere Ziele können sich jedoch auch als unerreichbare Wunschträume erweisen oder mit Schwierigkeiten verbunden sein. Unser persönlicher Weg verläuft nicht geradlinig, das erfahren auch Kinder und Jugendliche sehr früh. Persönlichkeitsentwicklung besteht auch darin, Probleme, Schwierigkeiten und Ängste als Teil der Realität zu akzeptieren und ihnen angemessen zu begegnen.
Kein angemessener Umgang wäre, die Ängste und Probleme abzuwehren und zu verdrängen, um die damit verbundenen unangenehmen Gefühle nicht wahrnehmen zu müssen. Abwehr ist auf Dauer keine Lösung. Die verdrängten Inhalte wirken im Unbewußten weiter, können immer wieder Spannungen hervorrufen, auch wenn man sich ihrer nicht bewußt ist. Dauerbelastungen können sogar psychosomatische Symptome verursachen (etwa Magengeschwüre). Oder wir meiden dann angstauslösende Situationen, was auch zu einer Einschränkung unserer Handlungsfähigkeit und persönlichen Entwicklung führen kann.
Nach einer Untersuchung von *Ulrike Unterbrunner* stehen heute in erster Linie Sorgen über die Bedrohung durch unsere Zivilisation im Vordergrund. 91 % der befragten Kinder und Jugendlichen halten Umweltzerstörung für einen sehr bedrohlichen Faktor, es folgen Tod der Eltern (86 %) sowie Atomkrieg und Atomunfall (je 81 %). Schulische Ängste rangieren eher im Mittelfeld (mit ca. 60 %). Mehr als 40 % geben auch die Angst an, „nicht gemocht zu werden".[24]
Probleme und Ängste von Kindern und Jugendlichen müssen ernst genommen werden, und wir müssen als Erwachsene lernen, damit konstruktiv umzugehen und ihnen eine entsprechende Unterstützung zukommen zu lassen. Körperliche Zuwendung und einfühlsames Zuhören sind eine sehr wirksame Form der Problemklärung. Bei Gesprächen in Gruppen, erfahren die Kinder und Jugendlichen auch, daß sie mit ihren Ängsten nicht alleine sind, was bereits entlastend wirkt.

Viele Kinder und Jugendliche können aber über ihre Ängste nicht mit Erwachsenen sprechen. Oft werden ihre negativen Gefühle nicht ernst genommen und beschwichtigend abgewertet, z. B.: „Mach dir keine Sorgen. Es wird ja nicht so schlimm sein." Vielfach fühlen sich nämlich auch die Erwachsenen hilflos, oder sie wehren ab, weil sie schmerzhaft an nicht verarbeitete Gefühlssituationen erinnert werden.

Konstruktive Aufarbeitung von Ängsten kann auch über verschiedenste kreative Methoden (im besonderen aus der Gestaltpädagogik) initiiert werden, etwa: *Malen* von Angstsituationen, *Schreiben* über die eigenen Ängste, Ausagieren von Ängsten in *Rollenspielen* etc. Auch *Phantasiereisen* können zur Bearbeitung von Ängsten eingesetzt werden. Die Kinder und Jugendlichen stellen sich dabei die Lösung eines ängstigenden Problems in der Phantasie vor und erzählen darüber oder schreiben eine Geschichte.[25]

Stell dir vor, du hast einen Zauberring bekommen. Wenn du ihn drehst, kannst du alles verändern, was dich stört … Stecke in deiner Phantasie diesen Ring an … und mache dich auf den Weg … Beobachte alles, was dich stört oder belastet …, und dreh dann deinen Zauberring … Beobachte, wie du damit alles verändern kannst …

Zur Bewältigung von Schwierigkeiten, Problemen und Ängsten ist besonders die *Konzentration auf persönliche Stärken* wichtig. Kinder und Jugendliche sollen frühzeitig lernen, ihre Stärken wahrzunehmen, nicht aber ständig an ihre Fehler und Schwächen erinnert werden (wie es besonders in der Schule geschieht). Vorstellungsbilder können dabei in besonderem Maß hilfreich sein.

Wenn man etwa eine Problemsituation vor sich hat, die es zu bewältigen gilt, so kann man sich an *frühere Erfahrungen* erinnern, in der man schwierige Situationen bereits gemeistert hat. Diese Situationen müssen nicht unbedingt ähnlich dem gegenwärtigen Problem sein. Wichtig ist, daß man sehr deutliche Vorstellungen davon hat, „erfolgreich" gewesen zu sein. Wir kennen das bereits aus den Phantasiereisen zur Lernförderung, wo sich die

Kinder und Jugendlichen an frühere erfolgreiche Lernsituationen erinnern sollten. Auch die Erinnerung an andere Erfolge, etwa beim Fußballspielen oder beim Malen, bauen auf. Anstatt auf ein Problem wie gebannt zu schauen, sollte man sich (und andere) öfter an die eigenen Stärken erinnern.

Versuchen Sie das gleich einmal. Denken Sie an eine Situation, in der Sie ein Problem erfolgreich gemeistert haben … Spüren Sie die positive Wirkung dieser Situation intensiv nach … Achten Sie, wie Sie dabei atmen … welche Körperhaltung Sie haben …, wie Sie sich fühlen … Lassen Sie nun ein Symbol oder ein Wort für Ihre damalige Fähigkeit auftauchen … Spüren Sie, daß Ihnen dieses Symbol oder dieses Wort Kraft und Stärke vermittelt …

Hans Schachl weist in der anregenden Broschüre „Lernen ohne Angst" auf zwei wesentliche Möglichkeiten des Umgangs mit *Angst und Streß in der Schule* hin. Zum einen geht es um die *Reduktion der Belastungen* durch bessere schulische Lernbedingungen oder positive Maßnahmen der Lehrer und Eltern (z. B. „Anstatt uns auf die Fehler zu konzentrieren, sollten wir für die Erfolge belohnen!") Zum anderen sollen Schüler aber auch *Bewältigungsstrategien* („coping"-Strategien) kennenlernen:
Coping auf der physiologischen Ebene:
– *Bewegung*
– *Entspannung (z. B. durch Phantasiereisen)*
Coping auf der kognitiven Ebene:
– *Wissenmäßige Vorbereitung auf Prüfungen (z. B. Lerntechniken zum besseren Behalten anwenden etc.)*
– *Umdeuten von Bedrohungen (z. B. eine Prüfung als eine Herausforderung sehen).*
– *Positive Selbstinstruktionen (z. B. Ich habe gut geübt. Es wird bestimmt gut gehen).*
Coping auf der Verhaltensebene:
– *Vorstellen in der Phantasie und in Rollenspielen von Prüfungssituationen.*[26]
Ganz wichtig ist es, in Problemsituationen nicht ins Grübeln und in negative Selbstgespräche zu kommen. Die Gedanken kreisen dann nur mehr um die problematischen Bilder. Hier kann man sich etwa

helfen, indem man ein inneres „Stop-Signal" einführt, mit dem man negative Gedanken unterbricht. Die Struktur eines solchen „Grübel-Stops", wie es Reinhard Tausch nennt[27], kann man auch mit Schülern - speziell für den Umgang mit Prüfungsängsten - einüben:[28]

Viele Menschen neigen im übrigen dazu, in ihren Phantasievorstellungen ein belastendes Ereignis immer mehr zu vergrößern. Um mit solchen *Katastrophengedanken* fertig zu werden ist es gut, wenn Kinder und Jugendliche erfahren, daß sie selbst diese Bilder steuern können und ein Problem in der Vorstellung auch wegrücken, verkleinern oder auch belustigend verfremden können. (Dieser Idee liegt übrigens die recht amüsante Anregung zugrunde, sich etwa einen unangenehmen Chef in Unterhosen vorzustellen, um die eigenen Autoritätsprobleme besser in den Griff zu bekommen.) Günstig kann es auch sein, negative Bilder bewußt an einem Phantasie-Ort abzulegen. Auf diese Weise kann man sich *inneren Freiraum* schaffen:[29]

Stelle dir das Problem vor, begrüße es freundlich. Rücke es nun ganz bewußt von dir weg. Stelle dir zum Beispiel vor, du packst dein Problem in einen Koffer und stellst ihn in sicherer Entfernung vor dich hin. Du kannst dann zu dir sagen: „Hier stehe ich, und dort steht nun mein Problem. In dieser sicheren Entfernung belastet es mich jetzt nicht mehr so sehr. Ich kann es aus dieser Distanz ruhiger betrachten".

Positive Vorstellungsbilder können auch verwendet werden, um *präventiv* Ängste bei Kindern und Jugendlichen zu vermeiden. Ein Kind, das beispielsweise massive Angst vor dem Arztbesuch zeigt, kann durch Phantasiegeschichten über freundliche Ärzte, die Schmerzen und Krankheiten wegnehmen, diese Angst abbauen lernen.[30] Auch alle Vorstellungsübungen, in denen Kinder und Jugendliche „Kraft" und „Selbstvertrauen" tanken können, sind wertvolle Hilfen für mögliche Problemsituationen.

Stell dir vor, du gehst auf der Straße spazieren ... Alle Leute lächeln dich heute freundlich an ... Du bist ganz verwundert ..., einige kommen auf dich zu ..., begrüßen dich ... und sagen dir, daß sie dich gern haben ... Du spürst dieses gute Gefühl ... und lächelst auch zurück ...

„Sich selbst anerkennen ... "

Wenn wir ein Ziel erreicht haben, sollten wir dies auch entsprechend anerkennen und uns selbst dafür „auf die Schulter klopfen". Viele Menschen empfinden dies allerdings nicht richtig: „Eigenlob stinkt", heißt ein gängiges Sprichwort. Sie vergessen aber dabei, daß wir alle - Erwachsene wie Kinder - *Anerkennung von anderen* wie auch *Selbst-anerkennung* brauchen.

Im Alltag ist es meist so, daß uns andere Menschen mehr kritisieren als loben. Wenn wir etwas falsch machen, wird das sofort bemerkt. Positives hingegen wird häufig übersehen; man nimmt es als selbstverständlich hin. Viele Menschen lernen dann auch nicht, bei sich selbst Positives zu sehen und sich selbst zu mögen. Sie gehen häufig unfreundlich mit sich selbst um, kritisieren oder beschimpfen sich innerlich: „Ich bin doch ein Dummkopf." „Nie bringe ich etwas zustande!" Anerkennung ist aber so etwas wie „Kraftnahrung" für unsere Seele und steigert das *Selbstwertgefühl*.

Wir können Kinder und Jugendliche anregen, nicht immer auf die Anerkennung der anderen zu warten, *sondern sich selbst zu loben:*

> *„Das habe ich jetzt aber gut gemacht!"*
> *„Ich bin stolz, daß ich das kann."*
> *„Heute war ich erfolgreich."*

Es ist auch günstig, sich bereits bei einem *Teilerfolg* auf die Schulter zu klopfen. Jeder kleine Schritt zum Ziel ist wichtig und gehört anerkannt. Selbst-anerkennung baut auf und gibt neue Kraft. Wir raten Schülern auch, sich beim Lernen zwischendurch immer wieder einmal zurückzulehnen und eine *Besinnungspause* einzuschalten. Sie können dann innerlich zu sich sagen: „Ja, jetzt habe ich schon einige Zeit gearbeitet. Ich bin ein Stück vorangekommen. Ich kann mit mir selbst zufrieden sein."

> *Könnten Sie eine solche kurze „Besinnungspause" für sich nützen? Wie könnten Sie sich - gerade jetzt - selbst anerkennen, loben oder belohnen …*

Diese Übungen erscheinen uns auch deswegen wichtig, weil Schüler hier lernen, sich an „lohnenswerte" Ereignisse leichter zu erinnern. Diese Erinnerung brauchen wir besonders dann, wenn wir einmal „nicht so gut drauf" sind. Sie dienen dann als *„Ressourcen-Anker"*, der uns gleichsam an unsere Stärken bindet. Die Erinnerung an ein früheres positives Ereignis kann in der Gegenwart aufbauend wirken.

„Im Einklang sein …"

In manchen Menschen erweckt der Begriff der Persönlichkeitsentwicklung allerdings auch negative Vorstellungen. Sie befürchten etwa, daß Selbstverwirklichung zu schrankenlosem Egoismus führen könne oder zu einem bloßen „Um-sich-selbst-Kreisen".[31]

Hier kann das *„Werte- und Entwicklungsquadrat"* klärend wirken, das *Friedemann Schulz von Thun* sehr verständlich ausgearbeitet hat:[32] Jeder Wert kann danach nur dann zu einer konstruktiven Wirkung gelangen, wenn er sich in ausgehaltener Spannung und Balance zu einem positiven Gegenwert, einer „Schwestertugend", befindet. Ohne diese Balance verkommt jeder Wert zu seiner „Entartungsform".

„Selbstverwirklichung" ——————— Gemeinschaftssinn

| |

Selbstsüchtige ——————————— Selbst-losigkeit
Egozentrik

„Persönlichkeitsentwicklung" muß demnach in der Balance mit sozialem Engagement und Nächstenliebe, hier als „Gemeinschaftssinn" bezeichnet, stehen. Die entartete Form der Persönlichkeitsentwicklung wären Selbstsucht und Egoismus, gleichsam der „Schatten" von Selbstverwirklichung. Aber auch dem Gemeinschaftssinn kann ein destruktives Element zugeordnet werden, die Selbstlosigkeit. Dies mag auf den ersten Blick verwunderlich erscheinen, gilt doch Selbstlosigkeit als hehres Ziel. Aber: Wer nur mehr selbstlos ist, ist bald sein Selbst los! Die Spannung zwischen Selbstverwirklichung und Nächstenliebe zeigt sehr schön auch das bekannte Bibelwort auf: „Liebe deinen nächsten wie dich selbst." Wenn beide Pole integriert werden, sind wir im *Einklang mit uns wie mit den anderen*. Wer in sich ein Zentrum gefunden hat, fühlt sich mit allem verbunden. Wer selbst in sich Harmonie und Frieden trägt, kann dies auf die Umwelt ausstrahlen.

Sehr schön sagt dies *Maureen Murdock* aus: „Wenn Kinder und ihre Familien oder Klassenkameraden zusammen lernen, ihr Bewußtsein zu erweitern, Emotionen zu besänftigen und ihr inneres und äußeres Wesen durch Entspannungsübungen und Phantasiereisen ins Gleichgewicht zu bringen, ist das Ich wahrscheinlich eher *konzentriert* als selbstzentriert. Dieses in sich ruhende Ich zeigt Eigenschaften wie Respekt und Liebe, sich selbst und anderen gegenüber …. Nach einer Phantasiereise in einer Gruppe bin ich immer wieder überrascht, wenn ein Kind sagt: ‚Ich hatte das Gefühl, daß ich mit allen anderen eins war.'"[33]

Dieses Gefühl von Verbundenheit stellt sich nach unseren Erfahrungen oft schon beim ersten Erzählen über die Erfahrungen in einer Phantasiereise ein. Kinder und Jugendliche sind dann oft verwundert, welch reiche Innenwelt auch andere haben; sie beginnen, den anderen aufmerksam zuzuhören, es wächst ein Gefühl von Zusammengehörigkeit und Fürsorge.

Bei Erwachsenen beginnen wir eine Einführung in das Thema „Phantasiereisen" häufig mit der Übung „Ich schenke dir eine Phantasiereise". Dabei erzählen zwei Partner einander zuerst von ihrem persönlichen Lieblingsplatz und notieren sich das Gehörte. Später begleitet einer den anderen bei einer Phantasiereise zum „Lieblingsplatz", wobei er die notierten Aussagen einbaut. Diese Übung erzeugt zum gewählten Partner und auch in der gesamten Gruppe eine besondere Stimmung von Nähe und Vertrautheit.

In der Weiterentwicklung der humanistischen Psychologie zur *transpersonalen Psychologie* wird dieses Überschreiten der üblichen individuellen Begrenzungen bis hin zur *spirituellen Dimension* des Menschen und zur Erfahrung des Einsseins aller Dinge besonders betont. *Diana Whitmore* schreibt dazu: „Kinder haben offenbar ein, wenn auch abstraktes und symbolisches, tiefes Wissen davon, daß im Universum alles grundsätzlich seine Richtigkeit hat," und sie zitiert ihren Lehrer *Roberto Assogioli*, den Begründer der Psychosynthese: „Ihre

Fragen müssen ernst genommen werden; man kann solche Gelegenheiten dazu nutzen, ihnen eine spirituelle Vorstellung vom Leben einzupflanzen, sie die Größe und Schöheit des Universums und die bewundernswerte Ordnung spüren lassen, durch die es charakterisiert wird … gleichzeitig muß man alle spontanen Äußerungen eines spirituellen Wesens wie höhere Bestrebungen, Intuitionen und Erleuchtungen, die eventuell in ihnen entstehen, beobachten und ermutigen."[34] Als Einübung in die spirituelle Entwicklung bietet *Assagioli* Erwachsenen etwa die „Übung zum Erblühen einer Rose" an, die das „innere Blühen" und den Gedanken des Wachstums, der Evolution und Aktualisie-

rung anregen kann. In Abwandlung kann sie auch für Kinder und Jugendliche förderlich sein:[35]

„Wir stellen uns vor, daß wir einen Rosenstrauch betrachten. Wir sehen vor uns einen Stiel mit Blättern und einer Rosenknospe .... Nun öffnen sich langsam die Blütenblätter, bis eine voll aufgeblühte, entfaltete Rose zu sehen ist. Wir versuchen, ihren charakteristischen und unverwechselbaren Duft in uns aufzunehmen; so zart, süß und lieblich. Wir riechen ihn mit großer Freude ... Symbolisch sind wir diese Blume, diese Rose. Dasselbe Leben, welches das Universum belebt und das Wunder der Rose bewirkt hat, bringt in uns ein ähnliches, sogar größeres Wunder hervor - das Erwecken und die Entfaltung unserers spirituellen Seins und das, was davon ausstrahlt.“[36]

Die Erfahrung der Verbundenheit mit anderen Menschen und die Liebe zur gesamten Schöpfung kann auch direkt in entsprechenden Anleitungen von Phantasiereisen lebendig erfahren werden. *Murdock* bietet dazu etwa die „Herzmeditation“ für Kinder ab 3 Jahren an, in der sie ihre Liebe und Energie in ihrem Herzen spüren und anderen senden können.[37] Für alle Menschen, die mit Kindern und Jugendlichen zu tun haben, möchten wir abschließend eine ähnliche Übung zeigen, die eine harmonische Verbindung zu den Heranwachsenden unterstützen soll:

Machen Sie es sich bequem ..., konzentrieren Sie sich auf Ihren Atem ... , ein ... und aus ..., ein und aus ... Spüren Sie nun Ihre Herzgegend in der Mitte der Brust .... Atmen Sie in Ihr Herz hinein und füllen Sie es mit Liebe und Energie ... Lassen Sie diese Liebe und Energie Ihren ganzen Körper durchströmen ...

Stellen Sie sich die Kinder oder Jugendlichen vor, mit denen Sie überlicherweise zu tun haben ..., vielleicht Ihre eigenen Kinder, eine Schulklasse, eine Jugendgruppe ... Versuchen Sie, eine herzliche Verbindung zu diesen Personen zu bekommen ... Schließen Sie dann Ihre Augen und senden Sie ihnen Ihre Liebe und positive Energie ...

Anleitungstexte:

Du verwandelst dich ...

⊡⊡ Diese Anleitung ist auf der Kassette zum Buch enthalten.
Der Inhalt der Übung ist in der Einleitung zu diesem Kapitel angeführt.

Ein sicherer Platz

Ziele: In sich selbst einen Platz finden, der als Rückzugsort dient und Sicherheit gibt.
Eignung: ab etwa 8 Jahren.

Anleitung:
Kennst du in der Wirklichkeit einen Platz, an dem du dich gerne zurückziehst, an dem du dich sicher fühlst, geborgen, geschützt? In dieser Phantasiereise kannst du dir einen ähnlichen Platz suchen.
Setze oder lege dich dazu hin ... Schließe deine Augen ... Mache es dir noch ein wenig bequemer ... Beobachte deinen Atem, wie er von selbst kommt ..., und geht ...
Und nun spürst du in deinen Körper hinein ..., in die Füße ..., die Beine ..., in den Bauch ..., in die Brust ..., die Schulter ..., Arme und Hände ..., und in den Kopf ...
Spürst du in deinem Körper einen Platz, an dem du dich ganz besonders wohl fühlst ... Du kannst in deiner Phantasie dort hingehen ... Du machst dich ganz klein ..., suchst dir eine Stelle, wo du hineingelangen kannst ... Du steigst in deinen Körper hinein ..., vielleicht mit einer Taschenlampe ..., und suchst eine Stelle, an der du dich ganz sicher fühlst ..., ganz geborgen ..., geschützt ...
Du siehst dich an diesem Platz genau um ..., Farben ..., Formen ..., Geräusche ... Du untersuchst auch, wie sich der Platz anfühlt ..., vielleicht warm ... oder weich ...

Du machst es dir an diesem Platz bequem … Du richtest es so ein, daß du dich hier ganz wohl fühlst … Du spürst …, hier bin ich wie zu Hause …, ganz bei mir selbst … Dieser Platz gibt mir Sicherheit.., Kraft …, Selbstvertrauen … Du genießt diesen Platz in dir selbst … Du weißt, daß du immer dort hingehen kannst …, dich dort schützen kannst …, Sicherheit bekommst … und neue Kraft …

Und mit diesem Gefühl kommst du nun langsam …, in deinem Tempo …, wieder hierher zurück … Du bewegst deine Finger …, atmest etwas tiefer ein und aus … Du dehnst und räkelst dich … und öffnest deine Augen … Du fühlst dich erfrischt und ausgeruht, als wärest du gerade aufgewacht …

Reise durch den Körper

Ziele: Den eigenen Körper durchspüren, sich der einzelnen Teile bewußter werden, sie ins Bewußtsein integrieren.

Eignung: ab etwa 8 Jahren.

Hinweis: Vorher kann der Körperumriß eines jeden Kindes auf großem Packpapier gezeichnet und später dann ausgemalt werden. Die Übung kann sich auch auf einzelne Körperteile beschränken.

Anleitung:

Du kennst deinen Körper von außen gut, aber kennst du ihn auch von innen? Du kannst ihn heute in deiner Phantasie näher kennenlernen. Nachher kannst du deinen Körper malen …

Lege dich dazu am besten hin … Schließe deine Augen … Mache es dir noch ein wenig bequemer … Beobachte deinen Atem, wie er von selbst kommt … und geht … Spüre nun deinen Kopf …, die Haare …, die Stirn …, die Augen und den Mund … Und nun geh' nach innen, und spüre dein Gehirn …, dieses wunderbare Organ …, gut geschützt … Laß nun Farben auftauchen, die du in deinem Kopf siehst …, nimmt die Farben wahr …, vielleicht auch Muster …, und spüre, wie sie sich im Kopf ausbreiten …

Spüre in deinen Hals hinein …, wie die Luft hinunterwandert …, und nimm in deiner Phantasie die Farbe wahr …, laß sie ganz den Hals ausfüllen …

Spüre in deine Schultern …, links … und rechts …, und in den Brustraum …, der sich beim Atmen leicht bewegt … Farben tauchen auf …, erfüllen Schultern …, Brustraum …, jeden Teil …

Du gehst mit deiner Aufmerksamkeit in beide Arme und Hände …, vielleicht spürst du einen Unterschied …, vielleicht auch verschiedene Farben …, Arme und Hände sind erfüllt von Farben …

Du wanderst in deinen Bauchraum …, spürst, wie sich die Bauchdecke beim Atmen hebt und senkt …, und bemerkst all die Farben, die hier hingehören …, den Bauchraum ganz ausfüllen …

Spüre beide Beine und Füße …, vielleicht links etwas anders als rechts …, links die Farben …, und rechts die Farben … Wandere nun in dieser Farbenwelt deines Körpers herum …, erforsche alles, was dich interessiert … Schau dir alles an …, achte auf Geräusche und auf alles, was du spüren kannst … Vielleicht mußt du auch noch etwas verändern, anders anmalen …

Und nun kommst du langsam …, in deinem Tempo …, wieder hierher zurück … Du bewegst deine Finger …, atmest etwas tiefer ein und aus … Du dehnst und räkelst dich … und öffnest deine Augen … Du fühlst dich erfrischt und ausgeruht, als wärest du gerade aufgewacht …

Heilender Atem

Ziele: Durch die Phantasievorstellung den Atem zu schmerzenden oder ermüdeten und abgespannten Körperteilen schicken.

Eignung: ab etwa 8 Jahren.

Hinweis: Als Vorübung den Atem bewußt in eine Hand schicken und dann mögliche Unterschiede zur anderen Hand wahrnehmen.

Anleitung:

Wenn du dir weh tust, dann kann es sein, daß dir deine Mutter diese Stelle mit ihrem sanften Atem auf die verwundete Stelle bläst, damit alles heilt und wieder gut wird. Du kannst auch mit deinem eigenen Atem in der Phantasie alle schmerzenden oder müden Körperstellen heilen.

Setze oder lege dich dazu hin … Schließe deine Augen … Mache es dir noch ein wenig bequemer … Beobachte deinen Atem, wie er von selbst kommt …, und geht …

Suche dir eine Körperstelle, die vielleicht gerade jetzt ein wenig schmerzt oder müde ist oder der du einfach deine Aufmerksamkeit schenken willst … Nun atme ganz gleichmäßig weiter, so wie bisher, ein und aus …, ein und aus …

Schicke bei jedem Atemzug deinen Atem an diese Stelle in deinem Körper, die du jetzt heilen oder umsorgen willst … Spüre dabei, wie dein Atem diese Stelle sanft umhüllt …, alles ganz locker macht …, sanft streichelt …, einhüllt in Wärme …, in Wohligkeit …

Schicke deinen Atem weiter an diese Stelle …, und schicke alle Aufmerksamkeit …, und Liebe an diese Stelle … Spüre, wie sich diese Stelle jetzt anfühlt …

Und nun kommst du langsam …, in deinem Tempo …, wieder hierher zurück … Du bewegst deine Finger …, atmest etwas tiefer ein und aus … Du dehnst und räkelst dich … und öffnest deine Augen … Du fühlst dich erfrischt und ausgeruht, als wärest du gerade aufgewacht …

Zentrieren

Ziele: Das Gefühl eines eigenen Zentrums, einer eigenen Mitte spüren, davon ausstrahlen.
Eignung: ab etwa 10 Jahren.

Anleitung:
Weißt du, wo wir Menschen unsere Mitte haben? Sie liegt hier im Bauchraum, etwas unterhalb des Nabels, ganz in deiner Mitte, gut geschützt. Es ist dein Zentrum, deine Mitte, ein Ort der Kraft.
Setze oder lege dich dazu hin … Schließe deine Augen … Mache es dir noch ein wenig bequemer … Beobachte deinen Atem, wie er von selbst kommt …, und geht …

Mit jedem Atemzug wanderst du nun ein wenig tiefer hinunter in deinem Körper …, hinunter bis in den Bauchraum … in deine Mitte …Wenn du willst, kannst du deine Hand auf deinen Bauch legen und die Bewegung beim Atmen spüren … In deiner Phantasie kannst du nun in deiner Mitte ein sanftes Licht wahrnehmen … Dieses Licht strahlt aus deiner Mitte aus …, sanft und warm leuchtend, angenehm …

Und du kannst spüren, wie sich dieses Licht mehr und mehr aus der Mitte ausbreitet …, den Bauchraum ausfüllt …, und wie dabei dein Körper mit Kraft und Energie erfüllt wird … Kraft und Energie aus der Mitte deines Körpers …, mit jedem Atemzug ein wenig mehr …, in allen Körperteilen …, angenehm …, bestärkend …, ermutigend …

Und mit diesem Gefühl kommst du langsam …, in deinem Tempo …, wieder hierher zurück … Du bewegst deine Finger …, atmest etwas tiefer ein und aus … Du dehnst und räkelst dich … und öffnest deine Augen … Du fühlst dich erfrischt und ausgeruht, als wärest du gerade aufgewacht …

Positive Gefühle

Ziele: Sich mit positiven Gefühlen offen auseinandersetzen und daraus Kraft schöpfen.
Eignung: ab etwa 8 Jahren.
Hinweis: Die Übung beginnt hier mit „Glücksgefühl", später z. B. können „Liebe", „Dankbarkeit", „Mitleid" oder „Herzlichkeit" meditiert werden.

Anleitung:
Heute kannst du dich in der Phantasie an angenehme Erlebnisse erinnern, die dir Kraft und Stärke geben. Nachher kannst du dazu ein Bild malen.
Setze oder lege dich dazu hin … Schließe deine Augen … Mache es dir noch ein wenig bequemer … Beobachte deinen Atem, wie er von selbst kommt …, und geht …
Erinnere dich an eine Zeit, wo du wirklich glücklich warst … Laß ein Bild auftauchen, in dem du dich selbst voll Glück erlebst …

Wo bist du …, was hast du dort gemacht …? Wer war noch dabei … Was hast du alles gesehen …, gehört …? Wie bewegst du dich, wenn du glücklich bist …? Kannst du auch etwas riechen … und schmecken …, das Glücksgefühl richtig auskosten …?

Laß deinen Körper diese glückliche Erinnerung spüren … Was ist das für ein Gefühl …, dieses Glücksgefühl … Wo spürst du es ganz deutlich …? Welche Farben passen dazu …?

Nimm diese Bilder jetzt mit und komm langsam …, in deinem Tempo …, wieder hierher zurück … Du bewegst deine Finger …, atmest etwas tiefer ein und aus … Du dehnst und räkelst dich … und öffnest deine Augen … Du fühlst dich erfrischt und ausgeruht, als wärest du gerade aufgewacht …

Etwas finden

Ziele: In der Phantasie etwas finden, was im Augenblick persönlich bedeutsam und wichtig ist.
Eignung: ab etwa 6 Jahren.

Anleitung:

Heute kannst du in der Phantasie ein wenig spazierengehen und für dich selbst etwas tun.

Setze oder lege dich dazu hin … Schließe deine Augen … Mache es dir noch ein wenig bequemer … Beobachte deinen Atem, wie er von selbst kommt …, und geht …

Stell dir vor, du bist auf einer Wiese … Ein wunderschöner Tag …, die Sonne scheint warm auf dich … Duft der Blumen …, Vögel zwitschern … Du läufst auf der Wiese umher …, spürst das Gras unter deinen Füßen … Und während du so läufst, spürst du, daß du hier auf der Wiese etwas finden wirst … du weißt noch nicht, was es ist …, und wo es ist …

Du bist dir sicher, daß du etwas findest …, du vertraust darauf, daß dich deine Füße dorthin tragen …, daß du etwas Wichtiges und Bedeutungsvolles für dich finden wirst …, ganz besonders für dich dort hingelegt …, etwas, was du für dich persönlich gut brauchen kannst …

Und während du auf der Wiese dahingehst …, wird dir deutlich …, wo dieses Geschenk für dich ist …, was es ist … und was es bedeutet … Wenn du es nicht sehen kannst, dann denke dir etwas aus …, schau es genau an …, vielleicht kannst du es auch anfassen …

Nimm dir nun all die Zeit, die du brauchst, mit diesem Geschenk umzugehen …

Spüre noch, was es dir sagen will … Komm langsam, in deinem Tempo, wieder hierher zurück … Du bewegst deine Finger …, atmest etwas tiefer ein und aus … Du dehnst und räkelst dich … und öffnest deine Augen … Du fühlst dich erfrischt, ausgeruht, als wärest du gerade aufgewacht …

Komm mit zum Regenbogen

▱ Diese Anleitung ist auf der Kassette zum Buch enthalten.
Der Inhalt der Übung ist im Einleitungskapitel des Buches angeführt.

Ein Verbündeter

Ziele: Den eigenen inneren Berater und Beschützer auf phantasievolle Weise kennenlernen, auf innere Botschaften hören.
Eignung: ab etwa 8 Jahren.
Hinweis: Die Übung kann in zwei Teilen durchgeführt werden. Zunächst Begegnung mit dem Verbündeten, später um einen Rat fragen.

Anleitung:

Manchmal wünschen wir uns jemanden, mit dem wir alles besprechen können, dem wir alle unsere Geheimnisse oder Sorgen und Fragen anvertrauen können. Einen solchen „Verbündeten" kannst du heute in deiner Phantasie suchen gehen …

Setze oder lege dich dazu entspannt hin … Schließe deine Augen … Mache es dir noch ein wenig bequemer …

Stelle dir vor, du wanderst auf einer grünen

Wiese …, ein strahlend blauer Tag … Das Plätschern eines Baches lockt dich an …, du setzt dich
ins weiche Gras …, blickst ins Wasser …, du spürst
die warmen Sonnenstrahlen auf deiner Haut … Du
bist ganz entspannt …, ruhig …, gelöst …, gelassen …

Da taucht plötzlich dieses Gefühl auf, als ob noch
jemand hier ist … Und du siehst ein freundliches
Wesen neben dir stehen … Vielleicht ist es ein
Mensch, ein Tier, vielleicht eine Fee oder sonst eine
Phantasiegestalt … Du merkst, daß dich dieses
Wesen liebevoll ansieht …, daß es dich gerne
hat … Es ist dein Verbündeter …, und dieses Wesen
winkt dir …, du stehst auf …, gehst voll Vertrauen
mit …

Der Weg führt euch den Bach entlang …, weiter
hinauf … durch einen lichten Wald …, bis hin zur
Quelle …, Dort führt dich dieses freundliche Wesen
in eine Höhle …, beleuchtet mit alten Kienspä-
nen … und weiter hinten gibt es eine Tür … und
ihr beide gelangt in einen gemütlichen Raum …,
setzt euch bequem hin … Du siehst deinen Verbündeten noch genauer an …, kannst spüren, daß
es dich sehr gern hat …, dich so mag, wie du
bist …

Alternative 1:
Du bleibst noch einige Zeit bei deinem Verbündeten … und genießt dieses angenehme Gefühl, hier
zu sein … Vielleicht spricht er mit dir …, oder sieht
dich nur freundlich an … Du merkst, daß es für
dich gut ist, hier zu sein …

Alternative 2:
Und vielleicht fragst du nun deinen Verbündeten
etwas …, etwas, was dir wichtig ist …, was dir
schon lange am Herzen liegt. Und dein Freund hört
dir aufmerksam zu …, sieht dich dabei verständnis-
voll an …, und vielleicht kannst du auch eine Antwort hören …, oder auf eine andere Art spüren,
was dir dein Verbündeter sagen möchte …

Abschluß:
Nun bedankst du dich bei deinem Verbündeten,
was immer er auch dir gesagt hat … Und das

Wesen nickt dir freundlich zu und sagt, daß du
immer wieder kommen kannst, wenn du etwas auf
dem Herzen hast …

Und zum Abschied gibt dir dein Verbündeter ein
kleines Geschenk mit …, etwas, was jetzt für dich
gerade wichtig ist …, was du gut gebrauchen
kannst … Du nimmst dieses Geschenk ehrfürchtig
in deine Hände …, und verabschiedest dich …

Glücklich gehst du aus der Höhle hinaus …, den
Bach entlang …, zur Wiese … Du spürst in dir das
Gefühl, daß du etwas Wichtiges erfahren und erlebt
hast …, und du kannst das mitnehmen, in diesen
Raum … Du kommst langsam …, in deinem Tem-
po …, wieder hierher zurück … Du bewegst deine
Finger …, atmest etwas tiefer ein und aus … Du
dehnst und räkelst dich … und öffnest deine Augen
… Du fühlst dich erfrischt und ausgeruht, als
wärest du gerade aufgewacht …

Ein Krafttier

Ziele: Die Eigenschaften eines Tieres als Metapher
für eigene Stärken und Ressourcen verwenden
Eignung: ab etwa 8 Jahren.

Anleitung:

Von den Indianern wissen wir, daß sie sich ein Tier
ausgesucht haben, das ihnen ganz bestimmte
Fähigkeiten geben konnte, der Fuchs etwa Schlau-
heit, die Eule Wissen und Weisheit. In dieser Phantasiereise kannst du heute dein ganz persönliches
Krafttier näher kennenlernen.

Setze oder lege dich dazu hin … Schließe deine
Augen … Mache es dir noch ein wenig bequemer … Beobachte deinen Atem, wie er von selbst
kommt …, und geht …

Stell dir vor, du bist auf einer Wiese …, ein schöner
Tag …, die Sonne scheint warm …, in der Ferne
plätschert ein Bach … Da bemerkst du am Waldrand eine Bewegung …, es ist ein Tier …, noch
undeutlich zuerst …, doch als du näher hin-
siehst …, merkst du …, es ist ein Tier, das für dich
wichtig ist … Du spürst, daß dieses Tier nicht zufäl-

lig da ist …, es ist wegen dir gekommen … Ganz vorsichtig näherst du dich …, siehst es immer deutlicher …

Du merkst, daß du keine Angst haben brauchst …, das Tier kennt dich …, und du kannst es auch kennenlernen … Du beginnst mit ihm zu sprechen … Du fragst, was seine Stärken sind …, worin sein Geheimnis liegt, daß es in der Natur überleben kann …

Und du fragst dein Tier, wie du auch solche Fähigkeiten und solche Kraft bekommen kannst … Und das Tier antwortet dir …, und du spürst, daß es etwas Richtiges sagt …, und daß du auch in dir diese Fähigkeit wachsen läßt …

Du verabschiedest dich nun von deinem Krafttier …, bedankst dich für seine Botschaft … und kommst langsam …, in deinem Tempo …, wieder hierher zurück … Du bewegst deine Finger …, atmest etwas tiefer ein und aus … Du dehnst und räkelst dich … und öffnest deine Augen … Du fühlst dich erfrischt und ausgeruht, als wärest du gerade aufgewacht …

Wörter der Kraft

Ziele: „Evokative Wörter" zur Förderung eigener Fähigkeiten wählen und in sich verstärken.

Eignung: ab etwa 12 Jahren.

Hinweis: Nicht alle Wörter auf einmal zur Auswahl. Die Übung später mit anderen Wörtern wiederholen.

Anleitung:

Manche Wörter in unserer Sprache „sprechen" uns besonders an. Es sind besondere Wörter, die uns Kraft geben, wenn wir an sie denken. Wähle aus dieser Liste ein solches Wort für dich aus, das dich heute besonders „anspricht":

Aufmerksamkeit	Herzlichkeit
Ausdauer	Humor
Begeisterung	Kraft
Dankbarkeit	Liebe
Einfachheit	Mut
Energie	Ordnung
Freiheit	Ruhe
Freude	Schönheit
Friede	Selbständigkeit
Freundschaft	Stille
Geduld	Verständnis
Gelassenheit	Vertrauen
Geborgenheit	Wärme
Harmonie	Wachstum

Schreibe das gewählte „Kraftwort" - oder ein für dich passendes anderes - auf ein Blatt und male es an, wie es für dich am besten paßt. Die folgende Phantasiereise kann dir helfen, dieses Wort noch besser verstehen zu lernen …

Setze oder lege dich dazu entspannt hin … Schließe deine Augen … Mache es dir noch ein wenig bequemer … Dein Atem geht ruhig und gleichmäßig … Bei jedem Ausatmen breitet sich dabei die Entspannung allmählich aus …, im Gesicht …, in den Schultern …, den Armen und Händen … Du wirst immer ruhiger … Die Spannung weicht aus deinem Bauch …, aus den Beinen …, aus den Füßen … Du bist entspannt …, gelöst …, gelassen …

Stelle dir dein „Kraftwort" geschrieben vor …, in einer ganz besonderen Schrift …, mit deinen Lieblingsfarben … Höre den Klang des Wortes in dir … Und spüre nun, wie sich dieses Wort anfühlt … Laß dieses Wort in deinem ganzen Körper wachsen …, verändere vielleicht ein wenig deine Haltung …, so wie es zu diesem Wort paßt …, und beobachte deinen Atem, während du an dieses Wort denkst …

Laß nun alle Gedanken und Bilder einfach vorbeiziehen, die dir zu diesem Wort in den Sinn kommen …

Spüre, wie du dieses Wort in deinem Leben verwenden kannst …

Nun kommst du langsam …, in deinem Tempo …, wieder hierher zurück … Du bewegst deine Finger …, atmest etwas tiefer ein und aus … Du dehnst und räkelst dich … und öffnest deine Augen … Du fühlst dich erfrischt und ausgeruht, als wärest du gerade aufgewacht …

Idealbild

Ziele: Eine persönlich wichtige Eigenschaft oder Fähigkeit in sich verstärken.
Eignung: ab etwa 14 Jahren.
Hinweis: Die Eigenschaft oder Fähigkeit soll als Wunsch der Kinder und Jugendlichen (nicht der Erwachsenen!) notiert werden (z. B. mutig sein, gelassen sein, selbständig sein …)

Anleitung:

Welche Eigenschaft oder Fähigkeit möchtest du in dir entwickeln? Vielleicht Mut, Schönheit, Ausdauer oder etwas anderes? Notiere für dich diese Eigenschaft oder Fähigkeit auf einem Blatt Papier. In dieser Phantasiereise kannst du an deine gewählte Eigenschaft oder Fähigkeit denken, und sie in dir verstärken.
Setze oder lege dich dazu hin … Schließe deine Augen … Mache es dir noch ein wenig bequemer … Beobachte deinen Atem, wie er von selbst kommt …, und geht …
Stell dir vor, du hättest diese Eigenschaft oder Fähigkeit bereits … Du siehst dich selbst vor dir stehen …, ganz deutlich …, mit dieser ganz persönlichen Eigenschaft oder Fähigkeit … Wie siehst du aus, wenn du diese Eigenart bereits besitzt …? Was tust du …? Wo bist du da …? Wie bewegst du dich …?
Stell dir vor, wie dein Gesicht aussieht …, deine Augen …, dein Körper …, wenn du diese Eigenschaft besitzt … Stelle dich selbst vor dich hin …, mit dieser Eigenschaft, die du in diesem Bild bereits hast …
Und jetzt steigst du in dieses Bild ein … Du steigst in dich selbst ein …, und während du einsteigst, spürst du bereits dieses Eigenschaft …, sie umhüllt dich …, wie ein Hemd oder ein Kleid … Du streifst dir diese Eigenschaft über …, spürst sie deutlich in dir und läßt sie wachsen …, in deinem ganzen Körper …
Spüre diese Eigenschaft in deinen Armen und Beinen …, in deinem Körper …, in deinem Kopf …, in deinem Geist …

Stell dir nun vor, du gehst mit dieser Eigenschaft zurück in dein alltägliches Leben … Du erlebst etwas, wo du diese Eigenschaft gut gebrauchen kannst … Schau genau hin, wo du bist …, was du tust …, wie du diese Eigenschaft gut benützen kannst …
Und nun kommst du langsam …, in deinem Tempo …, wieder hierher zurück … Du bewegst deine Finger …, atmest etwas tiefer ein und aus … Du dehnst und räkelst dich … und öffnest deine Augen … Du fühlst dich erfrischt und ausgeruht, als wärest du gerade aufgewacht …

Teile verabschieden

Ziele: Belastende Eigenschaften und Eigenarten auf liebevolle Weise verabschieden.
Eignung: ab etwa 14 Jahren.
Hinweis: Alle unsere Teile haben in unserem seelischen Gesamtgebilde einen (oft allerdings verborgenen) Sinn (z. B. kann Unpünktlichkeit sinnvoll sein, wenn wir uns damit vor Streß bewahren). Was uns an uns selbst stört, sollten wir daher nicht „ausreißen", sondern mit Respekt behandeln und liebevoll verabschieden. Erst dann wird Neues in uns Platz haben und ungestört wachsen können.

Anleitung:

Manchmal haben wir einen Teil in uns, der nicht mehr ganz zu uns paßt, vielleicht weil er uns immer wieder Schwierigkeiten macht. Wenn wir diesen Teil liebevoll verabschieden, wird Platz für etwas Neues in uns. Zu diesen Gedanken kannst du heute eine Phantasiereise machen.
Setze oder lege dich entspannt hin … Schließe deine Augen … Mache es dir noch ein wenig bequemer …
Stell dir vor, wie du am Ufer eines großen Flusses sitzt … Langsam strömt das Wasser vorbei …, nur ganz leises Plätschern ist zu hören … Du blickst in das Wasser …, kleine Wellen ziehen an dir vorbei … Du spürst die Ruhe und Stille … Du nimmst ein kleines Stück Holz, das da am Ufer liegt und

legst es behutsam in das Wasser ... Der Fluß nimmt das Holzstück mit, langsam zieht es weiter ..., wird kleiner ..., verschwindet ...

Und vielleicht möchtest du an Stelle des Holzes etwas in das Wasser legen, was du persönlich aufgeben möchtest ..., einen Teil, den du nicht mehr brauchst ..., der nicht mehr zu dir paßt ...

Schau genau hin und betrachte diesen Teil einmal ganz liebevoll ... Frage ihn, ob er bereit ist, von dir zu gehen ... Wenn es für dich gut ist, dann verabschiede dich nun von diesem Teil ... Stelle dir nun vor, daß du diesen Teil von dir behutsam in den Fluß legst ..., so wie das Holzstückchen vorhin ... und daß ihn die Wellen sanft davontragen ... Du blickst ihm nach ..., er wird kleiner ..., verschwindet ...

Ganz frei und erleichtert sitzt du am Ufer ... Du spürst, daß nun Platz für Neues da ist ..., das in dir wachsen kann ... Du spürst auch, daß du ein liebenswerter Mensch bist ..., daß du dich selbst magst, so wie du bist ... Mit diesen Gedanken blickst du in den Fluß ..., beobachtest die Wellen ..., wirst innerlich ganz ruhig ...

Nun kommst du langsam ..., in deinem Tempo ..., wieder hierher zurück ... Du bewegst deine Finger ..., atmest etwas tiefer ein und aus ... Du dehnst und räkelst dich ... und öffnest deine Augen ... Du fühlst dich erfrischt und ausgeruht, als wärest du gerade aufgewacht ...

Mein Ziel

Ziele: Sich ein persönliches Ziel setzen und es visualisieren.

Eignung: ab etwa 12 Jahren.

Hinweis:

Vorher ein Ziel positiv und konkret formulieren, es auch körperlich darstellen. Das Ziel dann notieren (siehe dazu den Textteil).

Anleitung:

Wenn wir uns ein Ziel deutlich vorstellen, können wir es leichter erreichen. Diese Phantasiereise kann dir helfen, die Fähigkeiten zu entwickeln, die du für dein Ziel brauchst.

Setze oder lege dich dazu entspannt hin ... Schließe deine Augen ... Mache es dir noch ein wenig bequemer ...

Vor deinen Augen taucht ein mächtiger Baum inmitten einer weiten Wiesenlandschaft auf ... Weit streckt er seine Äste und Zweige in alle Richtungen ... Wie von einem Zauber fühlst du dich von diesem Baum angezogen ... Du kommst näher ..., siehst seinen starken Stamm, das schützende Blätterdach ... Du setzt dich nieder, lehnst dich an den Baum ... Du hörst das leise Rascheln der Blätter ..., Vogelgezwitscher tönt aus dem Geäst ... Du ruhst dich aus ..., entspannst dich ...

Du siehst dich selbst auf dem Weg zu deinem Ziel ... Noch liegt es vor dir ..., du gehst Schritt für Schritt darauf zu ... Du weißt, was du tun mußt, um es zu erreichen ... Du siehst, wie du genau das Richtige machst ..., wie du deinem Ziel näherkommst ... Du merkst, daß du in dir alle Fähigkeiten hast, um dein Ziel zu erreichen ... Alles geht wie von selbst ..., mühelos ... Du spürst ganz deutlich: So komme ich an mein Ziel ...

Achte darauf, wie du dich bewegst ..., was du sagst oder denkst ... Du gibst dein Bestes ... Du merkst, wie deine Fähigkeiten in dir wachsen ... Du spürst deutlich dieses Gefühl in deinem ganzen Körper ... So ist es möglich, das Ziel zu erreichen ...

Und nun kommst du an ..., du hast dein Ziel erreicht ... Stelle dir ganz deutlich vor, wie du aussiehst, wenn du dein Ziel erreicht hast ... Wie fühlt es sich an, wenn du am Ziel bist ...? Was tust oder sagst du, wenn du es geschafft hast? ...

Du merkst nun wieder, daß du hier unter einem Baum ausruhst ...Du spürst, daß dir dieser Baum die Kraft gibt, dein Ziel zu erreichen ... Glücklich und zufrieden gehst du weg ... Hinter dir steht der Baum ..., vor dir liegt dein Ziel ..., in dir spürst du, wie alle Fähigkeiten wachsen, die du für dein Ziel brauchst ...

Du spürst deutlich deine Fähigkeiten ..., und gleichzeit merkst du auch, wie du hier im Raum sitzt oder liegst ... Du kommst langsam ..., in deinem Tempo …, wieder hierher in den Raum zurück … Du bewegst deine Finger …, atmest etwas tiefer ein und beginnst zu träumen … Vor dir taucht in der Ferne dein Ziel auf … Du dehnst und räkelst dich … und öffnest deine Augen … Du fühlst dich erfrischt und ausgeruht, als wärest du gerade aufgewacht …

Am Weg bleiben

Ziele: Abweichungen vom Ziel mitbedenken und mit fest entschlossenem Willen auf ein gewähltes Ziel zugehen.

Eignung: ab etwa 14 Jahren.

Hinweis: Vorher ein Ziel formulieren lassen (siehe dazu die Hinweise im Textteil).

Anleitung:

Manchmal lassen wir uns von unseren Zielen ablenken. In dieser Phantasiereise kannst du üben, auf deinem Weg zu bleiben.

Setze oder lege dich dazu hin … Schließe deine Augen … Mache es dir noch ein wenig bequemer … Beobachte deinen Atem, wie er von selbst kommt …, und geht …

Denke jetzt an dein Ziel …, und laß vor deinen inneren Augen ein Bild oder ein Symbol für dein Ziel auftauchen … Laß dir dazu Zeit … Das Bild oder Symbol entsteht langsam …, wie von selbst …, du brauchst dich nicht darum bemühen … Laß das Bild oder Symbol nun ein wenig deutlicher und klarer werden …

Nun stell dir vor, daß dieses Symbol noch weit vor dir auf einem Berg liegt … Laß dir auch dazu Zeit …, um das Symbol in der Ferne auf dem Berg zu sehen …

Stell dir nun vor, daß auf diesen Berg ein Weg führt, den du deutlich wahrnehmen kannst …, ein Weg von dir hier bis weit da drüben …, zum Berg … Du weißt, daß du diesen Weg zum Gipfel gehen mußt, um dein Ziel zu erreichen. Es ist ein wichtiges Ziel. Laß dich vom starken Willen erfüllen, dieses Ziel zu erreichen … Du gehst los …, immer auf das Ziel zu

… Doch links und rechts deines Weges gibt es auch all die Ablenkungen, die dich daran hindern, dein Ziel zu erreichen … Hindernisse …, vielleicht auch Zweifel …

Vielleicht gibt es auf deinem Weg auch Hilfen …, etwas, das dir Kraft gibt …, das dich stärkt, damit du auf deinem Weg bleibst …

Du bist jetzt auf deinem Weg …, und du bleibst auf dem Weg zu deinem Ziel … Bald wirst du dein Ziel erreichen …, und du kannst fühlen, daß du es schaffen wirst … Deine Stärke und Entschlossenheit sind ständig bei dir …

Nun kommst du an dein Ziel …, bleib dort einige Zeit …, freu dich daran …, sei stolz auf deine Leistung …

Blicke zurück auf die Schwierigkeiten …, und auf deine Entschlossenheit und Zielstrebigkeit …

Nun kommst du langsam …, in deinem Tempo …, wieder hierher zurück … Du bewegst deine Finger …, atmest etwas tiefer ein und aus … Du dehnst und räkelst dich … und öffnest deine Augen … Du fühlst dich erfrischt und ausgeruht, als wärest du gerade aufgewacht …

Probleme meistern

Ziele: Schwierigkeiten auf dem Weg zum Ziel mit Ruhe und Gelassenheit meistern. In „Paniksituationen" ein „Stop-Signal" installieren, um ruhig und gelassen zu bleiben.

Eignung: ab etwa 12 Jahren.

Anleitung:

Nicht immer erreichen wir unsere Ziele so problemlos, wie wir uns das wünschen. Wir können vom Kurs abkommen und müssen einen neuen Weg finden, um unseren Zielen näherzukommen. Wenn wir dabei ruhig und gelassen bleiben, werden wir unsere Probleme leichter klären und lösen können.

Setze oder lege dich entspannt hin … Schließe deine Augen … Mache es dir noch ein wenig bequemer …

Du sitzt oder liegst hier in diesem Raum …, und in deiner Phantasie wanderst du durch einen Wald … Ein herrlicher Tag …, die Sonne scheint durch die Bäume …, Vögel zwitschern … Du genießt die frische Waldluft … Schritt für Schritt gehst du deinem Ziel entgegen … Doch allmählich merkst du: Hier stimmt etwas nicht … Wo ist der der richtige Weg …? Felsbrocken liegen herum …, keine Markierung ist zu sehen …! Wo geht es hier weiter? … Verwirrt läufst du herum …, suchst einen Ausweg … Die Gedanken schwirren durch deinen Kopf …

Da sagst du zu dir selbst: „Halt! So will ich nicht weitermachen! Ich lasse mich nicht entmutigen …! Ich setze mich hin …, atme tief durch …, entspanne mich …, werde ruhig … Wenn ich ruhig und gelassen bleibe, kann ich eine Lösung finden …"

Du atmest ruhig und gleichmäßig …, und du merkst, wie du dich dabei beruhigst und entspannst … Dein Problem ist ein Stück weggerückt …, dein Kopf wird klarer … Und mit einem Mal fällt dein Blick auf eine Stelle, die du vorher nicht beachtet hast … Hier geht es weiter! Du faßt neuen Mut …, gehst Schritt für Schritt voran … Der Weg wird breiter …, eine Wiese taucht auf …, in der Ferne siehst du Häuser …

Die Schwierigkeiten sind überwunden … Während du hier sitzt oder liegst, spürst du deutlich, wie dir Ruhe und Gelassenheit geholfen haben … Du bist jetzt wieder auf dem richtigen Weg … Du gehst voll Selbstvertrauen weiter …

Du kommst nun langsam …, in deinem Tempo …, zurück in diesen Raum … Du bewegst deine Finger …, atmest etwas tiefer ein aus … Du dehnst und räkelst dich … und öffnest deine Augen … Du fühlst dich erfrischt und ausgeruht, als wärest du gerade aufgewacht …

Am Berggipfel

Ziele: Sich nach einer Anstrengung ausruhen und das Gefühl von Erfolg genießen, sich selbst loben und anerkennen.
Eignung: ab etwa 10 Jahren

Anleitung:
Wenn wir etwas geschafft haben, sind wir auf uns stolz und können uns entspannt ausruhen. In dieser Phantasiereise kannst du Freude über einen Erfolg genießen …

Setze oder lege dich dazu entspannt hin …(jeweils fünf bis zehn Sekunden Pause …). Schließe deine Augen … Mache es dir noch ein wenig bequemer …

Während du hier sitzt oder liegst, taucht in deiner Phantasie eine wunderschönen Almwiese auf … Du wanderst langsam bergauf … Strahlend blauer Himmel …, die Sonne scheint warm auf deine Haut …, ein sanfter Wind kühlt deine Stirn …

Dein Ziel ist der Gipfel des Berges vor dir … Der Weg führt in engen Windungen hinauf … Schritt für Schritt gehst du voran … Die Hälfte hast du schon hinter dir! … Eine anstrengende Berwanderung …, aber du willst durchhalten …, möchtest dein Ziel erreichen … Nun bist du bald am Gipfel … Geschafft! Du hast dein Ziel erreicht … Du setzt dich nieder und genießt den wunderschönen Ausblick … Weite …, Ruhe …, Stille …, in dir ein herrliches Gefühl …

Du spürst deutlich die Freude über deinen Erfolg … Du klopfst dir selbst auf die Schulter …, bist stolz auf deine Leistung …

Nun kommst du allmählich …, in deinem Tempo …, wieder hierher zurück … Du bewegst ein wenig deine Finger …, atmest etwas tiefer ein und aus … Du dehnst und räkelst dich … und öffnest deine Augen … Du fühlst dich erfrischt und ausgeruht, als wärest du gerade aufgewacht …

Neues erforschen

Ziele: Sich auf neue Situationen einlassen, mit Neugier, Mut und Vorsicht vertraute Gebiete verlassen und neue Bereiche erforschen.
Eignung: ab etwa 8 Jahren.

Anleitung:
Wenn wir etwas Neues kennenlernen, sind wir oft ein wenig ängstlich. Aber vielleicht interessiert es

uns auch, und wir sind neugierig und wollen das Neue erforschen und kennenlernen. In dieser Phantasiereise kannst du üben, vorsichtig und gleichzeitig mutig zu sein …

Setze oder lege dich dazu entspannt hin … Schließe deine Augen … Mache es dir noch ein wenig bequemer …

Stelle dir vor, du gehst jetzt aus diesem Raum hinaus …, ein wenig spazieren …, schlenderst so langsam und entspannt dahin …, und kommst an einen Ort, den du gut kennst …, wo du dich sicher und wohl fühlst … Vielleicht ist es euer Garten … oder ein Spielplatz … Sieh dich an deinem Platz ein wenig um …, achte auf Geräusche und Gerüche … und spüre, daß du hier sehr gerne bist …

Und während du auf diesem Platz bist …, bemerkst du plötzlich eine hohe Steinmauer …, die du vorher noch nie gesehen hast … Du gehst näher an diese Mauer heran … Sie ist so hoch, daß du nicht darübersehen kannst …, mit Pflanzen bewachsen … Du betastet die kühlen Steine …, schiebst ein wenig die Pflanzen zur Seite …

Und da bemerkst du ein Tor in dieser Mauer …, und du bist neugierig …, und auch vorsichtig … Was wird sich dahinter wohl verbergen …? Du suchst den Türgriff …, er fühlt sich etwas kühl an … Du denkst vielleicht: „Soll ich dieses Tor öffnen …?" Du erinnerst dich, daß du ja hier an diesem bekannten Platz bist …, jederzeit zurückkehren kannst … Du bekommst Mut …, drückst das Tor vorsichtig auf …

Und nun siehst du etwas ganz Neues hinter dieser Mauer …, du bist neugierig … vorsichtig gehst du weiter …, siehst alles genau an …, und allmählich wird dir alles vertrauter …, du wirst immer mutiger und beginnst alles zu erforschen, was es hinter dieser Mauer gibt …

Nun gehst du wieder zurück zum Tor …, du schließt es hinter dir … und kommst langsam …, in deinem Tempo …, wieder hierher zurück … Du bewegst deine Finger …, atmest etwas tiefer ein und aus … Du dehnst und räkelst dich … und öffnest deine Augen … Du fühlst dich erfrischt und ausgeruht, als wärest du gerade aufgewacht …

Angst verkleinern

Ziele: Mit ängstigenden Bildern spielerisch umgehen, die Steuerung von unangenehmen Vorstellungen bewußt einüben

Eignung: ab etwa 8 Jahren.

Anleitung:

In unseren Gedanken machen uns Personen, Dinge oder Ereignisse oft mehr Angst, als es notwendig ist. In dieser Phantasiereise kannst du üben, mit deiner Angst ein wenig spielerisch umzugehen …

Setze oder lege dich dazu entspannt hin … Schließe deine Augen … Mache es dir noch ein wenig bequemer … Dein Atem geht ruhig und gleichmäßig …

Du sitzt auf einer Bank am Waldrand …, ruhst dich aus …, entspannst dich … … Blätter bewegen sich sanft im Wind …, Vögel zwitschern …, die Sonne scheint warm auf deine Haut … Da hörst du ein Rascheln im Gebüsch …, es bewegt sich etwas …, du denkst, daß es ein schreckliches Tier ist … Und in deiner Phantasie machst du es immer größer …, gefährlicher …, abscheulicher … Es pfaucht dich an …, du riechst seinen stinkenden Atem …, es wird riesiger …

Und nun läßt du es schrumpfen …, kleiner werden …, winzig … Ein liebes kleines Tierchen … Du setzt es auf deine Hand …, betrachtest es von allen Seiten …

Nun läßt du dieses Tier wieder ein wenig wachsen …, gerade so, daß es eine angenehme Größe erreicht … Vielleicht magst du ein wenig mit dem Tier spielen …

Nun verabschiedest du dich von diesem Tier … gehst ganz leicht und frei nach Hause … und erinnerst dich an dieses Erlebnis …

Nun kommst du langsam …, in deinem Tempo …, wieder hierher zurück … Du bewegst deine Finger …, atmest etwas tiefer ein und aus … Du dehnst und räkelst dich … und öffnest deine Augen … Du fühlst dich erfrischt und ausgeruht, als wärest du gerade aufgewacht …

Probleme wegschicken

Ziele: Auf kreative Weise mit belastenden Gefühlen und problembeladenen Bildern umgehen.
Eignung: ab etwa 8 Jahren.

Anleitung:

Jeder Mensch erlebt manchmal auch unangenehme Gefühle, vielleicht Zorn oder Ärger. Man kann vor etwas Angst haben oder wir haben Sorgen, die uns belasten. In dieser Phantasiereise kannst du üben, alle unguten Gefühle und belastenden Gedanken wegzuschicken ...

Setze oder lege dich entspannt hin ... Schließe deine Augen ... Mache es dir noch ein wenig bequemer ... Du atmest ruhig und gleichmäßig ..., ein und aus ..., ein und aus ...

Stell dir nun einen Luftballon vor, der noch nicht aufgeblasen ist ... Verwandle ihn in deine Lieblingsfarbe ... Mit diesem Luftballon kannst du belastende Gefühle, Gedanken und Sorgen wegschicken ...

Blase deinen Luftballon auf ..., und mit jedem Ausatmen kannst du belastende Gefühle, Gedanken und Sorgen in diesen Luftballon hineinatmen ...

Du siehst, wie der Luftballon wächst, spürst, wie er größer und größer wird ... Alles Unangenehme bläst du in den Luftballon ...

Und nun läßt du den Luftballon los .... langsam steigt er auf, höher, immer höher ... Und du spürst, daß du selbst ganz leicht und frei wirst ..., je weiter sich der Luftballon entfernt ..., erleichtert ..., frei ...

Nun kommst du langsam ..., in deinem Tempo ..., wieder hierher zurück ... Du bewegst deine Finger ..., atmest etwas tiefer ein und aus ... Du dehnst und räkelst dich ... und öffnest deine Augen ... Du fühlst dich erfrischt und ausgeruht, als wärest du gerade aufgewacht ...

Ausstrahlen

Ziele: Einen positiven Zustand von Glück, Zufriedenheit ausstrahlen und auch auf andere positiv wirken.
Eignung: ab etwa 8 Jahren.

Anleitung:

Wenn wir mit uns selbst zufrieden und rundherum glücklich sind, dann kann es sein, daß jemand sagt: „Du siehst heute strahlend aus!" In dieser Phantasiereise kannst du deine persönliche Ausstrahlung erleben ...

Setze oder lege dich dazu entspannt hin ... Schließe deine Augen ... Mache es dir noch ein wenig bequemer ... Dein Atem geht ruhig und gleichmäßig ... Bei jedem Ausatmen breitet sich die Entspannung allmählich aus ...

Erinnere dich an eine Situation, als du richtig glücklich warst ..., glücklich und zufrieden mit dir selbst ... Laß ein Bild auftauchen, in dem du dich selbst voll Glück und Zufriedenheit erlebst ...

Wo bist du ..., Was kannst du dort sehen ..., hören ...? Wie bewegst du dich, wenn du glücklich und zufrieden bist ...? Kannst du auch etwas riechen ... und schmecken ..., das Glücksgefühl richtig auskosten ...?

Sieh dich nun selbst, wie du dieses Gefühl von Glück und Zufriedenheit ausstrahlst ... Du spürst es förmlich ..., im Leuchten deiner Augen ..., in der Offenheit deines Gesichtes ... Du strahlst Glück und Zufriedenheit aus ... Und vielleicht merkst du auch, wie du jetzt von innen heraus zu strahlen beginnst ..., mit jedem Ausatmen ein wenig mehr ..., sanft ..., angenehm und wohltuend ..., glücklich und zufrieden.

Und vielleicht möchtest du deine Strahlen anderen Menschen senden ..., ihnen auch Glück und Zufriedenheit schenken ... Und du stellst dir vor, wie du ausstrahlst ..., etwas von dir selbst hergibst ..., Glück ..., Zufriedenheit ..., Liebe ...

Nun kommst du langsam ..., in deinem Tempo ..., wieder hierher zurück ... Du bewegst deine Finger ..., atmest etwas tiefer ein und aus ... Du dehnst und räkelst dich … und öffnest deine Augen … Du fühlst dich erfrischt und ausgeruht, als wärest du gerade aufgewacht …

Versöhnen

Ziele: In einer belasteten Beziehung einander vergeben und sich in der Vorstellung wieder versöhnen.
Eignung: ab etwa 8 Jahren.

Anleitung:
Manchmal sind wir auf jemanden ärgerlich, oder jemand war ärgerlich zu uns. Vielleicht haben wir einen Streit gehabt oder sonst etwas Unangenehmes miteinander erlebt. Es ist dann gut, sich wieder zu vertragen, einander zu vergeben und zu versöhnen.
Setze oder lege dich dazu hin … Schließe deine Augen … Mache es dir noch ein wenig bequemer … Beobachte deinen Atem, wie er von selbst kommt …, und geht …
Stell dir vor, du bist an einem Platz, wo du dich ganz sicher fühlst …, ein Platz, den du gut kennst und magst … Du bist an diesem Platz und fühlst dich gut …, ganz bei dir …, in guter Stimmung … Du spürst, daß du liebenswert bist …
Nun stell dir vor, daß jemand auf dich zugeht, auf den du ärgerlich bist oder jemand, der auf dich ärgerlich ist …, ein Kind oder ein Erwachsener …
Stell dir vor, daß ihr beide froh seid, euch jetzt zu sehen. Niemand ist ärgerlich. Nun kannst du versuchen, dieser Person wieder ein wenig näher zu kommen …, ihr vielleicht die Hand zu geben …, oder auf andere Weise zu zeigen, daß du diese Person auch magst …, ganz tief in dir …
Und nun kommst du langsam …, in deinem Tempo …, wieder hierher zurück … Du bewegst deine Finger …, atmest etwas tiefer ein und aus … Du dehnst und räkelst dich … und öffnest deine Augen … Du fühlst dich erfrischt und ausgeruht, als wärest du gerade aufgewacht …

Miteinander sein

Ziele: Sich mit anderen Menschen in positiven Gedanken verbinden und auch versöhnen.
Eignung: ab etwa 10 Jahren.

Anleitung:
Wenn wir an Menschen denken, die uns mögen, fühlen wir uns sicher und geborgen. Diese Gedanken kannst du in der folgenden Phantasiereise nacherleben …
Setze oder lege dich dazu entspannt hin … Schließe deine Augen … Mach es dir noch ein wenig bequemer … Dein Atem geht ruhig und gleichmäßig … Bei jedem Ausatmen spürst du, wie sich die Entspannung allmählich ausbreitet … …
Stell dir vor, du sitzt alleine vor einem Lagerfeuer …, blickst in die Flammen, beobachtest die wechselnden Farben …, hörst das leise Knistern des Holzes … Ein wenig Rauch steigt auf, du kannst ihn riechen … und auch die Wärme des Feuers sanft auf deiner Haut spüren … Es ist angenehm, so vor dem Feuer zu sitzen …, angenehm …, beruhigend …, entspannend …
Vielleicht fühlst du dich aber auch ein wenig einsam …, alleine … Und in deiner Phantasie kannst du eine Person zu deinem Lagerfeuer einladen, jemanden, den du gerne hast … Und tatsächlich …, diese Person taucht auf …, setzt sich zu dir ans Lagerfeuer … Und dann kannst du noch andere Menschen zu dir kommen lassen, die du magst …, und alle setzen sich im Kreis um das Lagerfeuer … Du bist mit diesen Menschen beisammen, die du gerne hast …, und du fühlst dich in diesem Kreis sicher und geborgen …, Du bist froh, daß du nicht alleine bist …, daß es Menschen gibt, die dich mögen …
Und während ihr so sitzt, taucht nun eine Person auf, die du nicht so gerne hast …, ein Erwachsener oder ein Kind … Vielleicht hattest du Streit mit dieser Person …, oder bist auf diesen Menschen ärgerlich … Und du sagst jetzt dieser Person, was dich stört … Und auch diese Person sagt etwas zu dir …, und du kannst sie nun ein wenig besser verstehen, oder ihr vielleicht verzeihen …

Und nun bittet dich diese Person, ob sie auch in den Kreis des Lagerfeuers gehen kann …, und du stimmst zu …, und diese Person setzt sich zu euch …, und alle blickt ihr in das Feuer …

Nun kommst du langsam …, in deinem Tempo …, wieder hierher zurück … Du bewegst deine Finger …, atmest etwas tiefer ein und aus … Du dehnst und räkelst dich … und öffnest deine Augen … Du fühlst dich erfrischt und ausgeruht, als wärest du gerade aufgewacht …

Liebe senden

Ziele: Das Gefühl des Geliebtwerdens vertiefen und an andere Liebe senden.

Eignung: ab etwa 8 Jahren.

Anleitung:

Kennst du das schöne Gefühl, wenn du liebevoll gestreichelt wirst. Wir fühlen uns dann wohl und können auch anderen Menschen unserer Liebe geben …

Setze oder lege dich dazu entspannt hin …

Schließe deine Augen … Mache es dir noch ein wenig bequemer …

Denke an die Zeit zurück, als dich jemand liebevoll gehalten hat …, dich vielleicht zart streichelt …, und du genießt diese Erinnerung … Du spürst die sanfte Berührung …, kannst vielleicht auch den Geruch von damals wahrnehmen …, kuschelst dich an diese Person …, und du spürst, daß du geliebt wirst …, angenommen …, wertvoll …

Und dieses Gefühl gibst du nun selbst einer anderen Person, … die du magst …, sendest ihr diese Liebe …, auf deine Weise …, und du spürst, daß deine Liebe bei dieser Person ankommt …

Und vielleicht magst du deine Liebe auch anderen Menschen senden …, die du magst …, oder mit denen du dich … wieder vertragen willst … Und du genießt dieses Gefühl …, daß du selbst geliebt wirst …, und daß du deine Liebe auch anderen weitergeben kannst …

Nun kommst du langsam …, in deinem Tempo …, wieder hierher zurück … Du bewegst deine Finger …, atmest etwas tiefer ein und aus … Du dehnst und räkelst dich … und öffnest deine Augen … Du fühlst dich erfrischt und ausgeruht, als wärest du gerade aufgewacht …

Anmerkungen

Anmerkungen zu Kapitel 1:

1) Nach Meyers enzyklopädischem Lexion, Mannheim: Bibliographisches Institut 1974, Bd. 12, 474. Vgl. z. B. auch Müller, 1985, 27.
2) Hofstätter, 1968[13], 230.
3) Vgl. Shorr, 1981.
4) de Mille, 1978, 18.
5) Ende, 1979, 426 bzw. Klappentext.
6) Vgl. dazu bes. Singer, 1978; Singer/Pope (Hrsg.), 1986, sowie Tausch, 1990[9].
7) Vgl. z. B. Porter/Foster, 1987.
8) Vgl. Kemmler, 1979.
9) Vgl. Simonton u.a., 1982; Teegen, 1987.
10) Vgl. bes. Petzold/Brown, 1977; Vopel 1977; Ostrander/Schroeder, 1982 (engl. 1979).
11) Vgl. Ferguson 1982; Houston 1984; Walsh/Vaughan (Hrsg.), 1985 und als sehr gut gelungene Umsetzungsprogramme Withmore, 1988 und Murdock, 1989.
12) Vgl. z. B. Achterberg, 1987, 157ff; Bernstein/Borkovec, 1975.
13) Philippe, 1990, 9.
14) Vgl. z. B. Fatzer, 1987; Gawein, 1987; Wittoch, 1987; Madelung, 1988; Philippe 1990.
15) Vgl. z. B. Bettelheim, 1980. Sehr anregende Geschichten im Bereich der Erziehungsarbeit bringt Springer, 1990.
16) Vgl. z. B. Schachl, 1991.
17) Madelung, 1988, 52.
18) Assagioli, 1988, 165f.
19) Vgl. Teegen, 1987, 260; vgl. auch Madelung, 1988, 55.
20) Vgl. Vopel, 1989, Teil 2, 18.
21) Vgl. z. B. Capra, 1982.
22) Ferguson, 1982, 367.
23) Vgl. Masters/Houston, 1984, 10 und Houston 1984.
24) W.James, zitiert in Walsh/Vaughan, 1985, Einführung, S.5.
25) Steindl-Rast, 1985, 14.
26) Vgl. Pestalozzi, 1985 und 1989.
27) Leonard, 1983; vgl. auch Samples, 1983.
28) Vgl. Leuner/Horn/Klessmann, 1990[3].
29) Oaklander, 1987[3].
30) Lazarus, 1980, 73ff.
31) Vgl. dazu auch Hennig/Knödler, 1985; Bach u.a., 1986; Datler (Hrsg.), 1987; Teml Helga, 1991; Wild, 1991.
32) Vgl. Unterbrunner, 1991, näher erläutert im Kapitel 4.
33) Dies soll die Auseinandersetzung mit „negativen" Szenen nicht ausschließen. Aus der Arbeit mit Märchen ist bekannt, daß „negative" Aspekte – z. B. die Verstoßung durch die böse Stiefmutter – auch auf eine *positive Entwicklungsrichtung* abzielen – im Beispiel „Stiefmutter" etwa darauf, die Selbständigkeit und Eigenständigkeit anzuregen. Eine „Reinigung" der Märchen von derartigen, oft auch grausam erscheinenden Aussagen, würde ihnen demnach wesentliche Wachstumsimpulse nehmen. (Vgl. Bettelheim, 1980; Springer, 1990, 58.)
34) Vgl. bes. Rogers, 1974 und 1984 (b).
35) Rogers, 1988, 126.
36) Vgl. bes. Tausch, 1977[8].
37) Vgl. Wagner, 1987.
38) Eine Beschreibung personzentrierter Gruppengespräche siehe in Rogers, 1984 (a). Sehr informativ ist auch der Film „Reise zum unbekannten Ich" von Annemarie und Reinhard Tausch. In Öster-

reich ist dieser Film in der „Bundesstaatlichen Hauptstelle für wissenschaftliche Kinematographie", Schönbrunnerstraße 56, 1050 Wien, unter der Nummer ATf 1717 kostenlos erhältlich.
39) Vgl. Miller, 1989, 57ff.
40) Teml, 1989, 20.
41) Withmore, 1988, 14.
42) Vgl. Dorfer, 1987.
43) Lehrplan der Hauptschule, 1985, 22 und Lehrplan der allgemeinbildenden höheren Schulen, 1985,17.
44) Lehrplan der Volksschule, 1988[3], 32.
45) Lazarus, 1980, 81.
46) Oaklander, 1987[3], 49, stark gekürzt.
47) Vgl. Oaklander, 1987[3], 73ff, ausführlicher dargestellt im Abschnitt 2.4.
48) Vgl. Leuner u.a., 1990[3].
49) Gisela Gerber in Leuner/Horn/Klessmann, 1990[3], 168f.
50) Vgl. Schwab, 1982, der für die Einbeziehung von Vorstellungsbildern spricht.
51) Vgl. dazu bes. Dorfmann in Rogers, 1972, 219ff sowie Axline, o.J., auch Rogers/Schmidt, 1991.
52) Vgl Tausch, 1990[9], 339ff.

Anmerkungen zu Kapitel 2:

1) Nach Lazarus, 1980, 15, gekürzt.
2) Vgl. Assagioli, 1988, 169f und Withmore, 1988, 37.
3) de Mille 1978, 51f, gekürzt.
4) Vgl. auch Geer/Hahn, 1990, 5.
5) Assagioli, 1988, 252, hier gekürzt.
6) Müller, 1983, 32
7) Vgl. Gross u.a; 1989.
8) Siehe sehr ausführlich bei Bernstein/Borkovec, 1975; Einführung und Anleitung für Kinder und Jugendliche bei Teml, 1987.
9) Problematisch erscheinen uns die Vorstellungsübungen der grundsätzlich interessanten NLP-Strategien bei Nagel u.a., 1989. Nagel u.a; mahnen auch zur Vorsicht, z. B. 83 und 90.
10) Dies ist eine Technik aus dem NLP, für den Bereich der Schule beschrieben bei Nagel, 1989, 81ff (nach unserer Ansicht nach aber eher für den therapeutischen Bereich geeignet).
11) Vgl. Fatzer, 1987, 102f.
12) Vgl. Stevens, 1988[10], 143 ff.
13) Ende, 1973, 144.
14) Vgl. Oaklander, 1987[3], 73ff.

Anmerkungen zu Kapitel 3:

1) Vgl. Alexander, 1976;
2) Vgl. z. B. Schwäbisch/Siems, 1987, 33ff.
3) Springer, 1990, 32.
4) Vgl. z. B. Vester 1984.
5) Wild, 1991, 29. Rebeca und Mauricio Wild führen eine alternative Schule in Ecuador, weitgehend nach den Prinzipien von Maria Montessori aber auch neueren theoretischen Konzepten.
6) Vgl. z. B. ausführlich Vester 1978; Teml 1987.
7) Lehrplan der Volksschule, 1988[3],36.
8) Vgl. z. B. Eberlein, 1976; Böttcher, 1977; Biermann, 1978[2].
9) Petzold, in Brown/Petzold, 1978, 108.
10) Lehrplan der Volksschule, 1988[3], 40.

11) Vopel, 1989, Teil 2, 10f. Die 5 Bände „Kinder ohne Streß" haben uns viele Anregungen gegeben.
12) Müller, 1985, 51, die kursiv gedruckten Teile sind im Original unterstrichen.
13) Vgl. dazu auch Polender, 1982.
14) Das Konzept des „Ankerns" im „Neurolinquistischen Programmieren" siehe bei Bandler/Grinder, 1987.
15) Vgl. Selby, 1987; Vopel, 1989, Band 3; Ehrmann, 1990.
16) Vopel, 1990, Bd.3.

Anmerkungen zu Kapitel 4:

1) Fromm, 1976, 39f.
2) Cohn, 1975.
3) Rogers, 1988, 12.
4) Fromm, 1976, 39f.
5) Vopel, 1988, Band 2. Das Beispiel verdanken wir der Volksschullehrerin Eva Wimmesberger.
6) Vopel, 1989, Band 2, 39.
7) siehe Anm. 5)
8) Vgl. z. B. besonders bei Ostrander/Schroeder, 1982.
9) Vgl. z. B. Nagel u.a., 1989.
10) Nach Rogers, 1988, 13.
11) Vgl. Tausch/Tausch, 1977[8], 243ff.
12) Vgl. auch Teml, 1983.
13) Vgl. dazu die Einbeziehung von Vorstellungsübungen bei Tausch, 1983, 112 und 1990[9], 339ff.
14) Lehrplan der Volksschule, 1988[3], 38. Vgl. dazu auch den Grundsatzerlaß zur „Ganzheitlich kreativen Erziehung" in den Schulen. (Bundesministerium für Unterricht, Kunst und Sport, Wien, Zl. 10.077/23-Präs.20a/90, RS 207/90 vom 7. September 1990).
15) Vgl. zu den folgenden Aussagen Teml, 1990, 108ff.
16) Eher populärwissenschaftlich z. B. bei Ornstein, 1976; Edwards, 1982; fundierter bei Restak, 1981, Changeux, 1983 oder Springer/Deutsch, 1987.
17) Edwards, 1982; Rico, 1984.
18) Vgl. z. B. Birkenbiehl, 1982; Bambeck/Walters, 1991; kritisch dazu Hartge, 1989.
19) Vgl. Springer/Deutsch, 1987, 178ff, und Anmerkung des Herausgebers.
20) Vgl. sehr übersichtlich dargestellt bei Hampden-Turner, 1982.
21) Ornstein, 1989.
22) Vester, 1986, 473.
23) Houston, 1984, 114ff.
24) Houston, 1984, 209.
25) Wittoch, 1987, 303.
26) Oaklander, 1987[3], 22.
27) Vgl. Vanecek, 1982, 112ff und Guttman, o.J., 14f., Beispiel aus Teml 1988, 39.
28) Vgl. Vanecek, 1982, 112ff.
29) Vgl. Schiller, 1988.
30) Vopel, 1991, 12.
31) Vopel, 1991, 87.
32) Vgl. Petzold/Brown, 1977; Bürmann, 1983; Faber, 1983; Burow, 1987, 1988; Teml 1990.
33) Burow u.a., 1987, 34.
34) Aus Burow u.a., 1987, 169.
35) Burow/Scherpp, 1981.
36) Zur Problematik von „Lerntechniken" vgl. Teml, 1989, 95ff.
37) Vgl. z. B. Ostrander/Schroeder, 1982; Lynn, 1986; Schuster/Gritton, 1986. Hinkelmann, 1989[2]; kritisch kommentiert und empirisch überprüft bei Schiffler, 1989. Vgl. auch die Zeitschrift Unterrrichtswissenschaft 1/91 mit dem Themenschwerpunkt „Suggestopädie".
38) Pelke, 1984, 17.
39) Vopel, 1989, Band 5, 63.

40) Vgl. Beer / Guttmann, o.J.; Vanecek, 1982; Bauer, 1987; Guttmann 1990.
41) Aus Bröhm-Offermann, 1989, 103.
42) Zum NLP-Konzept des Ankerns vgl. Bandler/Grinder, 1988[7].
43) Vgl. Porter/Foster, 1987.
44) Lang, 1989[2], 129f. Unserer Ansicht nach weckt dieses Buch allerdings zu große Hoffnungen auf rasche Lösungen.

Anmerkungen zum Kapitel 5:

1) Rogers, 1973.
2) Vgl. Lehrplan, 1979[5], 28.
3) Vgl. Lehrplan der Volksschule, 1987[3], 38.
4) Ferguson, 1982, 335.
5) Gibran, 1990[25], 16.
6) Vgl. Boden 1978, 153ff und 1983.
7) Vgl. Dürckheim, 1976, 19.
8) In der Montessori-Pädagogik wird diese ursprüngliche Fähigkeit zur Vertiefung stark gepflegt. Die Schüler sitzen auf ihren Matten auf dem Boden und sind vollkommen in ihre Arbeit versunken, z. B. beim Legen von Rechenstäben oder Wortkarten. Vgl. z. B. Montessori, 1987.
9) Tausch, 1983, 112.
10) Rogers, 1988, 252.
11) Rogers, 1988, 257; vgl. dazu auch Fartacek/Teml, 1984.
12) Vopel, 1989, Band 5, 61f.
13) Rogers, 1988, 260.
14) Vgl. zur Wertklärung Simon/Olds, 1978 sowie Übungen zum „Hineinhorchen" aus dem Bereich des Focusing, Gendlin 1981; Köhne/Wiltschko, 1986.
15) Wild, 1991, 37.
16) Rogers, 1988, 264f.
17) Assagioli, 1987, 53.
18) ebd., 54.
19) ebd., 54f.
20) ebd., 75f.
21) Vgl. z. B. Schwäbisch/Siems, 1987, 49f.
22) Orban, 1983, 76.
23) Vgl. dazu die Arbeitspapiere des „Österreichischen Trainingszentrums für Neurolinquistisches Programmieren", Wien. Im NLP wird auch nach der „Ökologie" gefragt: Welche Auswirkungen wird es haben, wenn dein Ziel erreicht ist. Was ist der Preis, was das Gute am jetzigen Verhalten?
24) Unterbrunner, 1991.
25) Vgl. Unterbrunner, 1991.
26) Vgl. Schachl, 1991.
27) Vgl. Tausch, 1989, 185ff.
28) Vgl. Teml, 1989, 90ff Vgl. auch Sedlak/Schuch 1982; Kröner 1982; Marschall, 1984; Bohse-Wagner/Stritmatter, 1986; Kassettenprogramme z. B. Richter/Pieritz, 1983; Ceh, 1984; Eschenroeder, 1984.
29) In Anlehnung an die Focusing-Technik bei Köhne/Wiltschko, 1986, 11ff. Vgl. dazu Teml, 1989, 72.
30) Vgl. Lazarus, 1980, 79f.
31) Vgl. z. B. die z.t. sehr polemische Literatur gegen die sogenannte „New-Age-Bewegung", u.a.: Hunt/McMahon, 1987[2], König, 1987[4]. Diese Autoren wenden sich generell auch gegen Visualisierungstechniken, wie sie in christlichen Kreisen gepflegt werden.
32) Schulz von Thun, 1989, 38ff, bes.48ff.
33) Murdock, 1989, 114.
34) Whitmore, 1988, 204f. Zur Entwicklung eines ganzheitlichen Bewußtseins vgl. auch Samples, 1983.
35) Vgl. Vopel, 1989, Band 5, 48f ab 10 Jahren; vgl. auch Withmore, 1988, 230ff, ab 14 Jahren.
36) Assagioli, 1978, 268, 1988,242f, stark gekürzt.
37) Murdock, 1989, 123.

Literaturverzeichnis

Die mit einem Stern * gekennzeichneten Bücher enthalten zahlreiche Anleitungen zu Phantasiereisen für Kinder und Jugendliche.

Achterberg, J: Die heilende Kraft der Imagination. Bern/München/Wien: Scherz 1987.
Alexander, G.: Eutonie. Ein Weg der körperlichen Selbsterfahrung. München: Kösel 1976.
* Alex, S. / Vopel, K.W.: Lehre mich nicht, laß mich lernen (4 Teile). Hamburg:Isko-Press 1987.
Assagioli, R.: Handbuch der Psychonsynthesis. Freibug i.B.: Aurum Verlag 1978.
Assagioli, R.: Die Schulung des Willens. Methoden der Psychotherapie und der Selbsttherapie. Paderborn:Junfermann 1987.
Assagioli, R.: Psychosynthese. Prinzipien, Methoden, Techniken. Adliswil/Zürich: Verlag Astrologisch-Psychologisches Institut 1988.
Axline, V.M.: Dibs. Die wunderbare Entfaltung eines menschlichen Wesens. Bern/München: Scherz o.J.

Bach, H./ Knöbel, R. / Arenz-Morch, A. / Rosner, A.: Verhaltensauffälligkeiten in der Schule. Berlin:Marhold 1986.
Bambeck, J.J. / Wolters, A.: Brainpower. Erstaunliche Möglichkeiten bewußte und unbewußte Mentalkräfte zu nutzen. München: Wirtschaftsverlag Langen Müller/Herbig 1991.
Bandler, R. / Grinder, J.: Neue Wege der Kurzzeittherapie. Neurolinquistische Programme. Paderborn:Junfermann 1987.
Bauer, E.: Das Wiener Unterrichtsmodell an der AHS-Oberstufe in Mathematik. In: Psychologie in Erziehung und Unterricht, 2/1987, 137-144.
Beer, F. / Guttmann, G.: Lernen unter Selbstkontrolle. Das Wiener Unterrichtsmodell. Bundesminstierium für Unterricht, Kunst und Sport/Ludwig Boltzmann Institut für Lernforschung (Hg.), Wien, o.J.
Bernstein, D.A. / Borkovec, Th.D.: Entspannungs-Training. Handbuch der progressiven Muskelentspannung. München: Pfeiffer 1975.
Bettelheim, B.: Kinder brauchen Märchen. München: dtv 1980.
Biermann, G.: Autogenes Training mit Kindern und Jugendlichen. München u. Basel: Reinhardt 1978[2].
Birkenbihl, V.F.: Stroh im Kopf? Gebrauchsanleitungen fürs Gehirn. München/Landsberg a. Lech: mvg-Verlag 1989[2].
Bochow, P./Wagner, H.: Suggestopädie (Superlearning). Grundlagen und Anwendungsberichte. Speyer: Gabal Verlag 1988[2].
Boden, L.M.: Meditation und pädagogische Praxis. München: Kösel 1978.
Boden, L.M.: Meditative Methoden in der Pädagogik. In: Fittkau, B. (Hg.): Pädagogisch-psychologische Hilfen für Erziehung, Unterricht und Beratung. Bd. 2. Braunschweig: Agentur Pedersen 1983, 564–583.
Bohse-Wagner, N./Strittmatter,P.: Angst in der Schule – Bericht über eine Interventionsstudie. In: Unterrichtswissenschaft 3/86, 232-253.
Böttcher, U.: Yoga für Kinder. Bad Homburg:Limpert 1977.
Brenn, H.: Superlernmethode Superlearning. In: Erziehung und Unterricht, 8/86, 582-592.
Bröhm-Offermann, B.: Suggestopädie. Sanftes Lernen in der Schule. Lichtenau/Göttingen: AOL-Verlag/Verlag Die Werkstatt 1989.
Brown, G.I./Petzold, H.G.(Hg.): Gefühl und Aktion. Frankfurt: Flach KG 1978.
Bürmann, J.: Gestaltpädagogik – ein Weg zu humanerem Lernen. In: Sauter, F. (Hg.): Psychotherpaie der Schule. München: Kösel 1983, 129-157.
Burow, O.A.: Grundlagen der Gestaltpädagogik. Dortmund: verlag modernes lernen 1988.

Burow, O.A. / Scherpp, K.: Lernziel: Menschlichkeit. Gestaltpädagogik – eine Chance für Schule und Erziehung. München:Kösel 1981.
Burow, O.A./Quitmann, H./Rubeau, M.P.: Gestaltpädagogik in der Praxis. Salzburg: Otto Müller Verlag 1987.
Buzan, T.: Kopftraining. Anleitungen zum kreativen Denken. Tests und Übungen. München: Goldmann V. 1984.

Capra, F.: Wendezeit. Bausteine für ein neues Weltbild. Bern/München/Wien: Scherz 1982.
Changeux, J.P.: Der neuronale Mensch. Reinbek b.H.: Rowohlt 1983.
Ceh,J.: Prüfungsangst überwinden. Entspannt und ohne Streß meistern Sie jede Prüfung. Landsberg a. Lech: Moderne Verlags-Gesellschaft 1984.
Cohn, R.: Von der Psychoanalyse zur themenzentrierten Interaktion. Stuttgart: Klett 1975.

* Dahlke, R.: Märchenland. Kinder-Meditation. Tonkassette. München: Edition Neptun 1984.
Datler, W. (Hrsg.): Verhaltensauffälligkeit und Schule. Frankfurt: Peter Lang 1987.
Dennison, P.E.: Befreite Bahnen. Freiburg i.B.:Verlag für angewandte Kinesiologie 1987.
Dhority,L.: Moderne Suggestopädie. Bremen: PLS Psychologische Lernsysteme Verlagsgesellschaft 1986.
Dorfer, W.: Superlearning – ein Weg zum „sanften Lernen". Hausarbeit an der PÄ der Diözcsc Linz, 1987.
Dürckheim, K.Graf: Meditieren – wozu und wie. Freiburg: Herder 1976.

Eberlein,G.: Autogenes Training mit Kindern. Düsseldorf:Exon 1976.
Edwards, B.: Garantiert zeichnen lernen. Reinbek b.H.:Rowohlt 1982.
Edelmann, W.: Suggestopädie/Superlearning. Ganzheitliches Lernen – das Lernen der Zukunft? Heidelberg: Asanger 1988.
* Ehrlich, M./Vopel, K.: Phantasiereisen. Wege des Staunens. Übungen für die rechte Hemisphäre. Hamburg: ISKO-Press 1987.
Ehrmann, W.: Dreißig Sekunden Atmen für mehr Motivation und Leistungsbereitschaft. In: Unser Weg, 4/90, 136–139.
Ende, M.: Momo. Stuttgart: Thienemanns-Verlag 1973.
Ende, M.: Die unendliche Geschichte. Stuttgart: Thienemanns Verlag 1979.
* Endres, W./Ortlieb, H.: Meine beste Lernmethode. Lerncassette mit Übungsbuch als Hausaufgabenhilfe. Weinheim u. Basel: Beltz 1985.
Eschenröder, Chr. T.: Selbstsicher in die Prüfung. Selbsthilfe-Programm mit Tonkassette. Bremen: PLS-Verlag Hinkelmann 1984.

Faber, W.: Leitsätze und Verfahren in der Gestaltpädagogik. In: Katechetische Blätter, 5/83, 365-378.
Fatzer, G.: Ganzheitliches Lernen. Paderborn: Junfermann 1987.
Ferguson, M.: Die sanfte Verschwörung. Persönliche u. gesellschaftliche Transformation im Zeitalter des Wassermanns. Basel: Sphinx 1982.
Fittkau, B. (Hg.): Pädagogisch-psychologische Hilfen für Erziehung, Unterricht und Beratung. Bd. 1 und 2. Braunschweig:Agentur Pedersen 1983.
Fromm, E.: Haben oder Sein. Stuttgart: Deutsche Verlagsanstalt 1976.

Gawein, S.: Stell dir vor. Kreativ visualisieren. Reinbek b. H.:Rowohlt 1987[2].

Geer, U. / Hahn, U. (1990): In Ruhe lernen. Entspannung im Unterricht. In: Lehrer Journal – Grundschulmagazin 12/90, 4–6.

Gendlin, Focusing. Technik der Selbsthilfe bei der Lösung persönlicher Probleme. Salzburg: Otto Müller Verlag 1981.

Gibran, K.: Der Prophet. Olten: Walter 1990[25].

Grau, H. / Seidler, B.: Der Weg ist das Ziel. Schritte zu Ruhe und Konzentration im Deutschunterricht. In: Lehrer Journal. Hauptschulmagazin 2/90, 9–12.

Goldner, C.G.: Subliminal-Kassetten: Unterschwelliger Betrug? In: Psychologie heute, 8/89, 40–45.

Gross, B. u.a.: Materialien zum Neurolinquistischen Programmieren (NLP). Österreichisches Trainingszentrum für Neurolinquistisches Programmieren, Wien 1988 (kopierte Einzelblätter aus den Ausbildungskursen).

Guttmann, G.: Wir lernen Lernen. Herausgegeben vom Bundesministerium für Unterricht, Kunst und Sport, Wien o.J.

Guttmann, G.: Lernen. Die wunderbare Fähigkeit, geistige und körperliche Funktionen verändern zu können. Wien: hpt-Verl.-Ges. 1990 (kurz & bündig).

Hampden-Turner, Ch.: Modelle des Menschen. Ein Handbuch des menschlichen Bewußtseins. Weinheim und Basel 1982.

Harnisch, G.: Schulstreß. Düsseldorf: Schwann 1984.

Harnisch, G.: Meditieren mit Phantasie. Anleitung zum Tag-Traum Reisen. Freiburg i.B.: Herder 1987.

Hartge, Th.: Gehirngerechtes Lernen – Eine neue pädagogische Zauberformel? Der Rekurs auf neurobiologische Erklärungsmodelle in neuen Modellen des Lernens. In: Zf. für Berufs- und Wirtschaftspädagogik, 3/89, 209–216.

Hennig, C. / Knödler, U.: Problemschüler - Problemfamilien. Praxis des systemischen Arbeitens mit schulschwierigen Kindern. Weinheim und Basel: Beltz 1985

Hinkelmann, G./Hinkelmann, K.G./Ferreboeuf,M.: Leichter lehren. Leitfaden für den Unterricht mit Superlearning und Suggestopädie. Bremen: PLS Verlag 1989[2].

Hofstätter, P.R. (Hg.): Fischer Lexikon „Psychologie". Frankfurt: Fischer 1968[13].

Houston, J.: Der mögliche Mensch. Handbuch zur Entwicklung des menschlichen Potentials. Basel: Sphinx 1984.

Howe, J. (Hrsg.): Integratives Handeln in der Gesprächspsychotherapie. Weinheim und Basel: Beltz 1982.

Hunt, D./McMahon, T.A.: Die Verführung der Christenheit. Bielefeld: Christliche Literatur-Verbreitung 1987[2].

Janson-Michl, C.: Gestalten – Erleben – Handeln. München: Pfeiffer 1980.

Johnson, S. / Johnson, C.: Der 01-Minuten Lehrer. Landsberg a. Lech: Moderne-Verlagsgesellschaft 1987.

Kemmler, R.: Autogenes Training für Kinder, Jugendliche und Erwachsene. München: Bardtenschlager 1975.

Kemmler, R.: Mentales Training bei Piloten. In: Bäumler, G. (Red.): Aktuelle Probleme der Sportpsychologie. Schorndorf: Hofmann, 1979, 166–171.

Köhne, F./Wiltschko, J.: Focusing. Des Körpers eigene Psychotherapie. Begleitheft zum Video. Garmisch-Partenkirchen:mediateam psychologie 1986.

König, R.: Geheime Gehirnwäsche. Wie man uns heute für morgen programmiert. Neuhausen-Stuttgart:Hänssler-Verlag 1987[4].

Kröner, B. u.a.: Einsatz verschiedener Programme des Autogenen Trainings bei Prüfungsangst. In: Zeitschrift für klin. Psychologie, 3/82, 254–266.

Lazarus, A.: Innenbilder. Imagination in der Therapie und als Selbsthilfe. München: Pfeiffer 1980.

Lehrplan der allgemeinbildenden höheren Schulen. Vollständige Ausgabe 1. Stand 31. März 1985. Wien: Österreichischer Bundesverlag/Jugend und Volk: Wien 1985.

Lehrplan der Hauptschule. Vollständige Ausgabe 1. Stand 31. März 1985. Wien: Österreichischer Bundesverlag/Jugend und Volk: Wien 1985.

Lehrplan der Volksschule. Wien: Österreichischer Bundesverlag/Jugend und Volk: Wien 1979[5] und 1987[3].

Lehrplan-Service: Kommentar zum Lehrplan der Volksschule. Satzke, K./ Wolf, W. (Koordination) Wien: ÖBV 1990 .

Leuner, H: Katathymes Bilderleben. Grundstufe. Einführung in die Psychotherapie mit der Tagtraumtechnik. Stuttgart/New York: Thieme Verlag 1982[3].

Leuner, H./Horn, G./Klessmann E.: Katathymes Bilderleben mit Kindern und Jugendlichen.

Lynn, D.: Moderne Suggestopädie. Der ACT-Ansatz ganzheitlichen Lehrens und Lernens. Bremen: PLS Psychologische Lernsysteme 1986.

Leonard, G.: Der Rhythmus des Kosmos. Bern/München: Scherz 1983[2].

Maier, Chr./Weber, M.: Erfolg durch Superlearning. München: Heyne 1988[2].

Madelung, E.: Botschaften des Unbewußten. Wie man mit Imaginationen arbeiten kann. In: psychologie heute, 1/88, 52–54.

Marschall, P.: Ein kontrolliertes Training zur Bewältigung von Prüfungsängsten und körperlicher Erregung in der Schule. In: Psychologie in Erziehung und Unterricht, 4/84, 280–287.

Masters, R./Houston, J.: Phantasie-Reisen. Zu neuen Stufen des Bewußtseins: Ein Führer durch unsere inneren Räume. München: Kösel-Verlag 1984 (a).

Masters, R./Houston, J.: Bewußtseinserweiterung über Körper und Geist. München: Kösel 1984 (b).

Meichenbaum, D.W.: Kognitive Verhaltensmodifikation. München/Wien/Baltimore: Urban & Schwarzenberg 1979.

Miller, R.: Sich in der Schule wohlfühlen. Wege für Lehrerinnen und Lehrer zur Entlastung im Schulalltag. Weinheim u. Basel: Beltz 1989.

Molnar, A./Lindquist,B.: Verhaltensprobleme in der Schule. Lösungsstrategien für die Praxis. Dortmund:verlag modernes lernen 1990.

* Müller, E.: Du spürst unter deinen Füßen das Gras. Autogenes Training in Phantasie- und Märchenreisen. Vorlesegeschichten. Frankfurt a.M.: Fischer 1983.

Müller, E.: Hilfe gegen Schulstreß. Reinbek b.Hamburg: Rowohlt 1984.

* Müller, E.: Auf der Silberlichtstraße des Mondes. Autogenes Training mit Märchen zum Entspannen und Träumen. Frankfurt a.M.: Fischer 1985.

* Murdock, M.: Dann trägt mich eine Wolke … Wie Große und kleine spielend lernen. Freiburg i.B.: H. Bauer 1989.

Nagel, C. v. u.a. : Megateaching. Neurolinquistisches Programmieren in Unterricht und Erziehung. Freiburg i.B.: Verlag für angewandte Kinesiologie 1989.

Philippe, N.: Visualisierung. Der kreative Weg zur Persönlichkeitsentfaltung. München:Ehrenwirth 1990.

Oaklander, V.: Gestalttherapie mit Kindern und Jugendlichen. Stutgart: Klett-Cotta, 1987[3].

Orban, P.: Die Reise des Helden. Die Seele auf der Suche nach sich selbst. München: Kösel 1983.

Orban, P./Zinnel, I.: Der Tanz der Schatten. Eine Reise durch dein Leben. München: Hugendubel 1986.

Ornstein, R.: Die Psychologie des Bewußtseins. Frankfurt: Fischer 1976.
Ornstein, R.: Multimind. Ein neues Modell des menschlichen Geistes. Paderborn: Junfermann 1989.
Ostrander, S. u. N. / Schroeder, L.: Leichter lernen ohne Streß. Superlearning. Die revolutionäre Lernmethode. Bern u. München: Scherz 1982, als Goldmann TB Nr.11318.

Pelke, S.E.: Sanftes Lernen. Superlearning und andere moderne Lernmethoden. Bremen: PLS/Hinkelmann 1984.
Petzold, H.G./Brown,G.(Hg.): Gestaltpädagogik. Konzepte der Integrativen Erziehung. München: Pfeiffer 1977.
Polender, A.: Entspannungs-Übungen. Eine Modifikation des Autogenen Trainings für Kleinkinder. In: Praxis der Kinderpsychologie und Kinderpsychiatrie, 1/1982, 15–19.
Porter, K. / Foster, J.: Mentales Training. Der moderne Weg zur sportlichen Leistung. München: BLV-Verlagsgesellschaft 1987.

Restak, R.M.: Geist, Gehirn und Psyche. Frankfurt: Umschau Verl. 1981.
Richter, W./Pieritz, R.: Keine Angst vor Klassenarbeiten. Ein Übungsprogramm mit Tonkassette. Weinheim u. Basel: Beltz 1983.
Rico, G.L.: Garantiert schreiben lernen. Reinbek b. H.:Rowohlt 1984.
Rogers, C.R.: Die klientenzentrierte Gesprächspsychotherapie. München: Kindler 1972, Taschenbuch 1976.
Rogers, C.R.: Lernen in Freiheit. München:Kösel 1974 sowie Frankfurt: Fischer 1988.
Rogers, C.R.: Der neue Mensch. Stuttgart: Klett Cotta 1981.
Rogers, C.R.: Encountergruppen. Das Erlebnis der menschlichen Begegnung. Frankfurt: Fischer 1984 (a).
Rogers, C.R.: Freiheit und Engagement. Personenzentriertes Lehren und Lernen. München: Kösel 1984 (b).
Rogers, C.R./Schmid, P.F.: Der Mensch als Person. Grundlagen personzentrierter Theorie. Grünewald: Mainz 1991.
Rozmann, D.: Mit Kindern meditieren. Frankfurt: Fischer 1979.

Samples, B.: Der Geist von Mutter Erde. Ganzheitlichkeit und Planetares Bewußtsein. Basel: Sphinx 1983.
Sauter, F. (Hg.): Psychotherapie der Schule. München: Kösel 1983.
Schachl, H.: Lernen ohne Angst. Mehr Freude und Erfolg in der Schule. Wien: Bundesministerium für Unterricht und Kunst 1991.
Schiffler, L.: Suggestopädie und Superleraning – empirisch geprüft. Frankfurt: Diesterweg 1989.
Schiller, M.: Entspannungsfördernde Übungen und Behaltensleistung. Hausarbeit. Pädagogische Akademie der Diözese, Linz 1988.
Schlottke, P.F./Wahl, D.:Streß und Entspannung im Unterricht. Trainingshilfen für Lehrer mit Tonkassette. München: Hueber 1983.
Schulz von Thun, F.: Miteinander reden 2. Stile, Werte und Persönlichkeitsentwicklung. Differentielle Psychologie der Kommunikation. Reinbek b. H.: Rowohlt 1989.
Schuster, D.H.: Psychologische Lernsysteme in der Praxis. Manual für den Unterricht mit Methoden des Superlearning. Bremen: PLS/Hinkelmann 1983.
Schuster, D.H./Gritton, Ch.E.: Suggestopädie in der Theorie und Praxis. Bremen: PLS 1986.
Schwab, R.: Vorstellungserlebnisse in der Gesprächspsychotherapie. In: Howe, J. (Hrsg.), 1982, 173-190.
Schwab, R.: Superlearning. Sanftes Lernen in der Grundschule. In: Pädagogische Welt, 7/90, 294–296.
Schwäbisch, L./Siems, M.: Selbstentfaltung durch Meditation. Reinbek b.H.: Rowohlt 1987.
Selby, J.: Atmen und leben. Ganzheitliche Gesundheit durch Atemintegration. Reinbek bei Hamburg: Rowohlt 1987.
Sedlak, F./Schuch, B.: Schach der Angst. Methoden zur Bewältigung

von Ängsten bei Kindern und Jugendlichen. Wien: Österreichischer Bundesverlag 1982.
Shorr, J.E.: Psychoimagination. Hamburg: ISKO-Press 1981.
Simon, S.B./Olds, S.W.: Familientraining. Werte klären-entscheiden lernen. München: Pfeiffer 1978.
Simonton, C./Matthews Simonton, St./Creighton, J.: Wieder gesund werden. Reinbek b.H.: Rowohlt 1982.
Singer, J.L.: Phantasie und Tagtraum. Imaginative Methoden in der Psychotherapie. München: Pfeiffer 1978.
Singer, J.L. / Pope. K.S.: Imaginative Verfahren in der Psychotherapie. Paderborn: Junfermann 1986.
Springer, K.: Ich seh dich. Lesebuch für einen individuellen, entwicklungsfördernden und heilsamen Unterricht. Linz: Veritas 1990.
Springer, S.P./Deutsch, G.: Linkes – rechtes Gehirn. Funktionelle Asymmetrien. Heidelberg: Spektrum der Wissenschaft 1987.
Stachel, G. (1990): Sich einem Einzigen zuwenden. Hören - tönen - atmen. In: Pädagogische Welt, 7/90, 290–293.
Steindl-Rast, D.: Fülle und Nichts. Die Wiedergeburt der christlichen Mystik. München: Dianus-Trikont 1985.
Stevens, J.: Die Kunst der Wahrnehmung. Übungen der Gestalttherapie. München: Chr.Kaiser 1988[10].
Stockvis, B. / Wiesenhütter, E.: Lehrbuch der Entspannung. Stuttgart: Hipprokates Verlag 1979[4].
Susen, G.R. / Geißler, W.: Erfolgreich entspannen. Aber wie? Ein Grundkurs zur ganzheitlichen Gesundheit. Göttingen: Verlag für Medizinische Psychologie im Verlag Vandenhoeck & Ruprecht 1988.

Tausch, R. u. A.: Erziehungspsychologie. Begegnung von Person zu Person. Göttingen: Hogrefe 1977[8].
Tausch, R.: Personzentriertes Zusammenleben in Schulen. In: Sauter 1983, 82-115.
Tausch, R.: Welches Lernen in der Fortbildung ist für mich als Lehrer und Dozent bedeutsam und beeinflußt das Lernen meiner Schüler? In: Erziehung und Unterricht, 9/84, 650–664.
Tausch, R.: Lebensschritte. Umgang mit belastenden Gefühlen. Reinbek: Rowohlt 1989.
Tausch, R. u. A. Gesprächspsychotherapie. Einfühlsame hilfreiche Gruppen- und Einzelgespräche in Psychotherapie und alltäglichem Leben. Göttingen: Hogrefe, 1990[9].
Teegen, F.: Ganzheitliche Gesundheit. Der sanfte Umgang mit uns selbst. Reinbek b.H.: Rowohlt 1987.
Tegtmeier, R.: Musikführer für die Reise nach Innen. Haldenwang: Edition Schangrila 1980.
Teml, Helga: Phantasiereisen in der Arbeit mit verhaltensauffälligen Schülern. Hausarbeit für den Lehrgang zum Lehrer an Sondererziehungsschulen. Linz: Pädagogisches Institut 1989.
Teml, Helga: Integrative Betreuung verhaltensauffälliger Schüler. Begleitheft zum Video-Film „betreuen". Linz: Pädagogisches Institut 1991.
Teml, Hubert: Unterricht gestalten – Lernen fördern. Materialien zum schülerzentrierten Unterricht. Linz: Veritas 1983.
Teml, H.: Entspannt lernen. Streßabbau, Lernförderung und ganzheitliche Erziehung. Linz: Veritas 1987.
Teml, H.: Zielbewußt üben – erfolgreich lernen. Lerntechniken und Entspannungsübungen für Schüler. Linz:Veritas 1989.
Teml, H.: Aspekte des Lernens und Lehrens in der Grundschule. In: Satzke, K./Wolf, W. (Koord.): Kommentar zum Lehrplan der Volksschule.Wien: ÖBV 1990, 103–124.
Teml, H.: Gestaltpädagogik in der schulischen Praxis. Begleitheft zur Video-Dokumentation „Demokratisch-kreative-Schule", Schiltwald/ Schweiz. Projektbericht zur Pädagogischen Tatsachenforschung an Pädagogischen Akademien. Linz 1990.

Unterbrunner, U.: Umweltangst – Umwelterziehung. Vorschläge zur Bewältigung der Ängste Jugendlicher vor Umweltzerstörung. Linz: Veritas 1991.

Vanecek, E.: Angewandte Lernpsychologie im Unterrichtsgeschehen. Ein Schulversuch in Zusammenarbeit des Instituts für Psychologie der Universität Wien und des Ludwig-Boltzmann-Instituts für Lernforschung. Wien 1982.
Vester, F.: Neuland des Denkens. München: dtv 1986 (4.Aufl.).
Vester, F.: Biologisch sinnvolle Didaktik. In: WPB 6/84, 302-304.
* Vopel, K.: Interaktionsspiele für Kinder 1-4.Hamburg: Isko-Press 1977.
* Vopel, K.: Anwärmspiele. Hamburg: Isko-Press 1981.
* Vopel, K.: Kinder ohne Streß. Hamburg: Isko-Press 1989.
* Vopel, K.: Denken wie ein Berg, fühlen wie ein Fluß. Hamburg:iskopress 1991.

Wagner, A.C. (Hg.) Schülerzentrierter Unterricht. München: Urban & Schwarzenberg 1982[2].
Wagner, A.C.: Schülerzentrierter Unterricht. Über die psychologischen Schwierigkeiten, guten Unterricht zu machen. In: Gesellschaft für wissenschaftliche Gesprächspsychotherapie e.V. (GwG) (Hg.): Rogers und die Pädagogik. Weinheim u. München: Juventa 1987, 13–78.
Walsh, R.N./Vaughan, F. (Hrsg.): Psychologie in der Wende. Grundlagen, Methoden und Ziele der Transpersonalen Psychologie - Eine Einführung in die Psychologie des Neuen Bewußtseins. Bern/München/Wien:Scherz 1985.
Warga, Claire: Wir sind, was wir denken. In: psychologie heute, 11/88, 29–32.
Weber, M.: Vom Reichtum der Phantasie. Sie macht das Leben bunt. Freiburg i.B.: 1987.
Wild, R.: Erziehung zum Sein. Erfahrungsbericht einer aktiven Schule. Heidelberg: Arbor Verlag 1989[3].
Wild, R.: Sein zum Erziehen. Mit Kindern leben lernen. Heidelberg: Arbor Verlag 1991.
* Withmore, D.: Kreativitätsspiele mit Kindern. München: Kösel 1988.
Wittoch, M.: Gelenkte Tagträume im Unterricht - Erfahrungen und therapeutische Ergebnisse. In: Vierteljahresschrift für Heilpädagogik und ihre Nachbargebiete, 2/87, 297–304.

Zdenek, M.: Die Entdeckung des rechten Gehirns. Berlin: Synchron-Verlag 1988.

Bitte umblättern

Hubert Teml

Zielbewußt üben – erfolgreich lernen

Lerntechniken und Entspannungsübungen für Schüler

VERITAS

128 Seiten, 21 x 24 cm, kt.
S 198,–/DM 29,80
ISBN 3-85329-683-1

Tonbandkassette:
S 186,–/DM 29,–
ISBN 3-85329-533-4

Das Buch enthält zahlreiche praktische Lerntips für Schülerinnen und Schüler. Entspannungsanleitungen, Phantasiereisen und Vorstellungsübungen regen überdies eine optimistische, erfolgszuversichtliche Lernhaltung an.
Die kurzen und verständlich gefaßten Kapitel können direkt mit Kindern oder Jugendlichen bearbeitet werden. Ansprechende Grafiken verdeutlichen die Aussagen. Im Nachwort für Lehrer und Eltern werden grundlegende Aspekte zum Thema „Lernen lernen" angesprochen.
Die zusätzlich angebotene Tonkassette enthält acht Entspannungsübungen und Phantasiereisen mit Musikuntermalung.